원자바오
溫家寶

溫家寶

원자바오

W미디어

중국의 새로운 총리인 원자바오의 시대가 2003년 정식으로 막을
올렸다. 그가 총리로서 처음 모습을 드러내는 순간, 사람들은 새 총
리에 대해 가늠할 수 없었다. 새로운 총리는 많은 물음표를 갖고 있
는 듯 보였다.

어떤 연유로 지질 기술자가 정계로 진출하였는가? 대체 어떤 사람
들이 그에게 다리를 놓아 주었는가? 어떻게 중국 공산당 중앙위원회
판공청 주임이 될 수 있었는가? 어떻게 연이어 세 명의 공산당 총서
기를 보좌할 수 있었는가? 어떻게 서열 끝인 부총리에서 총리가 되었
는가? 그의 행실과 품격이 전임 총리인 주룽지와 어떻게 다를까? 그
는 중국의 쾌속 경제 열차를 잘 운행할 수 있을까? 「후원(胡溫-후진
타오와 원자바오)체제」가 갖는 새로운 의미와 특색은 무엇일까? 정치
의 후진타오와 경제의 원자바오가 조화를 이룰 수 있을까? 그들이 손
을 잡은 뒤 가장 중점을 두는 곳은 어디인가?

우리는《후진타오》에 대해 평전을 쓴 적이 있다. 그리고 지금《원자
바오》에 관해 쓰려고 한다. 후진타오와 원자바오의 공통점을 찾아냈
고, 뜻밖에도 불가사의한 점이 많았다. 그들은 연령, 경력, 성격부터
시작하여 풍모, 기질, 가정 등 많은 점이 유사했다.

모두 알다시피 해외 독자들이 중국의 리더에 대해 알기를 갈망한다. 중국의 리더에 대해 많이 알수록 중국의 정책을 더 쉽게 이해할 수 있기 때문이다. 이런 이해는 당연히 리더의 정치활동에만 국한해서가 아니라, 비교적 전면적이고 입체적 묘사를 필요로 한다.

《원자바오》를 쓰면서 우리는 여전히 《후진타오》를 쓸 때 지켰던 스타일을 유지했다. 출생지, 생활했던 곳, 옛 직장까지 직접 방문하였고, 가능한 많은 곳을 방문하여 주인공의 죽마고우를 만나고 알게 되면서 최초의 자료와 사진을 단독 입수하였다.

고통은 행운으로 바뀌었다. 우리들은 원자바오와 관련 있는 내막들을 단독으로 입수한 것이다. 책에 소개된 일련의 일들은 지금까지도 보도된 적이 없는 것으로 예를 들면 원자바오의 가족사, 원자바오의 발탁 과정, 원자바오의 홍수를 막은 공훈 등은 상당히 가치가 있는 것이다.

우리는 예전과 다름없이 진실한 원자바오에 대해 객관적으로 써내려 갔다. 하지만 우리는 책을 다 쓸 무렵, 원자바오가 조금은 지나치게 완벽하다는 것을 발견했다―우리가 그를 완벽하게 쓴 것이 아니라 그의 사람됨이 상당히 완벽하였다. 설령 우리가 깐깐한 안목으로 그를 살펴본다 해도 역시 그의 문제점을 끄집어낸다는 것은 힘든 일이다. 바로 중난하이에서 일하는 친구가 말한 것처럼 그의 허점을 찾기란 정말 어려웠다.

원자바오의 과거에서는 확실히 꼬투리 잡기가 조금은 힘들었지만 그가 앞으로는 어떻게 할지 두고 볼 일이다.

우리가 출판한 《후진타오》, 《원자바오》는 누구의 간섭도 받지 않은 독립적인 행위로서, 새로운 소식을 좇았으며, 정치적 의도 없이 최대한 객관적이고, 공정하도록 힘썼다.

우리는 실명(實名)으로 《후진타오》, 《원자바오》의 출판을 고수하였고, 특히 우리가 베이징인임을 밝히는 것은, 해외에서 출판한 정치 관련 서적의 국내 저자가 가명(假名)을 이용해 책임을 회피하려는 현상이 있기 때문이다. 우리가 독자들에게 알리고 싶은 것은 책 내용에 대해 감히 책임질 수 있다는 점이다.

이 책을 쓰는 과정 중 우징리엔의 《개혁… 우리는 큰 관문을 지나고 있다》, 후안깡의 《정책 결정에 영향을 주는 국정 보고》, 시칭[奚青]의 《고집센 인생》, 허루어한[何若涵]과 쓰푸[石夫]의 《중국의 신임총리 주룽지 전》, 까오까오[高皐] 와 이엔지아치[嚴家其]의 《문화대혁명 10

년사》, 쨔오하이쥔[趙海均]의 《중국 10년의 의문을 캐다》 등을 참고로 했으며, 또한 국무원 참사실(參事室) 부주임 뤼더룬[呂德潤] 선생, 중국 지질대학 《늪의 패기를 가르치다》편을 쓴 그룹, 지질대학 홈페이지, 톈진의 난카이 중학교, 《서부 대개발》 잡지사 등의 도움을 받았으며, 이 지면을 빌어 다시 한 번 모두에게 감사드리는 바이다.

마링(馬玲), 리밍(李銘)

| CONTENTS |————————————————————————————

머리말 _04

제1장 | 원자바오의 성장일기 _11

제2장 | 원자바오의 남다른 재능 _51

제3장 | 원자바오의 명성을 일시에 떨친 대홍수 _93

제4장 | 원자바오와 후진타오의 공통점 _133

제5장 | 원자바오와 주룽지의 차이점과 공통점 _175

제6장 | 원자바오가 앞으로 어떻게 홍콩을 밀어줄 것인가 _215

제7장 | 원자바오가 부패의 도전에 맞서다 _251

제8장 | 원자바오가 이끄는 중국 경제 _271

제9장 | 정치인 후진타오와 경제인 원자바오의 협력 _303

옮긴이의 말 _353

원자바오의
성장일기

원자바오의 선조는 원씨 집안 족보에 입적되어 있지 않고, 고향 사람들도 그것에 대해 말하기를 꺼린다. 그의 부모는 당시 파격적인 자유연애를 하고, 그것도 모자라 해괴망측한 서양식 결혼식으로 사람들을 놀라게 했다. 원자바오는 어릴 때 장난꾸러기였지만 집안 교육을 엄격히 받고 자란다. 그의 숙부인 원펑지우(溫朋久)는 외교부 부부장을 역임했으며, 아버지는 문화혁명 중 「처우라오지우(臭老九)」로 찍혀 농촌으로 내려가게 되는데, 고향 사람들은 그의 귀향을 반대한다.

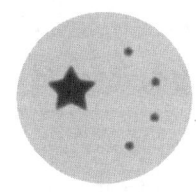

1942년 9월 어느 날, 톈진(天津) 외곽의 이싱 항구[宜興埠;이하 '이싱항'으로 표기] 작은 마을의 학자 집안에서 갓난아기의 우렁찬 울음소리가 터져 나왔다. 원씨 집안의 젊고 아리따운 며느리가 남자 아기를 출산한 것이다.

집안 어른들은 마을 풍습에 따라 집안의 정원 한 곳을 깊게 파고 아기의 탯줄을 묻었다. 사람들은 탯줄을 땅속에 묻으면 아기가 무병장수할 것이라 믿었다.

아기는 이 학자 집안의 장자로서 당연히 집안의 보배와 같은 존재였다. 그래서 아기의 이름을 「원자바오(溫家寶)」라 짓는다.

원자후통 8호 정원에는 아직까지도 원자바오의 탯줄이 묻혀 있다. 그의 고향 사람들이 가장 흥미진진하게 나누는 이야기는 원씨 집안의 이야기다. 그들이 자랑스러워 하면서도 애끓는 마음의 모순된 심정인 것은 원자바오에게 이룰 수 없는 기대를 품고 있기 때문이다.

이제 많은 시간이 흘렀다. 원자바오가 태어난 작은 마을, 원자후통 골목의 작은 정원은 옛 모습이 사라진 지 오래다. 1948년 말엽에 국민당 군대가 공산당에 대항하면서 큰 불을 놓아 마을을 태웠고, 원자바오의 집안 정원도 불타 버렸다.

찬바람이 살을 에는 듯이 추운 겨울 어느 날, 우리는 베이징에서 차를 몰고 톈진 이싱항 마을을 찾아갔다. 구불구불한 좁은 골목길에서 원자후통을 찾기란 결코 쉬운 일이 아니었다.

골목길에서 만난 사람들은 원자바오의 옛집이 지금의 원자후통 8호라고 알려주었다. 무턱대고 8호 집의 문을 두드렸다. 집주인은 친절하게도 먼저 우리를 집안에 들여 차를 대접해 주었다.

우리는 사방을 둘러보고, 그곳의 정원과 원자바오의 관계에 대해 묻자, 그 집의 남자 주인은 시원스럽게 대답해 주었다. 그는 「원자바오 일가들이 살던 집은 오랜 전에 없어졌다」면서, 새로 지은 집은 언제 지어졌는지 모른다고 일러줬다.

역시 원자바오의 직계 친척들도 이 골목 안에 살지 않았고, 원씨 성을 가진 몇 가구들만이 남아 그곳을 지키고 있었다. 집주인 멍쟈오취엔(孟兆泉)은 2년 전 인민폐 8만 위안을 주고 그 집을 구매했으며, 그때 매매자가 원자바오가 살던 곳이라고 하여 샀다고 했다.

여주인은 원자바오라는 이름이 나오자마자 탯줄이 묻혀 있다는 이야기를 꺼냈다. 그녀는 손가락으로 정원의 한쪽, 우리가 차를 세워

둔 곳의 벽돌 바닥을 가리키며 "탯줄이 묻힌 곳이 여기예요"라고 말했다.

우리는 그녀에게 "여기에 묻혔다는 걸 어떻게 알죠?"라고 물었다.

그러자 그녀는 "이 골목 안의 노인들은 다 알아요"라고 답했다.

이곳에는 아직도 원자바오와 그의 부모, 조부모를 아는 사람들이 적지 않게 살고 있다. 그들이 지금 가장 즐기는 대화의 화제는 원씨 집안의 이야기다.

중국 공산당이 밝힌 원자바오의 이력 가운데 명확치 않은 것은 그를 단지 톈진시 출생이라고만 밝힌 것이다. 톈진시 북진구 이싱항이라고 정확히 기재하지 않았다. 이런 이유로 고향의 나이든 어른들은 이 이야기만 나오면 적잖이 섭섭하게 느끼고 있었다. 왜 그의 이력에 '이싱항'을 써넣지 않은 걸까? 그들은 이해하지 못했다. 다른 지도층 인사들의 이력에 자신의 출생지를 상세히 적었는지에 대해 유념치 않는 그들이었지만 원자바오의 설명만은 듣고 싶어 했다. 왜냐하면 원자바오는 그들이 알고 있는 토박이 고향 사람이었기 때문이다.

이싱항은 이미 톈진시에 속해 버렸지만 그 면모와 경치는 지금도 여전히 '도심 속의 농촌'을 유지하고 있다. 이곳의 사람들 역시 시골 사람들의 순박함과 담백함을 간직하고 있었다.

마을 노인들은 원자바오가 이싱항 출신이라고 밝힌다면 그것은 마을 사람들의 영광이 될 것이며, 만약 밝히지 않는다면 그것은 마을을 얕보는 것이라 생각했다. 그들은 원자바오의 이력에 '이싱항'이란 세 글자가 빠진 것을 얘기할 때면 참지 못하겠다는 듯이 "이싱항 사람이라고 왜 말을 못해? 제 탯줄이 어디에 묻혔는지 몰라?"라고 덧붙였다.

우리가 이싱항에 가기 전에는 꿈에도 생각하지 못한 일이었다. 사람의 탯줄을 저렇게 중시하다니… 아마도 또 하나의 출생 증명인가 보다. 생각해보면 탯줄을 묻을 때 무척이나 엄숙하고 비장했을 것이다. 한 생명이 첫 발을 내디딘 곳, 그곳에 묻힌 탯줄, 이는 마치 땅에 하나의 씨앗을 심은 것과도 같다. 원자바오라는 이 씨앗은 훗날 하늘을 찌르는 큰 나무가 되어 중국 땅에 늠름한 자태로 우뚝 선다. 이는 마을 사람들조차 예상하지 못한 일이었다.

마을의 지도층 역시도 원자바오의 이력에 '이싱항'이란 세 글자가 빠진 것에 대해 매우 민감한 태도를 보인다. 일반인들이 보기에는 마을 사람들이 너무 과민반응 하는 게 아니냐고 할 테지만 입장을 바꿔 생각해보고, 그곳의 정서를 고려한다면 아마도 그들이 자랑스러워하면서도 애끓는 마음의 모순된 심정을 충분히 이해하고도 남을 것이다.

이런 일로 왈가왈부하는 사이 환경이 개선되고, 부자가 되고 싶은 욕망을 품은 이들이 생겨났으며, 이룰 수 없는 기대를 품게 되었다. 시장경제 아래서 이싱항과 같이 경제가 낙후된 마을 사람들은 원자바오가 높은 자리에 앉아 있기 때문에 기대가 매우 크다. 그가 고향에 특별한 관심을 갖고 보살펴, 빠른 시일 내에 발전시켜 주기를 바라는 꿈을 꾸고 있는 것이다.

원자바오의 선조 일족들은 원씨 집안의 족보에 입적할 수 없었는데, 마을 사람들은 그 연유에 대해 굳게 입을 다물고 있다. 그의 부친은 사람들이

부러워할 만한 양씨 집안과 혼인을 하였고, 당시의 관점에서 보면 부와 권세의 결합이었다.

원씨 집안의 원홍싱[溫鴻星] 할아버지는 83세의 고령이다. 원자바오의 일가와 마주하고 살았으며, 원자바오와는 종친으로, 현재 원자후퉁 모퉁이 널찍한 정원에 살고 있다.

"내가 항렬이 높아서 원자바오 할아버지도 나를 숙부라고 불렀어"라며 천천히 말을 이어나갔다.

우리가 그 집을 방문했을 때, 노인은 아랫목에 앉아 손녀와 함께 만두를 먹고 있었다. 그는 방금 텔레비전에 나온 원자바오가 점점 더 친할아버지를 닮아간다고 했다.

우리는 그 집에서 「온씨세계도서(溫氏世系圖序)」라는 원씨 집안의 족보를 보게 되었다. 이 족보는 중화민국 30년, 즉 1941년에 수정한 것이다. 족보에는 원씨 가문 6대 조상까지의 기록이 상세히 기록되어 있었지만, 이상한 것은 원자바오의 직계 조상에 관한 것은 찾아볼 수 없었다.

이 점을 발견하고 노인에게 묻자, 질문에 응답을 잘 해주던 노인은 갑자기 횡설수설하면서 답변해주기를 꺼려했다. 왜 이러는 걸까?

원씨 집안 족보에는 "나는 원씨로 원적은 샨시[山市] 홍뚱현[洪洞縣] 따화이슈촌[大槐樹村]이다. 명나라 영락제 때, 전쟁이 몇 해째 이어져 죽음이 그치지 않아 각 곳의 피난민들이 허베이[河北] 지역으로 쫓겨났다. 나의 선조 또한 이 때 빠오띠시엔[寶坻縣]의 류콰이좡[劉快莊]으로 옮겨 지금의 이싱항까지 이르게 된 것이다"라고 적혀 있다.

원씨 집안은 많은 북방인들과 마찬가지로 모두 「샨시 홍뚱 따화이 슈」로부터 나온 것이었다.

원씨 가족들이 막 이싱항으로 옮겼을 당시, 그곳은 강둑이 이어진 살기 좋은 땅이었다. 애초에는 농사를 지으려 했던 게 아니라 물고기 잡는 것을 생업으로 하려고 했다. 지금은 도처에 누런 흙뿐이지만 중화민국 30년, 즉 원씨 집안 족보 수정 당시에도 이싱항 일대는 살기 좋은 땅이었다.

청나라 중엽에는 지방의 치안이 불안하여 원씨 족인들은 마을을 지키기 위해 무예를 익혔다. 청나라 도광제에 이르러 원씨 집안의 무공은 이미 유명세를 타기 시작해 무술 대회에서 장원을 하기도 하였다.

원씨 집안의 족보에는 "즈취옌공은 무예의 일인자였으며, 샹취옌공은 니옌페이(捻匪―청나라 가경 연간(嘉慶年間 1852~1868)에 일어났던 농민 폭동군)를 물리친 공으로 큰 감투를 썼으며, 화져우공은 과거에 급제하여 진사가 됐고, 산동 떵져우의 군 총사령관을 역임했으며, 무공과 그 치적이 일시에 하늘을 찔렀다. 지금까지도 조상대대로 갑옷과 투구, 활과 검이 내려오고 있으며, 이것은 영원한 보물인 것이다"라고 적혀 있다.

청나라 말엽에는 원씨 족인들의 노력으로 변화를 맞이한다. 룬지공[潤齊公] 대로부터 무학(武學)을 유학(儒學)으로 바꾸고 이학 연구에 진력을 다했으며, 집안을 지키던 서부인은 경서와 사서에 능통하였다. 그 후에도 원씨 문중 사람들은 농사를 지으면서도 공부를 게을리 하지 않았으니, 이렇듯 가풍이 한 번 변화를 맞게 된 것이다.

옛날 이곳의 3대 성씨로는 첫 번째가 원(溫)씨, 두 번째가 양(楊)씨,

세 번째가 쑤(蘇)씨 집안이었다고 한다. 이 3대 성씨는 제각기 특징이 있었는데, 원씨 가문은 권력(선조들이 외지에서 벼슬을 두루 거쳤다), 양씨 가문은 재력(조상이 무역에 타고나 많은 상점을 갖고 있었다), 쑤씨 가문은 세력(사람이 많아 세력이 컸다)이 있었다.

원자바오의 부계는 원씨 가문, 모계는 양씨 가문으로 두 사람의 혼인은 사람들로 하여금 많은 부러움을 샀다. 원씨와 양씨 가문의 결합은 당시 사람들에게 있어 부와 권세의 결합이었던 것이다.

이러한 사실로 미루어볼 때, 원자바오는 부와 권력의 결과물이다. 그런데 왜 원씨 집안 족보에 원자바오 일족들만 빠져 있는 걸까? 마을 노인은 우리에게 그 이유를 명쾌히 설명해주지 않았다.

이곳 사람들은 지금까지도 이싱항 지역의 역사나 지리에 관한 어떤 자료도 없으며, 모든 것들은 족보나 구전으로 전한다고 하였다. 나중에 몇몇 노인의 입에서 대략적인 이유를 들을 수 있었지만, 사실인지 확인할 길은 없었다. 글로 쓰인 자료가 없기 때문에 우선 말하는 것들을 적당히 들어두고, 여기에 사회 인류학적인 연구를 통해 이야기를 더하는 것이다.

원자바오의 고조부, 다시 말해 원자바오의 4대조 조상은 어디에서 이곳 이싱항으로 왔는지 모른다. 이곳의 원씨 가문이 명문대가인 것을 보고 자신들도 원씨 가문에 넣어달라고 부탁한 것 같다. 원씨 집안 사람들은 그가 비록 곤궁해 보였지만 사람이 착해 보이고, 청하는 말에 진심이 깃들인 것을 알고 측은지심을 참지 못하여 문중 사람들과 상의 끝에 그를 받아들여 주었다. 이런 처지이니 당연히 족보에 이름을 올리기란 힘든 일이다.

마을 사람들의 말에 따르면, 당시 족장은 원자바오의 고조부에게 자신의 상황을 고려해 항렬을 선택하도록 하였는데, 겸손했던 그는 문중 내에서 가장 낮은 항렬을 선택했다는 것이다.

중국의 전통적인 장유유서의 분별로는 항렬이 낮으면 자연히 그 지위가 낮기 마련이다. 그리하여 원자바오의 고조부는 원씨 집안이 장례를 치를 때마다 문중 어른들을 위해 관을 지고 날랐다(원씨 문중 사람들이 이런 점을 고려해 그를 받아들였는지도 모른다). "돈이 있어도 영전 앞의 (자식들의)효는 사지 못한다(有錢難買靈前孝)"라는 말이 있다. 이런 날들 속에서도 야망이 큰 사람은 마음속의 고통을 인내했으리라. 노인은 옛 조상들로부터 내려오는 이야기를 웃어른들께 들었다고 하였다. 원자바오의 고조부가 원씨 집안이 장례를 치를 때마다 가서는 곡을 하였다고 한다.

만약 구전으로 전해지는 이 이야기가 맞는다면 원자바오의 선조는 자신의 운명을 바꾸고, 자손이 학자가 되어 관직에 오르게 하기 위해 치욕을 기꺼이 감내했던 것이다. 이런 대가를 지불하고 나서 운명을 새롭게 개척해나갈 수 있었다. 단지 2대에 걸친 노력으로 이들 원씨는 다시는 천대받지 않는 항렬이 되었던 것이다. 그들은 선비 집안으로 변모시켰을 뿐만 아니라 그 풍모 역시 이미 다른 원씨 집안을 넘어섰다.

원자바오의 조부는 국민당 정부 시절에 현(縣) 교육 행정기관의 임원을 거쳐 학교장을 역임하였다. 그의 부모는 당시의 풍속을 깨고 파격적인 자유연애를 했으며, 당시 있을 수 없는 전대미문의 서양식 결혼식을 올려 작은 마을에 센세이션을 불러일으키기도 했다. 원자바오는 어린 시절 꽤 짓궂었으나 집안 교육은 매우 엄격하였다.

원자바오의 할아버지는 원잉스[溫贏士]로 1920년대 이싱향의 「민립 제5 초등학교」의 교장을 역임했다. 원잉스와 형제인 원잉지에[溫贏階]는 다른 학교의 교장이었다.

당시 원잉스로부터 가르침을 받았던 학생인 친빠오루[秦寶祿]의 기억으로는 자신의 선생님이 매우 개성이 강하고 성격이 불같았지만 매우 자애로웠던 사람이어서 학생을 때리는 것을 본 적이 없다고 하였다. 원잉스는 톈진현 동북구의 교육 행정 임원으로 있으면서, 이싱향과 그 주변 지역의 교육에 대해 각고의 노력을 기울였다고 한다. 그가 세운 학교는 가정형편에 따라 받는 학비가 제각기 달랐으며, 학교의 목표는 배우고 싶은 모든 아이들에게 학교로 와서 배우도록 하는 것이었다.

친빠오루는 당시 학업 성적이 우수하여 원 교장의 총애와 관심을 받았으나, 마지막에는 원 교장이 작별의 인사 한 마디 없이 학교를 떠나 어린 그에게 큰 상처를 남겼다 한다. 그는 그 날 등교하여 원 교장이 학교를 떠났다는 말을 듣고 화가 나는 것을 느꼈다. 하지만 무엇 때문에 화가 난 것인지 지금까지도 알 수가 없단다. 단지 그가 알고 있는 것은 원 교장이 세운 학교에 교사(校舍)가 없어 양씨 집안의 톈시탕[天僖堂]을 빌려 수업을 했으며, 가끔은 세를 내지 못해 양씨 집안 사람이 학교로 와서 한 바탕 소동을 부렸다고 한다. 그리고 1920년대 군벌이 혼전을 벌여 어수선했던 시기에 학교 역시 군대에

의해 잠시 점용되어 수업에 영향을 끼치자 원 교장이 난색을 표했다
고 한다. 그는 아마도 이 두 가지 원인으로 인해 원 교장이 학교를 등
진 것이 아닌지 모르겠다면서 확실치는 않다고 하였다.

그의 나이 90여 세가 되었지만 지금까지도 80년 전 원 교장이 떠나
며 학교 벽에 붙여놓았던 한 편의 시를 정확히 기억하고 있었다. 그
시의 내용은 「집에 원수가 있으니 반드시 갚아주어 기어코 이겨서 넓
은 하늘 밝히리」였다고 한다. 훗날 원 교장이 원수를 찾아내어 복수
를 했는지 그는 알지 못했다.

원잉스가 원자후통 저택에 거주할 당시를 이웃 노인은 이렇게 회
상하고 있었다. "그 사람 옷차림은 언제나 단정했고, 늘 중국 전통의
마고자를 입었어. 매일 인력거를 타고 학교에 출근했었지. 길을 지나
가다 연세가 지긋한 노인을 만나면 굳이 내려서 그를 인력거에 태우
는 매우 예의 바른 사람이었어." 하지만 노인은 학교에서 무슨 일이
있었는지 알지 못하는 듯하였다.

친빠오루는 아직도 원잉스를 생각하면 존경심이 일어난다고 하였
다. 원잉스의 아들은 원깡[溫剛]으로 원자바오의 아버지이며, 노인과
같은 학교 학생이었다. 원깡의 나이가 노인보다 어렸지만 학년은 그
보다 높았는데 가풍을 이어받아 그런지 학업성적 또한 출중했다고
한다. 원깡 역시 부친의 생업을 이어받아 교육 방면에 종사하였다.
처음에는 이싱항에서 교편을 잡았고, 후에는 톈진시로 옮겨 학생들
을 가르쳤다.

원깡의 연애와 결혼은 당시 낭만적이면서도 의론이 분분한 화젯거
리로써 지금까지도 이싱항에 전해지고 있다. 82세의 쑤창치[蘇長琪]

는 원깡이 이싱항의 천지가 개벽할 만한 신식 결혼을 올린 최초의 커플이며, 당시에는 매우 충격적이었고 사람들이 모두 길거리로 쏟아져 나와 구경을 하고 의견이 분분하였다는 말을 덧붙였다.

「원깡은 새로운 사상을 갖고 있는 사람이었지. 그 색시도 꽃가마 타고 장삼 입고 족두리 쓰고 시집온 게 아니야. 다른 사람들하고는 사뭇 달랐어. 신부는 흰색 치마를 입고 얼굴을 다 내놓고 사람들을 보더라고. 뒤쪽으로는 톈진에서 초대했다는 악대가 와서 서양 나팔, 서양 피리를 불어 흥을 돋우더라고. 원깡도 양복을 입었는데 시쳇말로 정말 하이칼라더라니까.」

「원깡의 신부가 예뻤나요?」

「당연히 예뻤지. 안 예쁘면 원깡이 신부 얼굴을 만천하에 공개했겠어!」

다시 원래의 화제로 돌아가면, 원자바오가 1942년 9월에 태어났으니까 그의 부모는 1940년대 초에 결혼식을 했다는 이야기다. 당시 상하이, 톈진 같은 대도시에서는 서양풍이 크게 유행했으므로 서양식 결혼식은 이미 신기한 일도 아니었지만 작은 시골 마을에서는 이런 결혼식이 기절초풍할 만한 일이었다.

결혼식뿐만 아니라 원깡과 양슈란[楊秀蘭]의 연애 역시 다른 이들과는 남달랐다. 원깡이 이싱항에서 교편을 잡고 있을 때, 마을의 약국 주인인 양펑샹[楊鵬翔]은 그를 집으로 불러들여 딸인 양슈란에게 과외를 시켰다. 그런데 생각지도 못하게 한 번, 두 번씩 횟수를 거듭할수록 혈기 왕성한 두 젊은이들의 감정이 교차되면서 사랑에 빠지고 만 것이다.

두 집안 입장에서 남녀 간 자유연애는 당연히 체면을 구기는 일이었다. 당시 특히나 이싱항과 같은 봉건 전통을 지키는 지역에서는 부모의 팔자, 매파의 말에 따라 결혼 말이 오가는 것이 진리와 같은 것이었는데, 남녀 사이에 정이 솟아나 의기투합했다는 것은 그러한 진리를 역행하는 것이었다.

쑤창치는 원자바오의 어머니 쪽에 대해 잘 알고 있는 듯 보였다. 그는 자신 있는 말투로 원자바오의 어머니가 지금도 그를 기억할 것이라고 했다. 그의 말에 따르면 원자바오의 어머니는 고아였으며, 양평상이 고아원에서 데려왔다고 했다. 양씨 집안 사람들은 데려온 아이를 무척 아끼고 사랑했다. 당시 여자 아이를 공부시키는 것을 탐탁히 여기는 시대가 아니었는데 그들은 데려온 딸을 학교에 보냈다.

두 젊은이의 자유연애가 구식의 결혼 방식을 타파하기는 했지만 원깡의 부친인 원잉스는 며느리로 맞을 사람이 친자가 아닌 데려온 자식이라는 것을 알고 달가워하지 않았다고 한다. 이러한 까닭에 결혼식을 거행하면서 양씨 집안은 문중의 가장 큰 어른을 내세워 결혼 증인을 내세웠으며, 가문의 명성과 위엄을 내세워 두 집안의 체면을 만회하였다.

원자바오가 어릴 적에 무척 말랐었는데 그 모양새가 현재와 크게 다르지 않았다고 한다. 이는 함께 학교를 다녔고, 소꿉놀이를 하던 쑤창웨이[蘇長維]의 기억 속 얘기다.

쑤창웨이는 원자바오보다 세 살이 많았다. 원자바오는 비교적 일찍 등교했으며 유별나게 짓궂었지만, 가정교육이 엄하여 다른 아이들처럼 욕지거리를 내뱉지는 않았다. 당시 원자바오의 집은 그 골목

안에서 가장 큰 집으로, 골목 하나가 다 그의 집이었다. 학교가 파하면 아이들은 골목으로 모여들어 구슬치기를 하거나 굴렁쇠를 굴리기도 하였다.

하지만 그는 원자바오가 아이들과 어울려 「신발 줍기」놀이를 했는지 기억하지는 못 했다. 그런 장난은 비록 지저분하지만 아이들이 매우 신나고 재미있어 하는 놀이다. 모두 각자가 쓰레기 더미에서 버려진 신발을 찾아 한 무더기 모은 후에 가위, 바위, 보를 해서 진 사람은 신발을 지키는 술래가 되어 아무도 못 갖고 가게 하는 놀이로 신발을 뺏는 과정에서 누군가 신발에 맞으면 맞은 사람이 지키는 술래와 바꾸는 것이다.

쑤창웨이는 원자바오가 아이들과 놀이를 한 지 얼마 되지 않아 집에 돌아가 공부를 하였으며, 가족들은 그가 훌륭한 학자가 되기를 희망하였다고 한다.

노인들은 또한 당시 원자후통에서 유일하게 원자바오의 집안만이 공부를 하는 선비 집안이었으며, 다른 집들은 모두 힘들게 노동을 했었다고 회상했다. 이렇듯 신분이 달랐기에 골목 안 사람들과 원자바오 집안 사람들의 왕래가 드물었다고 한다. 골목 안 사람들은 일이 없으면 그 집 문턱도 밟지 않았다.

만약 무슨 일이 있다면 원씨 집안의 가난한 어른들(돈이 없어 늦은 결혼을 했기 때문에 항렬의 차이가 더욱 컸다)이 돈을 빌리러 가거나, 혹은 일자무식인 사람들이 글을 써달라고 부탁하러 가는 것이다. 그 집안 사람들은 기품이 있으며, 학문에 조예가 깊고 태도가 반듯해 부탁을 거절하는 법이 없었다.

원자바오의 집안이 원자후통의 유일한 선비 집안이었던 점을 고려하면 원자바오 고조부의 선택과 희생은 선견지명이 있는 투자였다. 원씨 가족들의 낮았던 항렬은 어느 순간 문중의 가장 높은 곳에 올라앉게 된 것이다. 농사를 지으면서도 공부를 게을리 하지 않고 학문을 갈구하던, 가장 낮은 자리에 있던 그들은 마침내 해낸 것이다. 이렇듯 계속 이어나가 마침내는 원자바오에까지 이르게 된다.

원자바오의 숙부인 원펑지우[溫朋久]는 저우언라이(周恩來)와는 잘 아는 사이로 외교부 차관을 지냈다. 문화혁명 중 원자바오의 부친이 「처우라오지우(臭老九-구린내 나는 아홉째 : 문화대혁명 기간에 지식인들을 지칭하여 비하한 말)」라고 하여 농촌으로 보내어질 때, 고향 사람들은 그가 돌아오는 것을 반대하였다. 후에 고향 사람들은 이 일을 후회했다. 원자바오는 당시의 일을 마음에 두고 있는 것은 아닐까?

원자바오의 가족들 중, 공산당이 이끄는 중국에서 원자바오만이 두각을 나타낸 것은 아니다. 벌써 98세가 된 원펑지우도 유럽 국가에 주재했던 중국 대사를 역임했고, 중화인민공화국 외교부의 기초를 다졌다. 원펑지우는 1905년에 태어나 14세에 즈리이스(直隸一師 ; 하북 제1사범학교. 직예는 하북의 옛이름)를 다니면서 5.4운동에 참여했고, 후에는 1.23 유혈 사건 항의 집회에서 저우언라이를 만나게 된 것이다. 그는 저우언라이와 마찬가지로 먼저 일본에서 유학을 하고, 다시 유럽으로 가서 공부를 계속했다. 저우언라이는 프랑스에서 공부했지만, 그는 독일로 유학을 떠났었다.

이싱향 원자후통의 노인들은 원펑지우가 1960년대에 고향으로 돌아온 적이 있었는데, 조부의 이장문제로 잠시 들른 것이라 한다. 그는 마을 사람들과 친절하게 인사를 나누었다. 마을 사람들은 외국 주재 대사를 지낸 고관이 베이징에서 왔다는 사실에 의기가 양양하였다. 원펑지우가 역임했던 가장 높은 지위는 외교부 유럽·아프리카 담당국의 부국장을 지냈다. 그가 술을 좋아했다는 사실은 외교부에서도 유명했으며, 외교부 장관을 역임했던 챠오꽌화[喬冠華]는 그를 「지우꾸이(酒鬼－술고래를 뜻함)」라 불렀다.

1940년대 원펑지우가 충칭(重慶)에서 지낼 때, 위여우런[于右任], 천쥔루[沈鈞儒], 펑위샹[馮玉祥]과는 절친한 친구 사이였다. 2000년 7월, 퇴직한 지 오래된 그는 외교부에서 기념품 증정식을 가졌다. 위여우런, 천쥔루, 펑위샹, 꿔모뤄(郭沫若) 등이 그에게 선사했던 여섯 폭짜리 그림을 저우언라이, 떵잉챠오[鄧穎超－저우언라이의 부인] 기념관에 증정한 것이다.

1948년 말, 국민당과 공산당의 전투가 있었는데, 국민당은 시야확보를 위해 공산당에게 숨을 여지를 주지 않으려고 이 작은 마을에 불을 지른다. 노인들의 말에 따르면, 당시 한쪽에서는 「빨리 이사를 떠나시오!」라며 재촉했고, 다른 쪽에서는 불을 놓아 마을을 불태웠다고 한다. 쑤창치의 기억으로는 그 때 큰 눈이 내렸었고, 처음에는 군대와 마을 주민들 사이에 논쟁이 있었으나 불이 나는 걸 보고는 모두 도망쳤으며, 원자후통은 물론 마을의 모든 집들이 불에 탔다고 한다.

전쟁이 끝난 후에 돈이 있는 사람들은 도시로 이사를 가서 돌아오지 않았고, 돈이 없는 사람들만이 다시 마을로 돌아왔다. 원자바오의 가족들도 그 때 마을을 떠나 다시는 돌아오지 않았으며, 마을 사람들 역시 다시는 그들을 볼 수 없었다.

하지만 마을에 전해지는 이야기로는 1966년 문화혁명 당시 원자바오의 아버지가 마을로 피난을 오려고 했으나, 마을의 「혁명위원회」가 이를 거절하고 받아들이지 않았다고 한다. 그 때, 원깡은 톈진시 33중학교에서 지리 과목을 가르쳤고, 아내인 양슈란은 초등학교에서 국어를 가르치며 주임으로 있었다. 원깡은 문화혁명이 일어나기 전인 17년 동안 흑색교육 노선을 실행했다는 이유로 비판을 받았으며, 농촌으로 갈 것을 강요당했다. 어차피 농촌으로 갈 바에야 낯선 곳으로 가기보다는 고향으로 돌아가는 게 나을 것으로 생각했던 것이다.

이싱항은 원깡을 받아주지 않았는데 나름대로 그 이유가 있었다. 당시 그곳은 문화를 공격하는 무력 투쟁이 한창이어서, 거리에는 대자보가 쉽게 눈에 띄었고, 곳곳이 뒤숭숭할 정도로 시위행진을 하며 비판과 투쟁이 끊이지 않았고, 심지어는 사람을 때려죽이기까지 하였다. 고향 마을 사람들이 무정하고 의리가 없어 그를 받아들이지 않은 게 아니라 그렇게 할 수 없는 그들만의 사정이 있었던 것이다.

이 밖에도 수용할 수 없는 조건이 있었는데, 아마도 마을에서는 「처우라오지우(臭老九)」를 받아들이기 꺼렸던 것 같다. 원깡은 지식분자로서 「처우라오지우」에 속해 길거리 생쥐와 같은 취급을 당하였다.

하지만 40여 년이 흐른 지금, 원자바오는 중화인민공화국의 국무원 총리가 됐고, 고향 마을 사람들은 자신들을 반성하며 원자바오가 당시 자신의 아버지를 마을 사람들이 받아들이지 않은 것에 대해 이싱항에 불만을 갖고 있는 것이 아닌가 하며 걱정을 하고 있다.

또한 전해지는 말로는 원자바오가 중앙위원회 판공청 주임과 국무원 부총리 시절, 마을 지도층이 베이징으로 사람을 보내어 원자바오를 알현하기 원하였으나 그는 나타나지 않았고, 대신 그의 가족들이 맞아주었다고 한다. 이 말이 사실인지 확인하기는 쉽지 않다.

하지만 우리가 분석하기에는 일처리에 신중한 원자바오가 고향에서 온 손님을 직접 맞이하지 않았다면 그의 성격에 맞는 행동이라 여겨진다. 원자바오는 중앙위원회 판공청 주임과 부총리라는 민감한 지위에서 고향 사람이 방문했다면 단순히 옛날이야기나 하려고 찾아온 것이 아니라 판단하였을 것이다. 이런 현실을 잘 반영한 중국 속담이 하나 있다. 「일 없이 찾아오지 않는다(無事不登三寶殿).」 그를 대신해 가족이 맞이했다는 것은 내 집 문앞까지 찾아온 손님을 야박하게 문전박대하기 어려워서였을 것이다.

원자바오 사촌들 역시 그가 높은 자리에 앉아 있다고 하여 조금도 그의 덕을 볼 수 없었다. 이런 면모를 보면, 그는 결코 사사로운 정에 이끌려 떳떳치 못한 일을 할 사람이 아니다. 이런 점은 주룽지, 후진타오와 꼭 닮았다. 그들 역시 고향 사람들이 찾아와 도를 넘는 요구를 하면 거절하였다.

고향 마을 사람들은, 원자바오가 이싱항 출신이란 것을 밝히지 않는 것에 대해 아직도 의문을 갖고 있으나 마음속으로는 언젠가 그가 마을을 방문해줄 것이라는 희망을 갖고 있다. 어찌되었든 간에 그곳은 그의 뿌리이며, 탯줄이 묻힌 곳이다. 게다가 그와 함께 유년 시절을 보냈던 소꿉친구들이 그를 기다리며 옛일을 이야기하고 싶어 한다.

원자바오와 같이 공부하고 소꿉놀이 하던 쑤창웨이는 총리에 오른 원자바오에게 한 마디 건네고 싶어 했다. 「구슬치기 하던 것 기억납니까? 고향의 이름을 빛내주었군요. 마을 사람들의 희망을 저버리지 말아요. 국민들을 위해 힘써 주구요.」

저우언라이는 15세에 난카이(南開) 중학교에 입학했다. 원자바오 역시 같은 나이에 난카이 중학에 입학했다. 만약 저우언라이와 원자바오를 비교한다면 그들 둘 사이에 적지 않은 공통점이 있다는 것을 발견할 수 있다. 난카이 중학교는 개교 100주년을 기념하기 위해 저우언라이와 원자바오를 대대적으로 선전했다.

원자바오는 톈진에서 가장 좋다는 난카이(南開) 중학교에서 학창 시절을 보냈다. 난카이 중학교 같이 눈부신 역사를 가진 학교는 중국에서도 극히 드물다. 그곳은 중화인민공화국 전후로 두 명의 총리를 배출하였는데, 한 명은 저우언라이, 다른 한 명은 원자바오이다.

또한 부총리인 쩌우쟈화[鄒家華], 전국인민대표대회(이하 전인대로 약칭) 부위원장 우지에핑[吳階平], 린펑[林楓]을 비롯해 전국정치협상회의(政協) 부주석인 왕쿤룬[王昆侖], 취우[屈武], 쑨푸링[孫孚凌], 완궈취엔[萬國權], 쥬꽝야[朱光亞]도 배출하였다.

정계 외에도 우수한 인재들이 과학기술 방면은 물론 문화계 쪽으로도 무수하다. 그 중 져우꽝샤오[周光召], 쥬꽝야를 대표로 하는 중국 과학기술원과 공정원에는 난카이 중학교 출신의 연구원들이 50명 있고, 문화계는 짜오위[曹禺]와 라오서[老舍]를 비롯해 유명 인사만

10여 명 있다.

난카이 중학교는 1904년에 개교했는데, 설립자는 옌판쑨[嚴范孫]과 쟝뽀링[張伯苓]이다. 옌판쑨은 1860년에 태어나 청나라 말, 진사시험에 합격하였고, 1886년 한림원(翰林院)의 편수(編修－중국에서 옛날 국사편찬에 종사하던 사관)가 되었다. 그는 당시 생각이 깨인 사람으로 교육만이 나라를 살리는 길이라고 주장했으며, 강한 중국을 만들려면 교육개혁을 해야 한다고 여겼다. 1898년 그는 모든 관직을 사직하고 톈진으로 돌아간다.

1840년 아편전쟁 이후, 톈진은 서양 무역상들에게 개방되어 공업도시와 경제 무역항으로 거듭 난다. 톈진 시내에 외국인만 사용할 수 있는 조계(租界－19세기 후반에 영국, 미국, 일본 등 8개국이 중국을 침략하는 근거지로 삼았던 개항 도시의 외국인 거주지)가 있었는데, 이곳은 외국 법률만이 인정되고 중국의 관리를 받지 않아 마치 작은 외국과도 같았다. 영국, 프랑스, 독일, 이탈리아와 일본의 조계는 모두 하이허[海河－중국 허베이성[河北省] 최대의 수계(水系)]를 따라 만들어졌으며, 서로 이웃하였다. 머리에 하얀 두건을 두른 시크교도 헌병과 제복을 차려입은 코르시카 헌병이 조계 내에서 순찰을 돌았는데, 이것은 하나의 구경거리로 자리 잡았다.

1901년 옌판쑨은 쟝뽀링을 글방교사로 채용했다. 1904년 옌판쑨은 쟝뽀링과 함께 일본을 방문하여 교육환경을 시찰하고 돌아와 글방을 징예[敬業－학업을 중히 여김] 중학당으로 개조하였는데, 이것이 바로 난카이 중학교의 전신이다. 학당을 열기 전, 옌판쑨은 먼저 쟝뽀링을 초빙해 감독을 맡도록 했으며, 개교 후에는 교장으로 취임시킨다.

쟝뽀링은 청년 시절 톈진의 북양[北洋－청나라 말엽 봉천(奉天)·직예(直隷)·산동(山東)의 연해지역을 일컫던 이름] 수군(水軍) 학당을 다녔으며, 졸업 후에는 수군 학교에서 하급 군관을 지냈다.

1894년 중국의 북양 함대는 갑오해전에서 일본 해군에게 패한다. 1898년 일본 점령군은 3국 간섭으로 웨이하이웨이[威海衛]와 리우꽁따오[劉公島－산동성에 위치한 섬]를 중국에게 되돌려주지만, 청나라 조정은 영국의 압력으로 다시 이 두 곳을 영국에게 조차해준다.

당시 쟝뽀링은 북양 수군 학교를 막 졸업해 명령을 받고 리우꽁따오를 접수하러 가는 길이었으므로, 두 눈으로 비극적인 역사를 목도해야만 했다. 먼저 일본기가 내려지고 중국기가 올려졌었지만, 다시 중국기가 내려지고 영국기가 올라갔다. 이러한 굴욕은 쟝뽀링에게 참을 수 없는 고통이었으며, 구국의 길이 배를 사고, 대포를 만드는 데 있는 게 아니라 신식 학교를 건립해 중국인의 국민성을 개량하는 데 있다고 보았다.

쟝뽀링은 기독교 신자였는데 이러한 배경이 초창기 난카이 중학교가 향후 몇 년간 미국 교회의 자금지원을 받는데 훌륭한 역할을 하였으므로, 그 후에 미국이 난카이 학당을 만들었다는 말이 생겨났다.

쟝뽀링 영도 하의 난카이 중학교는 확실히 서양의 교육이념을 바탕으로 하였다. 그는 영국에서 영어와 수학교사를 초빙하였고, 과정은 중국 문학과 영국 문학을 제외하고도 수학, 생물, 화학, 지리 등이 있었다. 학생들마다 반드시 지·덕·체를 겸비해야 했으며, 자연적으로 학비는 비쌀 수밖에 없었다.

난카이 중학교를 다녔던 저우언라이는 품행이 방정하여 옌판쑨과 쟝뽀링의 애정을 듬뿍 받았고, 가정 형편이 넉넉지 않아 학교는 특별히 그의 학비를 면제해 주었다. 이렇게 하여 저우언라이는 난카이 중학교에 입학한 지 2년째부터 학비를 면제받는 유일한 학생이 되었다. 옌판쑨은 친구를 시켜 저우언라이에게 사위를 삼고 싶다는 말을 전하자 정중하면서도 완곡하게 거절하였다. 그는 말을 전하는 친구에게 「내가 가난한 학생이라 그런 명망 있는 가문과 혼인을 한다면 아마도 모든 일을 그 사람들이 하자는 대로 따라야 할 거야」라고 말했다고 한다. 쟝뽀링은 한때 저우언라이에게 미국으로 유학갈 것을 제안했지만, 훗날 그는 돈이 없었던 탓에 부득이 일본으로 유학을 떠나게 된다.

1950년대 원자바오가 입학할 당시 옌판쑨은 지병으로 사망했으며, 학교는 이 설립자를 위해 교내의 남쪽 건물을 「판쑨러우(范孫樓)」라고 명명하였다. 원자바오의 중학교 과정은 모두 이 「판쑨러우」에서 완성된 것이다. 현재 이 건물은 도서관으로 사용되고 있다.

원자바오의 동급생인 저우챵[周强]과 쥬징천[朱景辰]은 원자바오가 학업성적이 우수하여 학습위원을 맡았었다고 전한다. 학습위원은 교사를 대신해 숙제를 걷거나 학생들의 복습과 숙제를 지도해주는 것이다. 원자바오가 학습위원을 맡았을 때 이미 지도자의 면모를 드러냈었다. 동급생을 도와주는 것을 기꺼워했으며, 자신에게는 엄격하여 모든 일에 신중하였다.

원자바오가 겉으로 보기에는 마르고 유약했지만 체력은 다부진 편이어서 농구와 장거리 달리기를 즐겨했다. 난카이 중학교는 수업이 엄한 것으로 유명하여 1년에 한 반씩은 낙제를 시켰다. 일반적으로 기말고사에서 두 과목 이상 평균이 못 되면 낙제를 시켰고, 품행 혹은 체육 과목에서 한 과목이라도 평균 이하가 되면 낙제가 됐다. 원자바오는 학업성적이 우수하고 품행이 방정하며 체육도 잘 하여, 모든 면에서 우수한 학생이었다.

대학 입학시험 전형에는 지질학과를 선택했는데, 아마도 체질적으로나 심적으로 끌려 선택한 듯하다. 그의 오랜 친구는, 여름이 되면 학교에서 농촌 활동을 떠나는데 그가 김매기, 보리 베기, 참새 쫓기 등 무엇을 하든 간에 매우 열심히 하며 노고를 마다하지 않았다고 한다.

저우언라이는 15세에 난카이 중학교에 입학했는데, 원자바오도 같은 나이에 입학했다. 다른 게 있다면 원자바오가 공부할 때 저우언라이는 이미 중국의 총리가 되어 있었다는 것이다.

원자바오가 난카이 중학교 재학 당시, 저우언라이는 이미 학교의 자랑거리였다. 이런 환경에서 성장한 원자바오가 저우언라이를 추구하는 이상의 목표로 삼았는지도 모른다. 당시 그가 그렇게 큰 포부와 기개가 있었는지 어느 누구도 알 수는 없지만 마침내 운명은 그를 저우언라이와 대등한 위치에 오르게 했다.

1917년, 저우언라이는 모든 과목에서 평균 89.72의 성적으로 난카이 중학교를 졸업했다. 교장 장뽀링은 그를 「성정이 온화하고 성실하며, 감성이 풍부하고 진실한 우정을 알며, 친구 또는 공익의 일에 열성적이다」라며 칭찬을 아끼지 않았다.

1960년, 원자바오가 어떤 성적으로 난카이 중학교를 졸업하였는지에 대해 학교 측은 밝히기를 꺼려했다. 그에 대한 학교의 평가 역시 비밀로 외부 발표를 하지 않았다. 어쨌든 원자바오의 학업과 품행 성적은 가장 상위에 속했으며, 결코 저우언라이에 뒤지지 않을 것이다.

재학 당시 저우언라이는 「뽀링러우」에서, 원자바오는 「판쑨러우」에서 수업을 했었다. 두 사람이 공부했던 교실은 달랐지만 모두 설립자 이름으로 건립된 건물에서 수업을 받았다.

이렇게 전통 있고 역사 깊은 학교에서는 연속적으로 많은 규칙을 적용하고 있다. 교가는 「발해의 연안, 백하의 톈진, 높고 높은 우리 난카이 중학교의 정신을 높이자」로 시작되는데, 난카이 중학교의 정신은 애국, 책임, 애타, 과학, 진취적 기상이다. 교훈은 「윤공윤능, 일신월이(允公允能 日新月異)」이다. 여기서 「공(公)」은 애국과 애타의 공덕을, 「능(能)」은 사회에 봉사할 수 있는 능력을 말하며, 「일신월이(日新月異)」는 계속 발전하는 진취적인 기상을 뜻한다.

행동거지에 관한 격언은 얼굴은 반드시 깨끗이 하고, 이발을 단정히 하며, 옷은 깔끔히 입어 단추를 잠그고, 머리는 잘 빗으며 어깨는 펴고 가슴을 내밀어 등을 쭉 펴서 걸으며, 기개는 있으되 교만하지 말고, 폭력을 쓰지 말며, 조급해 하지 말고, 얼굴색은 마땅히 온화하고 고요하며 정중해야 한다고 하였다.

한 사람의 몸과 마음이 성장하는 왕성한 시기인 청소년 시절, 만약 이런 정신과 교훈을 항시 의식해야 한다면 그 영향력은 일찍이 효과를 나타냈을 것이다. 이는 저우언라이와 원자바오의 자질과 수양을 보면 익히 알 수 있다. 그 둘이 동시대 사람은 아니었지만 그들 특유의 품격을 비슷하게나마 보여주었다.

원자바오와 저우언라이를 비교해 보면 적지 않은 공통점을 발견하게 된다. 난카이 중학교 동창생들의 저우언라이에 관한 평가는 그가 경솔하지 않았고, 태도를 분명히 했으며, 상대를 배려하고, 주의 깊게 말을 듣고 사물을 관찰한 뒤에 자신의 입장을 밝혔다고 한다. 원자바오의 난카이 중학교 동창생들의 그에 관한 평가도 원자바오가 모든 일에 신중했다고 한다.

저우언라이가 난카이 중학교 입학 후, 학업성적이 우수해 2년째 되던 해에는 학교에서 유일하게 학비가 면제되는 학생이었다. 원자바오는 학업성적이 우수하여 반의 학습위원이 됐다.

저우언라이는 체육을 좋아해 매일 새벽 일찍 일어나 조깅을 하였다. 원자바오 역시 조깅을 좋아하여 교내 농구단 메인 선수들을 제쳤다.

저우언라이는 모든 일에 매우 열심이었다. 원자바오도 모든 일에 열심이었다.

저우언라이는 모교에 「나는 난카이를 사랑한다(我是愛南開的)」라는 글 한 점을 증정했다. 원자바오도 모교에 「난카이는 영원히 젊다(南開永遠年輕)」라는 글 한 점을 증정했다.

난카이 중학교는 지금까지도 톈진에서 가장 좋은 중학교이다. 근래에 배출된 학생들 중에는 수학, 물리, 화학, 정보 등의 국제 올림피아드에서 금메달 또는 은메달을 획득하였다. 학교는 개교 이래로 전체 학생들의 소양교육, 학생들의 사상훈련과 실제 응용능력 교육, 단정한 품행과 우수한 학업, 강한 체력, 창조성을 중시하는 것을 표방하고 있다.

난카이 중학교 관계자는 2004년 개교 100주년을 맞이하여 저우언라이와 원자바오를 크게 홍보할 계획이었으나 원자바오의 특수한 상황을 고려해 개인 홍보를 자제했었다.

하지만 원자바오의 난카이 중학교에 대한 관심은 1999년 개교 95주년 기념으로 샹위러우(翔字樓)를 건립할 때, 학교장인 캉시우옌[康岫岩]과 건물 청사진을 보며 이야기를 나눈 적이 있었다. 「샹위(翔字)」는 저우언라이의 자(字)이다. 학교의 가장 위엄 있고 현대적인 건물을 저우언라이의 자로 명명하고, 원자바오가 방문하여 그 의의가 자연스레 비범치 않게 되었다. 또한 그때 장쩌민은 난카이 중학교를 위해 「샹위러우(翔字樓)」라는 편액을 써 주었다.

류샤오치는 베이징 지질대학 졸업생들에게 오늘날 지질 탐사대원들이 바로 건설 시기의 유격대라며, 「지금은 여러분들이 유격전을 펼칠 차례입니다」라고 덧붙였다.

원자바오는 1960년 베이징 지질학원 지질광산학과에 입학하여 지질의 측량과 광산 찾는 것을 주로 하였다. 난카이 중학 때의 우수한 학업성적과 대입 고득점으로 베이징 대학이나 칭화 대학에 입학하는 것은 어려운 일이 아니었지만 그는 기어코 지질광산학과를 선택한다.

그가 지질광산학과를 선택한 데는 원대한 목표가 있었던 것으로, 당시 처했던 사회 분위기와도 무관치 않았다. 국가 공업건설을 위해 노력을 기울이는 것은 큰일을 하려는 청년들의 커다란 이상이었다.

사실 베이징 지질학원과 베이징 대학, 칭화 대학은 밀접한 관계이다. 1952년 10월, 신중국의 대규모 경제발전을 실현하기 위해 베이징 대학, 칭화 대학, 톈진 대학, 당산 철도대학, 서북 대학 등의 지질학과들이 합병하여 베이징 지질대학이 탄생하게 된 것이다.

1960년, 베이징 지질학원은 「베이징시 문화와 교육의 일선에서 모범적인 학교」라고 평가 받으며, 같은 해 전국 64개 일류 대학의 대열에 합류하게 된다. 원자바오가 바로 이 해에 합격의 기쁨을 맞게 되는 것이다. 공교로운 일인가, 아니면 상서로운 징조였을까? 정말 알 수 없는 일이다.

그 당시 중국에서는 지질학자들의 활동이 두드러졌다. 1959년, 중국의 첫 번째 석유기지인 따칭[大慶] 유전이 쏭랴오[松遼] 분지에 석유가 흐르는 기지를 만들어 중국이 「유전 빈곤국」이라는 오명을 벗게 해주었다. 이는 사회주의 중국에 한 획을 긋는 장거였다. 공산당은 이러한 업적을 대대적으로 선전하는 동시에 원대한 포부를 품은 17세의 원자바오가 그 안에서 향학열을 불태우고 있었으니, 그 피가 어찌 뜨겁지 않았겠는가?

베이징 지질학원 준비위원회 주임을 역임했던 리쓰꽝[李四光]의 이름은 영웅의 그것처럼 널리 퍼져 있다. 따칭 유전의 발견은 리쓰꽝의 지질역학 이론을 바탕으로 한 것이다. 지질대학의 교수인 판쭝샹[潘鍾祥]이 먼저 국제사회에 「육상생유론」을 발표하였다. 이는 외국 지질학자들이 근거로 들고 있는 「해상생유론」에 대해 직접적인 대항을 한 것으로, 중국의 유전 빈곤 문제에 대해 인정하면서 중국의 미래 유전 탐사에 관한 방향을 제시하는 등 큰 공헌을 하였다.

마오쩌둥은 신중국 성립 초기, 빈약한 지질 문제를 해결하기 위해

「지질 문제는 중요하다. 말 한 마리가 길을 막으면 만 마리의 말이 앞으로 갈 수 없다」라면서 우려를 나타냈다.

마오쩌둥은 러시아에서 광산학을 전공했던 유학생으로 「광업개발」이라는 글을 남겼었는데, 이것이 중국 광업을 일으키게 하는 기폭제가 되었다. 당시 광업개발은 중국 경제건설 중 정치적으로나 전략적으로 전망성이 밝아 보이는 우선 발전 영역이었다.

어느 시대를 막론하고 젊은이들은 한결같이 우상을 따른다. 원자바오의 학창시절에는 과학자가 가장 존경받는 인물이었다. 그렇다면 그의 우상은 당연히 리쓰꽝이었을 것이다. 아마도 「미래의 리쓰꽝」이 되겠다는 야망을 품었을지도 모를 일이다.

리쓰꽝은 16세에 일본으로 건너가서 배 만드는 일을 배우고, 신해혁명 시기에는 가장 어린 동맹회원이 된다. 21세에 중국으로 돌아와 후베이성 실업사 사장에 위임된다. 신해혁명 실패 후 손중산[孫中山]의 지원으로 영국 유학을 떠나 광산학을 전공했는데, 일 년 뒤에 지질학으로 전과하여 지질학에 몸담게 된다.

리쓰꽝은 1918년 《중국의 지질》이란 제목의 논문을 발표하고, 1920년에는 채원배[蔡元培]의 초청으로 베이징 대학의 교수로 간다. 그의 지질역학 이론은 중국이 일련의 유전과 가스전을 찾는데 홀대할 수 없는 작용을 하게 된다.

이 밖에도 리쓰꽝은 중국의 지진 예보에도 한 획을 긋는 공을 세우게 된다. 1966년 허베이[河北] 싱타이[邢台] 지진이 발생했을 때 리쓰꽝은 저우언라이와 함께 직접 현장으로 가서 지진 후의 인명 피해와 재산 피해를 확인하기도 하였다.

저우언라이는 리쓰꽝을 포함한 몇 명의 전문가와 함께 상의하고 지진 예보 문제를 해결하려고 노력하였다. 선진국이 오랫동안 연구하고 해결점을 찾으려 했지만 번번이 실패했던 난제를 중국이 해결할 수 있겠느냐며 많은 이들이 회의적인 태도를 보였다. 이에 대해 리쓰꽝은 반대의 입장을 표명하며 해결할 수 있다고 주장했다. 그는 지질역학 이론을 근거로 지진과 구조 응력의 관계를 연구하였다. 지표 응력값을 이용해 시공상의 변화를 추적하고 지진 발생을 예측한다. 현재는 이런 연구 수준이 세계에서도 앞서가고 있다.

원자바오가 입학하던 해, 운 좋게도 총장인 까오위엔꾸이[高元貴]를 만나게 되는데, 훗날 원자바오는 당시 총장을 회상하면서 감격했다. 1960년, 중국 학술계에는 비판의 바람이 일었는데, 지질학계도 예외 없이 그 권위와 학자들의 경향이 비판받게 된다. 지질대학의 일부 학생들도 외부의 영향을 받아 수강하는 몇 개 과목의 수업에 대해 비판을 하기 시작한다.

하지만 까오위엔꾸이는 교내 지질학 전문가들의 의견을 청취한 후, 군대가 아니므로 이러한 경향을 좇지 않겠다고 주장한다. 이로 인해 원자바오와 같이 갓 입학한 신입생들에게 학습할 수 있는 좋은 환경을 제공하게 되는 것이다. 까오위엔꾸이는 미래에 학생들이 사회에 진출하여 힘든 일에 적응해낼 수 있도록 체력과 정신, 의지, 사상, 소양 등을 높이 쌓을 것과 반드시 매년 야외나 시골로 나가 실습할 것, 등산과 수영을 필수과목으로 채택할 것을 요구했다. 지질대학의 거의 모든 학생들은 국가 대표급 용병들로 유명 등산인 중에는 지질대학 출신이 꽤 많다.

지질대학에는 줄곧 「건설 시기의 유격대원」이란 말이 유행하였다. 이 말은 류샤오치(劉少奇)가 지질대학 학생들에게 격려한 말이다. 1957년 5월, 지질대학 졸업생 대표 50명이 초청을 받아 중난하이[中南海]를 방문하여 국가 주석인 류샤오치와 좌담을 갖는다. 류샤오치는 졸업생들에게 먼저 말할 기회를 주어 마음속의 말을 털어놓게 한다. 졸업생들은 제각기 떠들어 대면서, 이제 곧 사회로 나가는데 학교보다 더 복잡한 환경에서 어떻게 하면 청년시절의 패기를 잃지 않을 수 있는지를 묻기도 하고, 어떤 학생은 야외 실습을 나가면 일하는 곳의 조건에 차이가 많은데 어떻게 하면 범상치 않은 지질학자가 되는가를 묻기도 하였다.

류샤오치가 졸업생들에게 답변하면서 이러한 비유를 했다고 한다. ─우리 당의 동지들은 20여 년간 유격대원 노릇을 하며 총을 내려놓은 적이 없었다. 유격대는 힘들다. 밖에서 생활하며 먹고, 자고, 입는 어느 것 하나 힘들지 않은 것이 없다. 지금의 지질 탐사대는 우리가 고생할 때의 유격대와 같다. 만약 우리가 당시 전쟁 때의 유격대라면 지금의 지질 탐사대원들은 건설 시기의 유격대원인 것이다. ─「지금은 여러분들이 유격전을 펼칠 차례입니다」라며 졸업생들에게 엽총 한 자루를 선물하며 신신당부하였다. 「여러분이 수고해 주세요! 6억 중국 인민을 위해!」

지질광산부의 차관인 허창꿍[河長工]은 원자바오와 그의 동기들에게 이런 말을 했다고 한다. 「어떤 사람들은 지질학을 우습게 본다. 그건 바보들의 생각이다. 어떤 사람들은 그곳의 지질 대원들이 목표를 찾지 못할 것을 걱정한다. 이건 장래성이 없는 것이다. … 여러분들은 국가를 위해 헌신을 해야 한다. 목표를 찾을 수 없다면 그건 모두 나의 책임이다」

원자바오가 대학시절 찍은 사진을 보면 얼굴 표정이 조금은 냉담해 보이는데, 앙상한 얼굴은 과연 그 나이에 걸맞지 않는 범상치 않은 얼굴이었다. 그런 얼굴은 그가 수십 년 후 베이징에서 유명인사가 된 뒤에도 보지 못했던 표정이다. 아마도 사진 속의 그는 막 야외실습에서 돌아와 경험했던 고생을 모두 얼굴에 써놓은 것 같아 고단함이 느껴지는 듯하다.

어떤 학생은 학교로 돌아와 이런 고생을 더는 참을 수 없다며 중도 포기하기도 하였다. 하지만 원자바오는 이를 악물고 참아냈다. 지질대학에 응시 원서를 접수했을 당시 그들의 이상은 하늘에 닿았지만 사회의 시선은 그렇지 못했다.

지질광산부의 차관인 허창꿍이 신입생들의 전공 교육에 대한 견해 보고서에서 「건설 시기 유격대원」의 비통함을 느낄 수 있었다. 「어떤 사람들은 지질학을 우습게 본다. 그건 바보들의 생각이다. 어떤 사람들은 그곳의 지질 대원들이 목표를 찾지 못할 것을 걱정한다. 이건 장래성이 없는 일이다. 역시 너의 일이 아니다 라면서. … 조국 건설을 위해서는 뜻을 세우고 지질학을 공부하는 대학생을 필요로 하며, 학생들은 국가를 위해 더욱 많은 보물을 찾아내야 하고, 지하에 매장된 보물들은 지금 여러분을 향해 손짓하고 있다. 여러분들은 국가를 위해 헌신을 해야만 한다. 목표를 찾을 수 없다면 그건 모두 나의 책임이다.」

원자바오 역시 허창꿍이 이런 말로 격려하는 것을 들은 적이 있다. 당시 비인기 학과인지라 학생들이 장가들지 못할 것을 걱정했는지 알 수는 없으나 허창꿍의 격려의 말이 그들의 마음을 편하게 해준 것은 틀림없는 일이었다. 40년 후, 원자바오가 학교를 방문해 스승과 학생들을 만나 허창꿍이 늘 해왔던 격려의 말을 되뇌면서 그에 대한 존경과 그리움을 표시하였다.

지질대학의 교가를 들어보면 아마도 원자바오의 얼굴에 드물게 냉담함이 엿보이는 이유를 알 수 있을 것이다.

저 산골짜기의 바람이 불어와 우리들의 붉은 깃발을 흔드네
저 미친 듯한 폭우는 우리들의 장막을 씻어주네
저 하늘의 별들은 우리를 위해 밝은 횃불이 되어주네
저 숲의 새는 우리에게 여명을 알려주네
저 강물은 큰 파도치는 바다가 되네
우리의 샘솟는 지혜는 모두 조국과 인민을 위해 바치리
우리의 불 같은 열정은 모든 노고와 고단함을 잊게 해주네
어깨에 배낭을 지고 저 산꼭대기를 오르면
우리의 가슴에는 무한한 희망이 솟아나고
조국을 위해 아름다운 보석을 찾는다네.

지질학을 공부하는 학생들은 이미 이러한 고생스러움에 낭만을 덧붙인 듯하다. 한 학생은 「중국 지질대학 교내 특간」에 「대자연을 자주 접하면 사람의 인격을 수양할 수 있을 뿐만 아니라 마음도 깨끗해

지고 정신도 맑아진다. 특히 생활 중에 받는 스트레스가 점점 더 커지는 현대사회에서는 사상과 문화와 정신적 자아구제를 실현할 수 있다」라고 썼으며, 다윈의 말을 인용해 한 마디 더 보태었다. 「오랫동안 과학 속에 머리를 파묻고 있다고 하여 자신의 생활과 아름다움, 시적 정취의 감수성을 잃지 말라.」

원자바오의 학창 시절, 이런 감수성과 낭만적인 감정을 지니고 과연 「유격대」를 할 수 있었을까? 비록 「교가」에는 이런 낭만이 줄줄 흘렀어도 대개가 현실적으로는 그렇지 못했을 것이다. 원자바오는 아마도 밑바닥의 가장 확실한 빈곤과 곤궁함을 느꼈을 것이다.

2002년 10월 6일, 원자바오 부총리는 소극적 자세로 모교를 방문하였는데, 「10.1」을 이용한 7일은 휴일로 평상복을 입고 내려왔다. 모교가 50주년을 맞이하여 방문을 하긴 해야 하는데 「금의환향」하는 모습을 남들에게 보이고 싶지 않았던 것이다. 모교의 개교기념일 행사가 있는 10월 20일을 피해서 간 것이다. 대신 그는 이 축하하는 자리에 나설 기회를 교육 담당 부총리인 리란칭[李嵐淸]에게 넘겨준다.

원자바오가 모교를 방문한 날 몇 명의 재학생들과 좌담을 가졌다. 그는 「모교가 나를 길러냈으니 응당 모교 개교기념일에 참석해야만 한다. 모교 방문 전에 모교가 대체 내게 무엇을 주었는가에 대해 생각해 보았다. 첫째는 전문적인 풍부한 지식, 둘째는 난관을 극복할 수 있는 끈기, 셋째는 인민들과 교감할 수 있는 감성이다」라고 말했다.

인민들과 교감할 수 있는 감성이란 부분은 그가 굉장히 많이 얘기한 부분이다. 그는 학생들에게 「나는 실습하러 산에 오르며 가난한 곳을 직접 보았다. 나의 방학은 거의 농촌에서 보냈다」라고 말했다.

그리고 동기들에게 당시 야외실습을 나가면 농부의 집에 발을 들여 놓고 그들과 같이 밥 먹고, 함께 자며 농민들의 고단함을 자세히 알게 됐었다며 말을 이었다. 그는 요즘 학생들이 고생을 알아야 시골 농민들과 진정한 친구가 될 수 있다고 충고하였다.

원자바오는 각계각층의 알고 지내는 농촌 친구들을 자랑스러워하며 「나는 많은 농촌 친구들이 있다. 나는 인민을 이해하고, 사랑한다. 나는 내 자신을 인민의 아들이라고 생각하고, 나의 모든 것을 인민에게 헌신할 것이다. 이것이 가장 중요하다」라고 하였다.

원자바오는 대학에서 8년의 시간을 보냈다. 그 중 5년은 대학생으로, 3년은 대학원생으로 지냈다. 8년의 세월 동안 16번의 여름방학과 겨울방학이 있었다. 그는 늘 밖으로 돌며 「나의 방학은 거의 농촌에서 보냈다」라는 말을 했다.

이 밖에도 1968년에 졸업하고 깐쑤[甘肅]로 가서 10여 년간 광산을 찾고, 지질을 측량하는데 시간을 보낸다. 그 기간 동안 중국의 농촌을 직접 경험한 것이 너무나도 많다.

이러한 경력은 그가 훗날 중국 중앙위원회에서 농촌을 전담할 수 있도록 했으며, 의심할 여지없이 상당히 큰 도움을 주었다. 중국 농촌의 이해에 관해 논하려면 당연히 국무원 안에서 원자바오를 통하지 않으면 안 된다.

중국 지질대학 총장인 쟈오펑따[趙鵬大]는 원자바오를 자랑스럽게 여긴다. 그는 자주 원자바오를 본보기로 하여 후배 학생들에게 격려의 말을 한다. 지질대학의 교수들은 「현재 베이징 대학은 지질대학을 병합해 학교

부속의 단과대학을 만들려고 한다. 하지만 결코 쉽지 않을 것이다. 지질대학도 자존심이 있다」라고 했다.

원자바오는 옛정을 그리워하는 사람이다. 그가 스승을 존경하고 그리워한다는 이야기는 지질대학에서 이미 미담이 되어버렸다. 10월 6일, 그가 모교를 방문한 날, 우연히 도서관 앞에서 학창시절 스승이었던 후어[霍] 교수를 만났다. 후어 교수는 그를 못 봤지만 그는 스승을 불렀다. 후어 교수가 그의 학과 교수는 아니었지만 지금까지도 스승이 가르쳤던 과목을 기억하였고, 스승은 이에 감동한다.

원자바오가 깐쑤[甘肅]에서 돌아와 베이징 지질광산부에 합류한 후, 명절과 휴일을 이용해 자전거를 타고 자주 교외의 학교로 가서 학과 주임교수에게 문안인사를 드렸다고 한다. 후에 그가 중앙위원회 판공청의 주임이 되면서 중난하이로 자리를 옮기지만 스승에 대한 알현은 이전과 똑같았다고 한다. 이것이 학교에 전해지는 미담이다.

원자바오와 동기들이 마주 앉아 좌담을 가지면서 자신의 학과 주임이었던 츠지샹[池際尙] 교수와 지도교수였던 마싱위엔[馬杏垣] 교수에 대해 자주 이야기를 꺼냈다고 한다. 그는 츠지샹 교수에 대해 학식과 인품이 본보기가 될 만하다며 칭찬을 아끼지 않았고, 마싱위엔 교수가 임종할 즈음에는 그 소식을 듣고 병상으로 찾아가 머리를 조아리며 학생으로서 스승에게 마지막 감사의 표시를 했다고 전한다.

까오위엔꾸이 총장이 1993년 임종할 당시, 원자바오는 중앙위원회 판공청 주임의 자리에 있었다. 그는 스승의 임종 소식에 검은 양복을 차려입는 것도 잊은 채 달려가 스승의 사모를 극진히 위로했다고 한다. 원자바오는 그에 대해 「까오위엔꾸이 총장님은 지식인들의 진정한 영도자」라고 명확한 평가를 하였다.

까오위엔꾸이 총장은 반우파 운동 시기 핵심교수들을 적극적으로 보호하여 일부 교수들이 우파로 매도되어 타도되는 것을 모면토록 하였다. 문화혁명 시기에는 학교 안에서 「처음으로 자본주의의 노선을 걷는 집권파」로서 상하부의 압력이 상당했었지만 여전히 같은 자리를 지키며 간부와 교사를 보호했고, 홍위병에게는 학교의 간부들은 「반역자」도 「반동」도 아니며, 그들은 중국 공산당을 지켜내고, 사회주의 권위를 보호할 사람들이지 결코 「학술적 권위를 반대」하는 사람이 아니라고 하면서, 학교에 무슨 일이 발생한다면 모두 자신이 책임질 것이라고 하였다.

원자바오는 까오위엔꾸이 총장의 인품과 품격을 우러러 존경하였다. 문화혁명 시기에 까오위엔꾸이는 풍운의 원자바오를 관찰하면서 투쟁의 불길 속으로 뛰어들지 않게 하고, 특히 자신이 존경했던 선생님들을 비판하지 않기를 원했다. 그리하여 원자바오는 [소요파]가 되었다.

1968년 원자바오가 학교를 떠나 깐쑤로 떠난 지 얼마 되지 않아 베이징 지질학원은 1970년 강제로 후베이성[湖北省] 우한[武漢]으로 옮겨져 우한 지질학원으로 바뀌었다. 문화혁명이 끝난 후, 지질대학 대학원이 다시 베이징으로 옮기고 나서도 한참 후에야 베이징 지질학원을 중국 지질대학으로 개명하였다.

현재 중국 지질대학의 총장인 쟈오펑따는 원자바오를 매우 자랑스럽게 여겨 자주 그를 본보기로 삼아 학생들을 격려한다. 쟈오펑따 총장은 원자바오를 크게 자랑삼는 것은 그의 직위가 높아서가 아니라 1998년 여름 원자바오가 장강(長江)의 홍수를 막기 위해 동원한 전문 지식과 대담한 배포 때문이었다.

지질대학은 원자바오가 가장 위급한 시기에 경계 수위를 넘은 댐의 수문을 열지 않은 것에 대해 지질구조의 심오한 이해를 구실로 삼고 있다. 이는 그가 지질대학에서 8년 동안 학습을 하면서 습득한 건실한 기초에 의지한 것이다. 만약 그 당시 다른 지도층 인사가 결정을 내려야 했다면 어느 누구도 이러한 자신감과 결단력을 갖출 수 없었을 것이다.

지질대학의 교수들은 원자바오가 치수(治水)에 성공한 후, 그의 명성이 크게 떨쳐졌고, 지질대학의 명성도 그와 함께 유명해졌다고 여긴다. 「현재 베이징 대학은 지질대학을 병합해 학교 부속의 단과대학으로 만들려고 한다. 하지만 결코 쉽지 않을 것이다. 지질대학도 자존심이 있다.」

베이징 대학은 지질대학을 부속학교로 삼으려 하지만 지질대학은 콧방귀도 뀌지 않고 있다. 지금의 지질대학은 단과대학으로 출발했다. 지질, 자원, 환경, 공정기술을 주요 학과로 삼고, 여기에 이공과 문학, 법학, 경제, 경영 등의 다양한 학과들이 조화를 이루는 종합대학이 되었다.

지질대학은 스스로가 본교 출신의 학생들이 특별히 애국심과 책임감을 갖고 있다고 자랑한다. 게다가 학문의 기초가 견고하고, 자신의 일에 성실하며, 기풍은 소박하고 올바른 정신을 갖고 있어 사회의 이목이 집중된다고 덧붙였다. 만약 원자바오를 예로 든다면 지질대학은 끊임없이 자랑을 늘어놓을 것이고, 역시 명실상부하게 될 것이다.

하지만 중국 지질광산자원부에 닥친 위기 역시 피할 수 없는 문제이다. 광산자원의 물량이 날로 증가하고 있는 소비량을 따라잡지 못하는 상황으로 비축량은 점점 더 줄어가고 있다. 이미 2/3의 국유 중요 광산 기업의 수명이 중장년기를 맞이하였다. 4백여 개의 광산은 자원고갈로 인해 곧 폐광을 맞을 지경이며, 45종의 중국 중요 광산자원의 현재 매장량은 2020년도에는 겨우 6종만이 필요로 하는 만큼만 보장된다.

지질과학원이 최근 발표한 보고서에 따르면 중국은 석탄 외에 거의 모든 광산자원이 부족한 상태라고 밝혔다. 앞으로 20~30년 내에 석유, 천연가스를 비롯한 각종 자원이 결핍되어 점점 수입 의존도가 높아지며, 이는 국가에 위기가 될 것이라고 밝혔다. 2020년도에 이르러 중국은 5억 톤에 이르는 원유 수입과 1천억 입방미터에 달하는 천연가스를 수입해야 한다. 이는 각각 중국 소비량의 70%와 50%를 차지하는 비율이다.

또한 전문가들이 밝힌 바로는 1999년부터 시작해 12년을 기한으로 한 차례의 국토 자원 대조사가 이루어질 것이라고 하였다. 이 기간 동안 지질 조사는 매년 8억 5천만 위안이 투입되지만 사실은 적은 액수이다. 중국의 지질 관련 업무에 관한 투자는 인도나 브라질 등 개발도상국보다 현저히 적은 수준이다. 1998년, 부서를 개혁하며 지질 관련 주요 비용을 투자했으나 여전히 지질 탐사비용 지원에 불과하다. 하지만 부분 비용은 지질 탐사대들이 각 지방에 소속됨에 따라 이미 성급 재정관리부에 분리, 편입되어 중국 중앙의 전체 부서에는 이롭지 않게 되었다.

자원은 한 나라의 생명과 발전의 운명을 결정한다. 앞서 말한 지질과 자원에 관한 위기 상황은 원자바오가 십분 잘 이해할 것이다. 그가 등극한 이후 눈앞에 닥친 일련의 경제 문제도 잘 해결해야 하겠지만, 나라의 장래가 걸린 전략 문제도 잘 처리해야만 한다. 자원이라는 골치 아픈 전략적 문제는 아마도 원자바오와 같은「노련한 지질학자」가 장강의 홍수 문제를 해결하였듯이 다시 한 번 과단한 결단을 필요로 하는 문제이다.

원자바오의
남다른 재능

고비사막에서 원자바오는 참혹한 정치투쟁에 말려들게 되어 척박한 농장으로 가게 된다. 그의 앞날이 그리 밝아 보이지 않았고, 오랜 시간 동안 냉대를 참아내야만 했다.

원자바오는 스스로 급여 인상자 명단에서 자신의 이름을 빼 사람들의 이목을 끌게 되고, 그의 상사는 그에 대한 칭찬을 아끼지 않는다. 원자바오가 정계의 오뚝이로 설 수 있었던 것은 권모술수에 능해서가 아니라 성실히 일하고 남들에게 책잡힐 만한 것이 없었기 때문이었다.

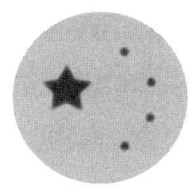

원자바오는 깐쑤[甘肅]의 따꺼삐[大戈壁−고비 사막]에서
돌아와 마침내 중국 총리의 자리까지 오르게 된다. 사람들은 그의 뒤
에 밀어주는 어떤 힘이 있지 않은가에 대해 의심하고 있다.

어떤 연유로 지질학에 종사하던 자가 정계까지 오게 되었을까? 대
체 어떤 사람들이 여기까지 오도록 다리를 놓아주었을까? 그는 어떻
게 중국 공산당 중앙위원회 판공청의 주임이 되었을까? 전후(前後) 3
명의 총서기에게 어떤 충성의 맹세를 했을까? 어떻게 마지막 서열인
부총리에서 총리가 되었는가?

깐쑤의 황토 언덕에서 걸어 나와 마침내는 중국 공산당 총서기에
오른 후진타오에 대한 수수께끼도 다 풀기 전에 원자바오가 정식으
로 국무원 총리가 되면서 전국 곳곳에 그의 수수께끼도 퍼지게 됐다.

중국 정치구조의 복잡한 특성 및 관료 승진의 투명성 결여로 인해

매번 중요 정치 인물들이 정권을 잡는 시기 전후에 각종 부정한 방법을 이용했다는 소문을 정부가 외면하는 사이, 언론 매체는 허점을 노려 낭설을 퍼뜨린다. 사실 이런 종류의 내부 소식은 해외 보도에도 영향을 끼친다. 해외에서의 부정확한 보도는 다시 각종 루트를 통해 국내로 돌아오는데, 이는 서로 진실을 오도해 판별할 수 없게 하는 결과를 낳게 한다.

우리가 깐쑤를 방문해 원자바오의 과거와 만나면서 원자바오와 함께 일했던 옛 동료와 상사들을 만날 수 있었다. 이 먼 곳에 있는 사람들 또한 사회생활을 하면서 원자바오의 출세에 관한 이야기를 수월찮게 들었다. 그들 중의 두 사람은 우리와 이야기를 나누면서 「원자바오가 높은 자리에 올라간 것은 그의 부친이 덩샤오핑을 알았기 때문이다」, 「문화혁명 시기에 건물에서 뛰어내린 덩푸팡[鄧樸方]을 업고 병원으로 뛰었기 때문이다」라고 했는데, 모두 다 헛소리다. 원자바오가 어떻게 그 자리에 올라갔는지에 대해서는 우리가 가장 잘 알고 있기 때문이다.

그의 옛 동료들이 우리를 웃고 울게 만들었던 것은 사회에 돌고 있는 뜬소문이 원자바오의 정치에 관한 얘기뿐만 아니라 생활상까지 포함했기 때문이었다. 지금은 이미 지우취엔[酒泉─감숙성 서북부에 위치. 옛 명칭은 쑤저위를 퇴직한 원자바오의 옛 동료 장쯔징[張子靖]은 「원자바오가 이혼하고 중국 중앙텔레비전방송국(CC─TV)의 리시우핑[李修平] (깐쑤 텔레비전 방송국에서 베이징의 중앙방송국으로 자리를 옮긴 유명 여자 아나운서)과 결혼했다는 소문이 있었어요. 완전히 헛소문이었죠. 작년 내가 베이징에 갔을 때, 부인인 장페이리[張

培莉와 연락도 했었는 걸요」라고 했다.

　그렇다면 그는 대체 어떻게 깐쑤에서 나오게 된 것일까? 어떻게 총리의 자리에 오르게 된 것일까? 내가 듣고 알게 된 사실이 점점 현실에 가까워지고 있었다.

권력으로부터 멀어 자유롭고 한가로운 고비[戈壁]의 모래 위에서 원자바오는 잔혹한 정치 투쟁에 말려들게 되었고, 그는 후미진 농촌으로 보내져 온갖 고초를 겪어야만 했다. 손에는 낙타나 야크의 고삐를 잡고 밖으로 끌고 나가 일을 해야 했다. 이렇게 반 년의 시간이 흘렀다.

　1968년, 원자바오는 베이징 지질학원에서 깐쑤성 지질국의 지질역학대로 보내어졌다. 지질역학대는 깐쑤 지우취엔에 있었다. 그는 「꺼삐뤼져우(戈壁綠洲)」라 불리는 그곳에 발을 붙이고 11년의 세월을 보냈다.

　지우취엔(酒泉)은 「城下有泉(성하유천) 기수약주(其水若酒); 성안에는 샘이 있고, 그 샘물은 술과 같다」란 말로도 유명하다. 이곳의 술은 당나라의 대시인 이백을 술에 취하게 해 쓰러뜨리고, 시 한 수를 남기게 한다.

天若不愛酒 (천약불애주)　　하늘이 술을 즐기지 않는다면
酒星不在天 (주성부재천)　　술별이 하늘에 있지 않으리라
地若不愛酒 (지약불애주)　　땅이 술을 즐기지 않는다면
地應無酒泉 (지응무주천)　　땅에는 술 샘이 없어야 하리

천쌘[岑參] (715~770); 당나라 시인. 두 번에 걸쳐 북서 변경 요새의 사막지대에 종군한 경험을 살려서 쓴 새외시(塞外詩)는 풍부한 상상력과 이국정서를 생생하게 그려 당시(唐詩) 가운데서는 독자적인 지위를 차지한다]은 태수들의 연회석상에서 술에 취해 노래를 불렀다.

胡笳一曲斷人腸 (호가일곡단인장)
座上相看淚如雨 (좌상상간루여우)

피리 소리 한 곡에 사람 애간장이 녹는구나
서로 바라보며 흘리는 눈물은 빗물 같도다

왕한[王翰] (687~726); 당나라 시인. 《양주사(凉州詞)》는 당대 7언절구 중 걸작으로 꼽힌다]은 술뿐만 아니라 지우취엔의 특산인 야광배(夜光杯)에도 취해 시 한 수를 남긴다.

葡萄美酒夜光杯 (포도미주야광배)
欲飮琵琶馬上催 (욕음비파마상최)
醉臥沙場君莫笑 (취와사장군막소)
古來征戰幾人回 (고래정전기인회)

맛나는 포도주에 술잔은 야광배
마시고자 하는데 말 위의 비파소리 더 재촉하네
취하여 백사장에 누워 있나니 그대여 웃지 마라
예부터 전장에 나가 몇이나 돌아왔던가

청년 원자바오는 베이징에서 지우취엔에 와서 술 마시고 취한 적은 없었다. 당시 문화혁명은 여전히 왕성한 기세로 진행되었고, 계급투쟁은 더욱 격렬하였다. 원자바오는 방금 학교를 졸업한 순진한 청년으로 열정과 광산 찾는 기술을 갖고 온 것이다. 그는 「醉臥沙場征戰不回 (취와사장정전불회); 취하여 백사장에 누워 있나니 전장에 나가 돌아오지 않는구나」라는 정치의 복잡함을 알지 못했다. 그가 속한 베이징 지질학원의 지파(地派) 조반파(造反派—중국 문화대혁명 때 주자파(走資派)에 반대한 군중조직 또는 그 조직에 참가한 사람)는 한때 베이징에서 명성이 자자했으나 그는 소요파(逍遙派—고대 그리스 철학파의 하나. 아리스토텔레스가 학원 내의 나무 사이를 산책하면서 제자들을 가르쳤다는 데서 나온 말로 페리파토스 학파. 중국 문화대혁명에 소극적인 사람)로 그들 사이에 개입하지 않았다. 하지만 이렇게 자유로운 고비의 모래사장에서 원자바오가 잔혹한 정치투쟁에 말려들 줄 생각이나 했었겠는가.

지질역학대로 온 지 얼마 지나지 않아 초기에는 그가 쓰는 송조체(宋朝體—활자체의 한 가지. 해서체(楷書體)로 가늘고 끝이 날카로움)의 글씨체가 예뻐 윗사람들이 칭찬을 아끼지 않았다. 이런 이유로 그는 공개 비판의 큰 회의에서 주자파, 간첩, 반동학술 권위 등의 비판 내용을 기록하였다. 한 번은 공개 비판 현장에서 「혁명파」는 「문투(文鬪—말과 글로 하는 투쟁. 문화대혁명 시기의 용어로, 비판 투쟁을 전개할 경우 체벌을 가하거나 구타를 하지 않고 '대자보' '대변론' 등과 같이 서면이나 구두 형식으로 하는 것을 일컫는 말)」에서 「무투(武鬪—문투(文鬪)와 상대되는 말)」로까지 발전하게 됐고, 비판을 당한 자들과 크게 싸움을 벌이게 된다. 원자바오는 그러한 상황을 더 이상 볼 수 없어 기록하던 것을 팽개치고 뛰어나가 싸우는 사람을 말리기도 했다. 그 결과 투쟁의 창끝은 그를 겨누었고, 「혁명파」는 그가 「반혁명」을 동정한다는 이유로 그의 기록할 권리를 박탈하고 말았다. 그리고 체벌 형태로 그를 후미진 농촌으로 보내어 온갖 고초를 겪도록 하였다.

이렇게 한 번 쫓겨나 1년의 세월을 보냈다. 그나마 다행인 것은 원자바오가 고생을 한 전력이 있었기 때문에 그곳 생활을 잘 헤쳐 나갈 수 있었다. 대학시절 야외실습으로 고생을 했고, 졸업과 동시에 지우취엔의 시골로 가서 수개월 동안 노동을 하여 고생을 두려워하지 않았다. 체벌로 농촌에 가서 고생을 했어도 노고를 마다하지 않았고, 원망도 하지 않았으며, 아무도 그가 후회하는 말을 들은 적이 없었다.

1년의 고생스런 시간이 흐르고 농촌을 떠나 그의 본업으로 돌아와 지질역학대에 합류하여 기술자로서 다시 일을 하게 된다. 이후부터 그는 오랜 세월 밖에서 광산을 찾아 헤맸으며, 풍찬노숙은 일상이 되어버렸다. 당시 그의 동료들 기억에 그들이 갔던 곳 중에는 너무나 황량해 인적이 없을 뿐더러 하늘에는 새가 날지 않고, 땅에는 꽃이 없었다고 했다.

원자바오가 있던 오분대는 그 지역의 지질을 조사하는 팀이었다. 동일하지 않은 비율의 지질도를 그려 광산을 찾을 수 있도록 하는 것이다. 이것은 가장 기초적인 지질조사 작업으로써 고된 작업 중의 하나였다.

원자바오는 지질 방면의 엔지니어로 일을 시작하여 11년간 밖에서 작업을 진행했다. 당시 동료들의 기억에 그는 치롄산(祁連山－면적 20만 6000㎢, 길이 1,000km, 너비 200~300km, 평균 고도 4,000m 이상이다. 허시쩌우랑[河西走廊] 남쪽에 있으므로 난산[南山]이라고도 한다. 중국 깐쑤성 서부와 칭하이성 북동부의 경계 산지를 가리킨다. 치롄[祁連]은 몽골어로 '하늘[天]' 이라는 뜻이다]의 지질도를 2장 그렸다. 그 산은 가장 황폐하고 높은 산이었다. 그 산의 지질도를 완성하면서 겪었던 고초는 요즘 사람들은 상상할래야 할 수 없는 그런 힘든 일이었다.

지질대원의 작업환경이 얼마나 열악하였는지는 지질부 문학창조실의 시칭 [奚靑]이 이런 얘기를 들려주어 상세히 알 수 있었다.

1950년대와 1960년대에는 지질부의 문공단(文工團-문화선전 공작단의 준말. 군대·지방기관·대중 단체 등에 부설되어 연극·무용·노래 따위의 문예를 통해 문화 선전을 하는 기관)과 탄광 문공단의 이름은 정평이 나 있었다. 이것은 전국적으로 유명했던 전문적인 문예단체였다. 활동이 왕성했던 시기에는 지질부의 문공단 밑으로 악대, 가무단, 연극단, 잡기의 4개 분야가 있었으며, 총 238명이 활동하였다. 당시 지질부의 문공단은 야외공연뿐만 아니라 영화를 보여주었고, 여자 단원들은 지질대원들의 빨래를 해주기도 했다.

한 번은 단원들이 푸젠[福建]의 산에 있는 지질대원들을 찾아 나섰다. 자동차가 산비탈까지만 들어갈 수 있어 나머지 노정은 걸어 올라가야 했다. 몇 시간을 올랐는지 겨우 반이나 올라갔을까 단원들은 피곤한 기색이 역력했고, 숨은 목까지 차올라 헉헉거렸다. 막 주저앉아 휴식을 취하고 있는데 근처 동굴 옆에 세워진 나무 안내판을 보게 됐다. 「여기는 호랑이가 출몰하는 곳이니 멈추지 마시오!」라고 쓰여 있었다. 이를 본 단원들은 깜짝 놀라 피곤함도 잊고 발걸음을 재촉해 눈 깜짝할 사이 정상까지 가게 되었다. 곧 쓰러질 것처럼 보이는 단원들을 본 지질대원들은 그들에게 너무도 감사하였다. 저녁에 그들의 공연을 감상했고, 그들과 함께 뜨거운 정을 느끼며 눈물을 글썽이기도 했다. 공연 중에는 지질대원이 무대로 뛰어 올라가 함께 안고 울었다고 한다.

원자바오는 야외작업을 하면서 매서운 바람과 싸우고, 고독과 싸우고, 무서운 산짐승들과도 싸워야 했다. 밤의 적막이 내리면 그들은 천막 안에 등잔불을 밝히고 하루 동안 채취한 표본과 기록들을 정리했다. 냉기와 적막함이 엄습해오고, 바람은 매섭게 불어와 천막을 내리쳤으며, 늑대의 울음소리는 저 멀리서 들려오곤 하였다.

통상적으로 그들이 한 번 야외실습을 떠나면 반 년 정도의 시간이 걸렸으며, 빈궁한 것은 이루 다 말할 수 없었다. 만약 큰 팀이 떠나게 되면 차량이 지원되었고, 작은 팀이 떠나면 낙타나 야크의 등에 식량과 탐사 기구들을 싣고 손에 고삐를 끌며 산을 올라야만 했다. 오랜 지질대원들은 이러한 경험들을 모두 갖고 있다. 바람이 불어와 모래가 날려도 낙타와 야크의 고삐를 늦출 수 없었다. 만약 고삐를 느슨히 잡았다가 도망이라도 치는 날이면 식량이 없어지는 것은 말할 것도 없고, 기계 역시 잃어버리는 결과를 초래하게 된다.

장쯔칭의 기억에 의하면 한 번은 원자바오와 20여 명이 작은 팀을 이루어 야크에 짐을 싣고 치롄산으로 야외 측량을 나갔다고 한다. 밤이 되어 홑겹 천막 안에서 옷이란 옷은 다 껴입었지만 춥게만 느껴졌다. 게다가 매서운 바람까지 만나 천막은 마치 돛처럼 펄럭거려 날아갈 것만 같았다. 대원들은 다시 한 번 천막을 점검하고 짐을 살펴보았지만, 정말 마음이 조마조마하였다고 한다. 매끼니 식사도 대부분 잡곡과 말라비틀어진 미나리가 전부였다. 신선한 야채는 바라지도 않았다고 한다.

원자바오는 야외작업을 벗어날 예정이었으나 문화혁명이란 우환으로 인해 파벌 싸움에 합류하게 된다. 출신성분 문제 때문에 초기에는 뜻을 이루기 어려워 오랫동안 푸대접을 받아야만 했다.

원자바오는 야외작업을 벗어날 예정이었으나 문화혁명이란 우환으로 인해 파벌 싸움에 합류하게 된다. 문화혁명의 단점이 원자바오에게 좋은 일이 생기게 되는 시발점이 된다.

1970년대에 접어들어 문화혁명 투쟁은 예전처럼 격렬하지는 않았지만 파벌적인 투쟁은 여전하였다. 지우취엔의 지질역학대도 예외는 아니었다. 당시 대오(隊伍) 안에 있는「국민당 간첩」들이 많이 잡혀 고위 간부들 중에는 면직된 자들이 상당수에 이르렀다. 일은 당연히 정상적으로 이루어질 수 없었고, 고위급들 역시 조정을 하지 않을 수 없게 되었다.

신임 서기인 왕쯔칭[王子淸]은 지질역학대에 존재하는 파벌성이 짙은 골칫거리로 무능한 인물 그 자체였다. 그는 현 상황을 돌파하기 위해 신임 중급 간부를 선택해 채워 넣기로 결정하지만 지도층의 파벌성 문제로 인해 대오에서 뽑힌 후보들은 인선을 통과할 수 없게 되었다.

당시 지질역학대 정치부 주임을 맡았던 바이즈룽[白志榮]은 분대에 내려가 원자바오를 만난 적이 있었다. 그는 원자바오가 성실하고 업무성적도 우수하며 일도 착실히 하는 파벌성이 없는 사람이란 걸 알고, 왕쯔칭에게 그를 추천하여 한 번 보도록 권하였다.

오분대에서 며칠 머무른 왕쯔칭은 돌아와 「원자바오! 좋아!」라고 말했다. 기술직원이 행정 간부로 자리를 옮기자, 노동조합은 자연히 환대하였다. 이에 왕쯔칭은 노동조합의 웨이춘하이[魏純海]를 찾아가 의견을 구한다. 하지만 예상외로 웨이춘하이는 단호히 반대하며, 대오 안에서 중요 실무자가 더 필요하다는 이유로 원자바오가 행정직으로 옮기는 것을 반대하였다. 바이즈룽은 웨이춘하이에게 대오 안의 행정직 지도층이 모두 문외한이며 어느 하나 지질학을 배우지 않아 업무 얘기를 꺼내게 되면 눈만 멀뚱히 뜨고 앉아 직원들이 토론, 논쟁하는 것을 구경만 하니 발언이나 결정 능력이 결여되어 지도층들이 변화를 모색하고자 한다고 하였다.

어쩔 수 없이 왕쯔칭 자신이 노동조합의 일을 맡으려고 나섰지만 이 역시 거절당하였다. 그는 부득이 다른 행정조치에 따라 '전근' 명령을 내린다. 하지만 원자바오가 있는 오분대에 그 명령이 떨어지자 그들만의 조직주의로 인해 원자바오를 놓아주려 하지 않았다. 왕쯔칭은 다시 한 번 부득이하게 지정기일 동안 자리를 옮겼다가 다시 부서로 돌아가도록 행정조치를 취한다.

원자바오는 명령에 따라 부서를 옮기고, 보고를 하였다. 이 때 그는 두 무더기의 지질 보고서와 두 권의 탐사 스케치를 갖고 왔다. 정치 간부가 된 후에 사람들은 그가 빈 시간을 이용해 갖고 온 지질자료 보고서를 정리하는 것을 종종 보게 된다.

원자바오 자신은 업무 이동을 원했던 걸까? 우리는 이와 관련해 지우취엔의 옛 동료들에게 물었으나 아무도 속 시원하게 답을 해주는 사람이 없었다. 왜냐하면 당시 원자바오 자신의 의견을 들려준 적이 없었기 때문이었다.

「나는 당의 일부분이다. 필요로 하는 곳이 있다면 어디든 간다.」 당시 조금이라도 이 말을 실천할 수 있는 사람이라면 당과 인민이 공인하는 좋은 동지였다.

원자바오가 부서를 옮기자마자 바로 파벌성 문제로 상처를 입는다. 서기는 그를 발탁하려고 하지만 부서기와 대장들이 단호히 반대한다. 두 파벌간의 싸움에 굴욕을 당하는 건 당연히 원자바오가 되었다. 원자바오의 발탁을 반대하는 파가 내놓은 이유는 그의 출신 성분이 좋지 않다는 것으로, 그의 할아버지가 국민당 참의원을 지냈다는 이유였다.

사실 원자바오의 할아버지는 톈진현 동북지역의 교육행정 기관의 임원이었다. 당시는 출신 성분으로 말하던 시기였던 만큼 그 이유 하나만으로 죽음을 당할 수도 있었으므로 왕쯔칭 역시 더 이상 손을 쓸 길이 없었다.

원자바오는 출신 성분으로 인해 초기에는 뜻을 이루기 어려워 오랫동안 푸대접을 받아야만 했다. 정치부의 간사로 있던 그를 상대도 해주지 않고, 책상마저 배당해 주지 않았다. 퇴역해 보위과장으로 온 장쯔징[張子靖]은 인정 많고, 의리 있는 사람이었다. 그는 원자바오를 자신의 사무실로 불러들여 책상을 놓아주고 함께 마주보며 3년간 일하게 했다.

원자바오가 본부의 사무실에 들어가 앉았지만 지질 관련 업무만큼은 손에서 놓지 않았다. 행정사무를 처리하고, 업무가 없으면 계속 지질 연구를 한 것이다. 후에 그가 갖고 왔던 보고서와 도면의 모든 정리를 마치고 출판사로 넘겨 출판을 하게 된다. 또한 당시 장쯔징과 주변에 있던 사람들은 원자바오가 일이 없으면 혼자서 몰래 영어책을 보던 것을 발견하곤 했다.

원자바오는 주동적으로 임금 인상자 명단에서 자신을 제외하여 아낌없는 칭찬을 받고, 스스로 업무 보고서를 작성해 올려 상사들로부터 좋은 평을 듣게 된다. 초기 란저우[蘭州] 계획과 관련한 회의에서 적극적인 모습을 보여 사람들은 그를 다시 보게 된다. 연륜 깊은 상사는 그에게 「마음가짐이 됐군!」이라며 칭찬의 말을 아끼지 않았다.

1979년 깐쑤성의 지질광산국 지질처장으로 있던 샤오룬[少侖]은 란저우에서 지우취엔 지질역학대에 검수를 온다. 검수 회의가 열리기 전, 정치부 주임에서 지질역학대 부대장으로 갓 발탁됐던 원자바오는 샤오룬을 찾아가 자신이 치롄산 지역의 학술적 관점에 대한 소개가 가능한지를 묻는다.

샤오룬이 「이쪽 업무를 한 지 꽤 오래된 것 같은 데, 아직도 지질학을 버리지 않았나?」하고 묻자, 「저는 영원히 버릴 생각이 없습니다」라고 원자바오는 대답한다. 이에 샤오룬이 「마음가짐이 됐군!」이라며 감탄해 마지않았다.

샤오룬은 란저우에 있는 자신의 집에서 우리에게 '그 때 원자바오가 발표했던 학술 보고서가 매우 식견이 있던 것으로, 전공을 소홀히 하지 않았음이 명백해 보였다' 고 전하였다. 원자바오가 그에게 좋은 인상을 심어준 것이다.

오래지 않아 20년간 지질광산처장으로 있던 샤오룬은 지질광산국 부국장으로 발탁되었으며, 상급자들은 그에게 후임자를 추천토록 한다. 그의 후임자로 누가 적당할까? 두 가지 의견이 있었다고 하는데, 하나는 부서에서 직접 찾아내어 발탁하는 것이고, 다른 하나는 하급 간부 중에서 선발하는 것이었다. 영전되면 간부 명단이 상부에 보고되고, 지질광산부가 비준을 한다. 만약 말단직에서 이동이 있을 시에는 상부에 보고할 필요가 없었다.

샤오룬은 잠시 원자바오의 업무 수준을 생각해 보았다. 원자바오는 베이징의 대학원을 졸업한 고학력자였다. 원자바오는 인품이 바른 사람으로 문화혁명 중에 누구도 괴롭히지 않았다. 그는 매우 능력이 있었고, 업무 처리도 뛰어났으며, 부서 안의 말단 직책을 두루 거쳐 경험도 풍부했다.

당시 원자바오는 지우취엔 지질역학대의 부대장이었는데, 이 직책은 부처장급에 속한다. 지질광산국은 판이(樊毅)를 보내 지우취엔 및 기타 동급의 부서도 재시찰하도록 한다. 한 차례의 종합 시찰이 시작되면서 원자바오가 우선 순위로 뽑힌다.

한 가지 사건은 모두의 기억 속에 깊이 각인되어 있다. 원자바오는 이 사건을 통해 진정으로 존경받게 되는데, 여기서 그의 사람됨을 볼 수 있게 된다. 1980년대 초, 개혁 개방 초기에는 임금을 더 받을 기회가 많지 않아 모두들 아등바등 댔다. 임금 인상이 가능한 경우는 70%에 불과해 나머지 30%의 사람들은 결국 포기해야만 했다. 중국은 문화혁명 이래 임금이 대체로 낮은 편이어서 월수입이 몇 십 위안에 불과했다. 얼마 후 약간의 인상이 있었지만 홍분할 정도는 아니었다.

원자바오는 부서 안에서 고학력자에다 높은 자리까지 차지하고 있어 임금 인상자 명단에 올랐다. 많은 사람들이 제한 인원 안에서 이 문제를 갖고 끝도 없이 싸우는 것을 보자 원자바오는 스스로 임금 인상자 명단에서 탈퇴해 기회를 포기한다. 이렇게 양보함으로써 그는 매달 십여 위안의 적은 월급을 받는다.

원자바오의 이러한 태도를 보게 된 부서 동료들은 그가 입으로만 떠들고 혼자 강직한 척 위선을 떠는 것이라며 의견이 분분했다. 하지만 그가 말한 대로 실천하며 양보하자 많은 이들이 감탄해 마지않았다. 이 일로 인해 원자바오는 사람들 입에 오르내리는 「성인(聖人)」이 되었다.

성(省)의 지질광산국에도 파벌이 존재했는데, 샤오룬과 판이(樊毅)는 서로 다른 파에 속했었다고 한다. 그러나 원자바오를 발탁하는 문제에 관해서는 두 사람 모두 파벌성을 배제하고 의견이 일치했다. 이후 마완리[馬萬里]의 주제 하에 37세의 원자바오는 란저우 지질광산처 부처장에 임명된다. 당시 처장 자리는 잠시 동안 공석으로 남겨졌다.

원자바오가 처음 부임한 부서는 공교롭게도 1년에 한 번 있는 계획 공작 회의가 열렸던 시기였다. 원자바오는 이 기회를 이용해 성심성의껏 준비한 보고서를 발표한다. 이 보고서는 원자바오의 업무수준

뿐만 아니라 통합 능력까지 엿볼 수 있게 했다. 부서 내의 중요 인사, 수석 엔지니어, 중급 간부들이 모두 참가한 회의였다. 원자바오의 열정이 빛을 발하는 시기로, 예상 밖의 우레와 같은 갈채를 받는다.

쑨따꽝[孫大光]은 간부 선발에 언행과 행동을 듣고 보아 결정을 내렸다. 부서 기관과 직속 기구의 직원들이 직접 차관에 적당한 인사를 추천하도록 했는데, 다섯 개의 서로 다른 팀에서 약속이나 한 듯 깐쑤성 지질광산국 국장인 원자바오를 추천하였다.

원자바오가 베이징으로 상경한 것은 지질광산부 부장(장관)인 쑨따꽝의 발탁 덕분이었다. 세상에서 이를 아는 사람은 드물 것이다. 그렇다면 쑨따꽝은 어떻게 원자바오를 발견한 것일까? 도대체 어떻게 그를 베이징으로 올려 보낸 것일까? 여기에 대해서도 아는 사람은 극히 드물다.

1979년, 원자바오가 지우취엔의 지질역학대 부대장으로 있을 때, 쑨따꽝은 그의 보고에 대해 좋다든지 나쁘다든지 하는 어떤 평가도 하지 않았다. 보고를 받은 후, 베이징에서 쑨따꽝을 수행하고 온 지질광산부 처장은 몰래 간부를 찾아가 얘기를 나누고, 간부들에 대해 샅샅이 알아보기 시작했다.

원자바오가 쑨따꽝의 시찰을 수행하게 되었을 때, 허시쩌우랑[河西走廊—깐쑤성(甘肅省) 서북부의 치롄산(祁連山) 이북, 허리산[合黎山]·롱셔우산[龍首山] 이남, 냐오챠오링[烏鞘嶺] 이서에 이어져 있는 좁고 긴 지대. 동서 길이 약 1,000km, 남북 길이는 100−200km에 달하며, 황하(黃

河) 서쪽에 위치하므로 허시쩌우랑[河西走廊]이라 불린다]에서 1개월 가량 보내게 되었다. 이곳에서 1개월의 시간을 함께 보내면서 쑨따꽝은 원자바오를 꼼꼼히 살폈다. 사람들 말에 따르면 쑨따꽝에 대한 원자바오의 인상도 매우 좋았다고 한다. 단지 그가 떠나기 전, 깐쑤성 특산인 바이란꽈[白蘭瓜-신장[新疆]·깐쑤성[甘肅省] 등지에서 나는 참외의 일종]를 한 차 싣고 간 것에 약간의 불만이 있을 뿐이었다.

원자바오가 인사이동으로 란저우에 간 지 얼마 지나지 않아 덩샤오핑은 젊은 간부들을 대거 선출하려는 방침을 세웠다. 깐쑤 지질광산국은 지질부가 하달한 지시에 따라 능력을 갖춘 젊은이들을 더 많이 배출하기 위해 노력을 기울였다. 이를 전후로 지질광산국에는 세 그룹의 인재들이 배정받아 오게 된다. 원자바오의 이름은 첫 번째 팀에 끼어 있었다.

첫 번째 팀에는 세 명이 있었는데, 현재 그들 중 원자바오가 국무원 총리직에 있는가 하면, 다른 한 명은 국토자원부 차관으로, 나머지 한 명은 국가 공정원 원사로 재직 중이다. 세 명 모두 능력이 특출났다.

쑨따꽝은 자신만의 방식을 활용하여 간부들을 살폈다. 그는 그들이 몸소 행동으로 실천하는지를 주시하였다. 그는 각 부서들로 하여금 젊고 자질이 있으며, 지질학에 전문지식이 있는 간부들을 선별하도록 하였다. 그는 그들을 인솔하여 각 성의 지질국에서 함께 조사하고, 보고를 들으며, 연구하였다. 이런 과정을 통해 그들의 정책수준, 업무능력과 특기를 파악한 후, 다시 준비 선발한 대상을 민중 속으로 내보내어 그들의 소리를 들었다. 그는 「이러한 과정을 거쳐 그들의 생각을 읽을 수 있었다」고 말했다.

1980년 여름에서 가을로 넘어가는 무렵, 쑨따꽝은 대오를 이끌고 대서북(내몽고(內蒙古)의 일부를 포함한 샨시[陝西], 간쑤[甘肅], 닝샤[寧夏], 칭하이[靑海], 신장[新疆] 위구르에 대한 통칭)과 간쑤를 방문하였는데, 이 때에는 간쑤 지질광산국이 추천한 첫 번째 팀원 중의 수석 엔지니어인 탕쯩리[湯中立, 현재 국가공정원 연구원]가 수행하고 시찰하였다. 원자바오는 겨우 부처장에 불과했고, 쑨따꽝이 각지에서 선발한 수행자들은 모두 부국장이나 수석 엔지니어였으므로, 그 때만큼은 따로 선발해 뽑지 않았다. 쑨따꽝은 탕쯩리를 데리고 신장 자치구를 한 바퀴 돌아보며, 그를 관찰하였다. 그는 업무능력이 뛰어났으나 행정상의 리더로는 적합하지 않아 나중에 중용되지 못하였다.

1981년 8월에서 9월 사이 쑨따꽝은 다시 한 번 대오를 데리고 떠난다. 이번에는 간쑤 지질광산국 부국장이 되어있는 원자바오가 있었다. 원자바오 외에도 수행원 중에는 베이징 지질광산국 부국장 쟝훙런[張宏仁], 길림 지질광산국 부국장 쟝원쥐[張文駒], 하남 지질광산국 부국장 팡장순[方樟順], 후난 지질광산국 부국장 쑹레이샹[宋瑞祥], 꾸이저우 지질광산국 부국장 한즈쥔[韓至鈞]이 있었고, 또 지질광산부 조직부 부장 랴오춘룽[繚春榮], 지질광산부 조직부 처장 왕슈친[王淑琴]과 쑨따꽝의 비서 두 명이 있었다.

원자바오는 쑨따꽝을 따라 동북의 흑룡강, 길림, 요녕으로 파견되어 1개월 가량 연구하였다. 하루하루의 일정이 빡빡했다. 자동차를 타고 광산지대로 달려 나가거나 기계 앞에 앉아 있는 게 아니라, 앉기만 하면 종합 보고를 듣고, 좌담을 열었다. 그들의 연구내용은 매우 광범위하였다. 광산자원을 찾아내는 문제, 지도부의 문제, 직공들의 사상문제, 하부조직의 관리문제, 간부들의 구조문제, 지식분자의 대우문제, 설비와 교통문제, 민족간 단결문제 등 거의 모든 방면의 문제를 포함하고 있었다.

쑨따꽝의 주특기는 수행자들로 하여금 충분히 토론하도록 하고, 마음을 활짝 열어 의견을 내고 건의토록 하며, 심지어는 모두가 논쟁을 하도록 유도하는 것이다. 내부토론이 있을 때마다 쑨따꽝은 거의 눈과 귀로 보고 들었을 뿐 입은 열지 않았다. 특히 그는 새로 눈에 띄는 인재들의 문제에 관한 종합적 분석능력과 전략인지 정도에 대해 주시하였다.

쑨따꽝은 회의와 토론 중에 개별 면담을 끼워 넣어 개인적으로도 그들의 성격과 특징, 생각을 알아내었다. 마지막에는 조사, 연구에 참여한 부국장들에게 총결산을 하도록 했는데, 이를 수료과정의 시험결과로 삼았다.

첫 번째 조사 연구팀에서는 장시(江西) 지질광산국 부국장 주쉰[朱訓]의 활동이 제일 두드러졌다. 쑨따꽝은 그를 점찍어 두었고, 그 결과 2년 후 주쉰은 지질광산부 차관으로 발탁되고, 다시 쑨따꽝의 뒤를 이어 장관이 된다.

그리고 그는 두 번째 조사 연구팀의 원자바오를 유심히 눈여겨보았다. 쑨따꽝은 원자바오에 대해 「생각이 깊고, 태도가 진중하며, 재간이 출중했다」라고 했는데, 깊은 인상을 받은 듯 했다.

1982년, 원자바오를 정식으로 기용하기에 앞서 부서 시스템으로 하여금 민주적 추천형식을 시험토록 해본다. 쑨따꽝은 부서 기관과 부서 직속 기구의 직원들에게 직접 차관에 적당한 인사를 추천토록 했다. 우선 부서 내 지질과학원 등을 다섯 개 조별로 나누어 평의토록 했는데, 최후 토론결과는 이미 예방책을 세워 두었던 쑨따꽝도 놀랄 만하게 만든다. 다섯 개의 서로 다른 팀에서 약속이나 한 듯 깐쑤성 지질광산국 부국장인 원자바오를 추천한 것이다. 정책연구실(政研室)은 원자바오의 문장과 총결산 보고내용이 매우 좋다고 했다. 매우 심도 깊으며 보기 드문 것이라 여긴 것이다. 정치부는 깐수의 간부들을 심사한 적이 있다. 원자바오는 덕과 재를 겸비한 비범한 사람이었다. 계획처 처장인 왕삥쿤[王炳坤]은 다방면으로 훑어보고는 원자바오가 겸손하고 성실하며, 동지들을 단결시키고 재능이 많으며, 신망이 두텁다고 여겼다.

지질광산부에는 많은 사(司), 국(局)과 몇 십 개에 달하는 성(省) 소속의 지질광산국이 있다. 이곳을 통합하면 인원만도 수백 명에 이른다. 궁색하고 외떨어진 성(省) 소속의 젊은 부국장이 부서 간부들의 입에 칭찬의 말로 오르내리고, 다방면의 추천을 받는 일은 매우 드문 일이었다.

얼마 지나지 않아 원자바오는 지질광산부 내로 들어갔고, 주쉰보다 더 빨리 옮기게 된다. 하지만 원자바오가 베이징에 입성하자마자 차관이 되지는 않았다. 쑨따꽝이 그를 정책 법규 연구실 주임으로 앉혀, 차관이 되는 것은 물 건너 가버린 것이다. 이 기간 동안 쑨따꽝은 네 번째 조사 연구를 시작하여 원자바오를 데리고 나간다. 쑨따꽝이 몸소 실천해 보여준 행동은 원자바오에게 적지 않은 도움을 준다. 원자바오는 「쑨 장관이 회의를 주재하고 문제를 처리할 때는 언제나 분명하고 날카로웠다. 사실에 비춰 논리정연하게 따지고, 융통성 없고 간결하지 않은 적이 단 한 번도 없었다. 이게 바로 정치가의 풍모이고, 안목이다」라고 평가했다.

쑨따꽝에게는 고질병이 하나 있었는데, 그것은 그가 무뚝뚝하다는 것이다. 그렇기 때문에 일을 진행함에 있어 날카롭기는 하지만 항상 친절함이 부족하였다.

원자바오는 쑨따꽝의 고질병을 배우지는 않았다. 그의 태도는 쑨따꽝과는 완전히 상반됐다. 친절했지만 날카로움이 부족했던 것이다.

1983년 원자바오는 정식으로 지질광산부 차관이 되어 계획과 재정 등의 업무를 맡게 된다. 서북쪽 외진 작은 도시의 지질광산국에서 일하던 젊고 경력도 짧은 간부가 중앙 부처의 새로운 지도급이 된 것이다. 그런 그의 황송한 마음은 계획처 처장이었던 황삥쿤에게 한 인사말을 보면 알 수 있다. 그는 「왕 처장님! 제 상황이야 누구보다 잘 아시지 않습니까? 저는 밖으로만 돌던 지질 연구원입니다. 계획, 재무에 관해서는 완전히 문외한이죠. 앞으로 많은 지도 부탁드립니다」라고 하였다.

왕삥쿤은 자신의 총명함과 능력을 믿고 거만한 것으로 유명하였다. 그의 눈에 든 사람은 많지 않았다고 한다. 쑨따꽝이 모두에게 민주적인 평의를 통해 차관에 적당한 인사를 추천토록 할 때, 그는 원자바오를 추천하였고, 원자바오는 임직하면서부터 지금까지도 그를 존경과 예의로 대한다. 왕삥쿤의 감동과 감격은 상상할 수 있을 듯하다. 그는 이후로도 계속하여 원자바오를 지원해주고, 도움을 준다.

지질광산부에서의 원자바오에 대한 평가는 매우 좋았다. 그곳에서 몇 년간 재직하는 동안 지도자로서의 역량과 조직의 조화능력, 정책 이론 수준은 충분히 발휘되었다. 1982년, 1983년, 1984년의 연속 3년 동안 부서 내 여론을 조사한 결과 간부들의 좋은 평가를 얻는다. 그에 대한 모두의 평가는 생각이 개방되어 있고, 태도가 민주적이며, 업무에 충실하고 효율적이며, 몸소 실천해 보이는 청렴결백한 사람이라는 것이었다.

원자바오는 「나는 나 자신이 인재라고 생각한다. 하지만 나와 같은 생각을 가진 사람은 수천만 명에 달한다. 만약 쑨따꽝 장관이 나를 전근시키고 상부에 추천해주지 않았다면 중앙으로 올 수 없었을 것이며, 지금쯤 아마도 산을 헤매고 다닐 것이다」라고 하였다.

원자바오가 차관이 된 후, 부서는 활기를 띠고 입지를 굳히게 됐다. 하지만 2년 후에는 20여 년간(대학시절 실습시간까지 포함) 피땀을 쏟았던 지질 업무에서 손을 떼고, 중국 공산당 중앙위원회 판공청으로 자리를 옮겨 일해야 했다.

1985년 중국 공산당 중앙위원회는 공산당 전국대표대회를 준비하였는데, 이 작업에 젊은 피의 참여가 필요했다. 중국 공산당 중앙위원회 총서기였던 후야오빵[胡耀邦]은 서로 다른 부서에서 온 3명의 새로운 차관들을 준비작업에 참여시켰는데, 그가 직접 거명한 3명의 명단에 원자바오가 거명되는 영광을 누린다.

후야오빵은 어떻게 원자바오를 선택한 것일까? 세간에 떠도는 소문은 이러하였다. 후진타오[胡錦濤]가 한 좌담회에서 언변이 출중하고 자기 견해가 확실한 원자바오를 우연히 발견하였다. 그리고 원자바오와 알고 지내는 왕자오궈[王兆國]가 적당한 시기에 그를 추천해 주었다. 또 후야오빵과 친한 쑨따꽝이 아끼던 원자바오를 소개했다는 이야기도 있다. 우리가 조사한 바로는 후자의 말이 믿을 만하다.

중국 고사에 「伯樂選千里馬(백락선천리마); 백락이 천리마를 알아보다」라는 말이 있다. 덩샤오핑, 후야오빵은 인재를 찾는데 목말라 있었다. 원자바오처럼 우수하고 흠 잡을 데 없는 사람을 추천해 올리려 하였고, 이는 자연스레 갈망하는 일이 되었다.

쑨따꽝이 후배들을 선발하고 훈련시키는 방법에 대해서는 부서 내에서 돌고 있는 말들이 있었는데, 부서의《쥬꽁[組工]》통신에 쑨따꽝이 간부를 선발한 경험과 실적에 대해 자세히 소개하며, 「백락상[伯樂獎]」을 수여해야 한다고 하였다.

쑨따꽝은 지방 간부와 하급 간부 33명을 심사한 적이 있었다. 후에 8명이 차관이 되고, 한 명은 부성장이 된다. 현재 지질광산국에 있는 지도급들은 당시에 선발된 자들이다. 그가 선발한 우수한 인재 가운데 원자바오만 유일하게 일찍이 중난하이에 입성한 인물이 된다. 쑨따꽝이 원자바오가 가장 우수하다고 생각했다는 것은 당연지사이다.

원자바오가 정계의 최상층에 오르기 전, 그는 솔직하게 「나는 나 자신이 인재라고 생각한다. 하지만 나와 같은 생각을 가진 사람은 수천만 명에 달한다. 만약 쑨따꽝 장관이 나를 전근시키고 상부에 추천해주지 않았다면 중앙에 올 수 없었을 것이며, 지금쯤 아마도 산에서 헤매고 다닐 것이다」라고 말하였다.

여기서 쑨따꽝에 대해 한 마디 하고 넘어가야겠다. 오랜 경험이 있는 다른 간부들과 마찬가지로 그 역시 문화혁명을 피할 수 없었다. 문화혁명 초기, 쑨따꽝은 별 어려움 없이 잘 지냈다. 홀로 비판을 받은 적은 없지만 부서 안의 공개비판은 있었다. 매번 공개집회에서 「가장 큰 주자파(走資本主義道路的當權派 ─ '자본주의 노선을 걷는 실권파' 의 준말)」란 별명이 붙은 뽀이뽀[薄一波]를 비판할 때에는 부총리였던 뽀이뽀 아래의 각부 장관들은 그의 옆에 서야만 했고, 그들 역시 무력하게 함께 비판을 받아야 했다.

초기 비판은 그저 구호를 크게 부르는데 그치지 않았다. 한 번은 그가 다른 부서 부장에게 농담조로 "자네 정말 너무 해. 자네를 타도하자고 할 때 난 손 안 들었다구. 그런데 자네는 나한테 그럴 수 있는 거야!"라고 하자, 상대 부장이 씁쓸하게 웃으며 "잘 기억이 안 나. 누군가를 '타도하자' 고 고함을 칠 때마다 나는 다 손든 것 같아. 심지어 나 자신을 타도하자고 외칠 때에도 난 손을 들었다니까!" 라고 변명했다.

문화혁명 시기에 쑨따꽝의 딸은 베이징 항공학원 군중조직 「8.1종대」의 책임자 중 하나였다. 많은 간부들을 이해시키려고, 「중앙의 문화혁명에 대한 첫 번째 질문」과 「두 번째 질문」 「세 번째 질문」 「네 번째 질문」의 대자보를 써 붙이고, 전단을 찍어 배포하였다. 이런 까닭에 「현행 반혁명자」로 찍혀 타도된다.

문화혁명이 시작되었을 때, 쑨따꽝은 마오쩌둥을 따라 천안문으로 가 홍위병 대오를 사열하였다. 쑨따꽝의 딸이 반혁명을 하게 된 후, 조반파는 쑨따꽝에게 눈길을 돌린다. 그가 딸을 시켜 중앙위원회의 문화혁명을 공격하도록 지시했다는 것이다. 이때부터 쑨따꽝을 적발해 비판하기 시작했고, 그것도 모자라 심지어는 주먹으로 때리고, 발로 차는 수모를 가했다. 1968년 1월, 조반파는 쑨따꽝을 감옥에 쳐 넣고 6년 동안 가두어 두었다. 감옥 안 2평이 못 되는 방 안에서 그는 매일 4시간씩 태극권을 연습하고, 1만 보를 걷는 등 움직임을 멈추지 않았다.

린뺘오[林彪]가 몽고에 추락해 사망한 후, 쑨따꽝은 출옥한다. 그후 2년간 조직은 그의 신체검사를 해주고, 학습에 참여할 수 있도록 배려해준다. 이 기간을 이용해 《자치통감》《중국통사》와 다윈의 《종의 기원》을 통독한다. 1974년 5월, 그는 계획위원회 지질국 국장을 맡는데, 이때 그의 나이 58세였다.

문화혁명 중 린뺘오는 지질부 당서기와 차관을 맡고 있는 허창꽁[何長工]의 이름을 지명한다. 그가 반혁명 분자라는 것이다. 이리하여 지질부는 큰 수난을 겪게 된다. 1970년 해체되어 국가 계획위원회 휘하의 지질국으로 격하된다. 「4인방(중국공산당 중앙위원회 부주석 왕홍원[王洪文], 정치국 상임위원 겸 국무원 부총리 장춘차오[張春橋], 정치국 위원인 장칭[江靑]·야오원위안[姚文元] 등 4인의 소위 반당집단)」이 실각하고, 지질 업무를 강화하기 위해 1979년 8월 중국 공산당 중앙위원회는 다시 지질부로 회복시켜 준다. 이때 쑨따꽝이 장관직을 맡게 된다.

1982년 5월, 제5회 인민대표 상임위원회는 23차 회의를 통해 지질부를 지질광산부로 개명하고, 전국의 지질과 광산자원을 종합 관리하며, 지질탐사 업무를 주관할 것을 결의한다.

쑨따꽝이 막 지질 업무를 시작했을 때에는 건국 시기의 그런 면모는 이미 사라지고 없었다. 지질부는 문화혁명 시기에 재난을 당한 곳으로 재건되기를 기다리는 곳이었다. 쑨따꽝이 취임한 이후에는 전문가를 초빙해 지질 관련 학습을 받았고, 지질 관련 전문지식이 있는 비서를 채용했는데, 그 비서는 원래 리쓰꽝의 비서였다고 한다. 이렇게 함으로써 문제를 쉽게 해결하고, 쉽게 배울 수 있었다. 2개월이 지나 부총리 리셴녠[李先念]과 꾸무[谷牧]에게 지질 업무현황과 향후 발전방향에 대해 보고를 한다. 리셴녠은 깜짝 놀라며 「이쪽 방면에 완전히 문외한인 걸로 알고 있는데 이렇게 빨리 지질업무에 대해 파악을 하다니 정말 대단하군!」이라고 한다.

지질과학은 기초과학의 한 과목이며, 응용과학이다. 그 업무는 탐색성을 강하게 띠고 있는 연구 조사 작업이다. 만약 리더가 전문적인 기술과 지식이 없거나, 있더라도 미미하다면 일을 제대로 하기 힘들다. 이러한 인식을 근거로 쑨따꽝은 온전히 자신의 노력으로 문외한에서 전문가로 탈바꿈하였다. 더욱이 기술 간부들을 대대적으로 기용하여 각급 지도층을 보강토록 했으며, 지도급들을 철저히 전문가로 변신시켰다.

지질광산 계통에서 돌고 도는 말들은 「리쓰꽝(李四光)이 과학기술을, 허창꽁(何長工)이 복지후생을, 쑨따꽝(孫大光)이 현장의 밑바닥을 틀어쥐고 있다」 등이다. 이 말은 지질광산부 장관이 무엇을 굳게 틀어쥐려는 지에 중점을 둔 말이다. 쑨따꽝이 이 말을 듣고 스스로를 평가하길 "사실 내가 지질부에서 해야 할 주요 공헌은 현장을 움켜쥐는 것이 아니라 지도급 조직개편을 움켜쥐는 것이다. 위에서부터 아래까지 전문기술을 가진 간부로 바꾸어야 한다"고 하였다.

쑨따꽝은 《인민일보》에 글을 실었다. 그 글의 내용은 「간부의 선발과 이용에는 배포와 타당성이 있어야 하며, 선택한 인재에 대해서는 반드시 전체적이고도 정확한 이해를 필요로 한다. 이렇게 하려면 보고에만 귀 기울이거나 자료만 보는 것으로는 부족하다. 중요한 것은 실제업무와 생활의 인증으로 정확성을 갖추어야 한다. 우수한 청장년급의 인재를 선발하려면 조직의 부서는 전체적으로 심오한 심사작업을 거쳐야 한다. 리더들 역시 다양한 방식을 이용해 친히 심사할 기회를 갖도록 하며, 직접 접촉하고 격식 없는 사이가 되어 그들의 사소한 부분부터 큰 부분까지 모두 이해할 수 있게 되어야 한다」고 썼다.

원자바오는 「후임자를 훈련하고 양성하는 면에서는 쑨따꽝이 매우 심혈을 기울였다. 그들을 이해하고 그들에게 다가가 많은 우수한 간부들을 찾아냈다. 우리처럼 이름 없고 보잘 것 없는 사람들이 바로 저기 외진 산골짜기에서 발견된 것이다」라고 말하였다.

2003년 1월 9일, 후난성(湖南省) 로우띠시(婁底市) 부시장 쟈오껑샤오[趙更效]는 횡령사건으로 창샤시[長沙市] 중급 인민법원에서 공개재판을 받는다. 사건 발생 후, 검찰기관은 1,600만 위안을 찾아냈다. 사건을 맡았던 관계자는 쟈오껑샤오가 전형적인 부패 간부였지만 다시 발탁되었다고 말했다. 이것은 무엇을 말하는가? 반드시 관련 부서들의 반성이 필요하다. 간부를 심사할 때 놓치지 말아야 할 결정적 부분을 놓치는 것은 아닌가 하는 점을.

쑨따꽝은 서예를 좋아하여 누군가 그에게 글 한 점을 원하면 격려의 글을 써서 기꺼이 상대방에게 주었다. 예를 들면 「處大事貴乎明而能斷 (처대사귀호명이능단); 큰 일을 처리함에 명명백백함을 소중히 여기되 능히 결단을 내려야 하고」, 猝然臨之而不驚(졸연림지이불량); 급박한 일에 처해도 놀라지 말며, 無故加之而不怒(무고가지이불노); 이유 없이 욕을 당해도 노하지 말라, 行止无愧天地(행지무괴천지); 행동거지가 천지에 부끄러울 것이 없고, 褒貶自有千秋 (포폄자유천추); 나무람에는 자연히 오랜 시간이 걸린다」 등을 써주었다. 이렇게 생생한 글을 쑨따꽝은 당시 자신이 아끼는 똑똑한 인재들에게 선물하는 것을 즐겨하였다. 같은 취미를 갖고 있는 원자바오는 자연히 이러한 가르침들을 받았다. 사실 원자바오의 태도와 이러한 격려 글들은 약속이나 한 듯 일치하였다.

쑨따꽝은 대담히 진실을 말할 줄 알았는데, 원자바오는 그의 이런 점을 존경하였다. 중국 공산당 제9차 전당대회에서 류샤오치는 「역적, 내부의 적, 노동자의 적」이란 누명을 쓰고 「죽어서도 회개하지 않을 당내 최대의 주자파」로 규정되어 영원히 출당되었다. 그러나 중국 공산당 내에서 쑨따꽝은 처음으로 류샤오치의 명예 회복을 주장한 사람이다.

1998년 제11기《신화문적(新華文摘−신화 뉴스다이제스트)》은 〈다행히도 역사는 인민이 쓰는 것〉이라는 문장을 발표한다. 여기서 왕꽝메이[王光美−류샤오치의 부인]는 류샤오치의 명예 회복에 대해 말한다.

「감옥에서 나와 며칠 되지 않았는데, 음력 정월이었다. 그 때가 12년 만에 처음 지낸 설이었다. 1979년 1월 27일, 즉 정월 30일에 공산당 중앙조직부(中組部)에서 사람을 보내 대회당으로 나를 데리고 가서 설날 연회에 참가토록 하였다. … 무도회가 시작되고 친지웨이[秦基衛] 장군이 만면에 미소를 띠며 내게 다가와 함께 춤을 추자고 권하였다. 춤을 추면서 그가 작은 목소리로 들려준 "류샤오치 동지가 명예회복 됐어요!"라는 한 마디는 내게 설날 최고의 선물이었다. 앞서 11회 3중전회 기간 동안에 덩샤오핑 동지 등이 이미 이 문제를 궁리한 것이다. 원래 지질광산부 장관인 쑨따꽝이 처음으로 회의석상에서 공개적으로 류샤오치의 억울한 안을 재조사할 것을 제안했다.」

1980년 중기, 한 차례 전국 규모의 당 재정비가 있었다. 당 재정비 중에 쑨따꽝에게 제기한 의견 중 하나에 이목이 모아졌다. 그는 각 성의 지질광산국을 시찰하면서 대부분 여관에서 보고를 들었다. 현지 지질광산국으로 가서 보고를 하자고 해도 거절하고, 지질대원들이 불러도 가지 않았다고 한다.

쑨따꽝은 이에 대해 사실대로 말한다. "장관으로서 국장과 부국장만 봐으면 충분하다. 난 국정방침만 관리하면 된다. 내가 가서 건물이나 보고, 사무실 가는 게 뭐가 그리 중요한가? 보려면 직접 지질 팀과 기계설비 팀이나 만나면 된다." 그는 일찍이 비서에게 "지질 관련 부서 아무데나 가서 한 번 돌아보려 하면, 그 쪽 간부들이 형식적인 보고나 식사 초대를 하려고 할 게 분명해. 그럼 서로 귀찮고, 우리도 피곤하잖아"라는 말을 했다고 전한다.

사실 쑨따꽝은 장관직을 10년간 수행하면서 티벳 외에 각 성시와 자치구 지질 관련 부서를 모두 방문하였다. 총 100여 개의 지질대와 말단 부서까지 달려가 보았었다. 매번 말단 부서를 방문할 때마다 쑨따꽝은 명확한 목표와 주제가 있었고, 큰 문제를 집어내어 해결하였다.

원자바오가 란저우 지질국 부국장으로 재임할 당시, 자주 지질역학대로 달려가 업무를 파악하였다. 국무원 부총리가 된 후로 지방을 순시할 때는 지방도시뿐만 아니라 그 아래 작은 소도시와 작은 마을까지 직접 방문하였다. 이러한 그의 방법이 쑨따꽝의 영향을 받은 것은 아닌지 모르겠다.

원자바오가 중국 공산당 중앙위원회 판공청으로 옮긴 뒤, 누군가 「4대 죄명」으로 그를 고발한다. 중앙조직부는 4회에 걸쳐 지우취엔으로 사람을 파견하여 조사해 증거를 찾도록 한다.

원자바오가 공산당 중앙위원회 판공청으로 자리를 옮기고 나서도 결코 순탄치만은 않았다. 그가 한 계단씩 승진하는 것이 눈엣가시였는지 질투인지, 아니면 다른 어떤 동기인지는 모르나, 지우취엔에서 누군가 끊임없이 베이징에 익명의 편지를 보내고 있었다. 이미 퇴임한 전(前) 지우취엔 지질역학대의 보위과장이었던 장쯔징의 말에 따르면, 1980년대에 중조부에서 네 차례에 걸쳐 파견 나와 원자바오를 조사하였다고 전했다.

또한 그는 「그런 흑색 선전물에는 원자바오의 네 가지 문제점을 지적하고 있었는데, 그가 '린뱌오와 쿵라오얼[孔老二] 비판의 선봉자' '덩샤오핑 비판의 선봉자' '다른 관점의 동지들에 대한 타도' '고참 간부에 대한 음해'라는 내용이었다. 파견 나온 직원들은 상세한 조사에 들어갔고, 우리와 대화를 통해 실상을 파악했다」라고 전했다.

장쯔징은 조사 직원들에게 「당시 누가 린뺘오와 쿵라오얼, 덩샤오핑에 대한 비판을 하지 않을 수 있었겠나? 당신들은 베이징에서 비판한 적 없었나? 비판 내용 역시 인민일보를 베낀 것이었다. 당시 원자바오의 위치에서는 도저히 벗어날 수 없는 일이었기에 신문을 베껴와서라도 읽어야만 했다. '다른 관점의 동지들에 대한 타도' 란 부분은 더욱 기막히다. 당시, 지질학계는 두 종류의 학술 관점이 있었다. 첫째는 리쓰꽝의 역학론(力學論)이고, 둘째는 반괴론(板塊論)으로 양쪽의 논쟁은 심히 위태로워 보였다. 이게 대체 원자바오와 무슨 관계가 있단 말인가? 비록 그가 배운 것은 리쓰꽝의 역학론이었지만 다른 이들과 논쟁을 한 적도 없고, 누군가를 복종시키는 일 따위는 더더욱 없었다. '연륜 있는 간부에 대한 음해' 라는 것은 완전한 헛소리다. 부서 내의 정치처 주임이 도로에서 자전거와 부딪히는 사고를 당했을 때, 약간의 오해가 발생하여 경찰이 그를 파출소로 데려가 구금시켰다. 우리는 그 소식을 듣고 급히 파출소로 가서 오해를 풀고, 문제를 해결했다. 바로 이 일을 갖고 베이징에 알린 것이다. 정말 이상한 일이다! 원자바오는 이 일을 알지도 못한다. 그가 정말 고참 간부를 음해하려 했다면 보위과장인 내가 어찌 몰랐을 수 있겠나? 나중에 이 사실을 알게 된 노주임도 "원자바오가 나를 음해하려고 했다는 헛소리를 누가 한 것이냐?" 라며 반문하더라」며 말을 전했다.

파견 나온 직원들이 예상치 못했던 것은 원자바오의 동료들이 모두 그를 보호하려 하고, 익명의 편지 내용이 사실을 받쳐주지 못하자 그를 공격할 수 없게 됐다.

원자바오는 행운의 사나이였다. 이러한 일면은 그의 사람됨과 상당히 밀접한 관계를 갖고 있으며, 또 한편으로는 조사 나온 직원들이 상세히 조사했다는 것도 알 수 있다. 내 친구의 부친도 원자바오와 비슷한 경험을 갖고 있다. 그 분은 깐쑤에서 베이징으로 자리를 옮겨 부서의 차관으로 발탁될 준비를 하고 있었는데, 마지막 토론을 마칠 즈음, 익명의 편지 한 통이 날아든다. 부서는 다시 한 번 오랜 시간을 들여 꼼꼼히 조사를 했고, 마지막에 친구 아버지는 차관 후보 자리에서 밀려나게 되어 승진은 물 건너가고 말았다.

중국 관료사회에서 유행했던 이런 고발 사건의 괴현상에 대해 사회에서도 소문이 돌고 있었는데, 그 내용은 「여덟 냥(베이징으로 편지 부칠 때 우표 값을 빗댄 말)에 조사는 반 년, 일이 생겼지만 아무 일도 없고 모든 게 허사가 됐다네」였다. 관련 부서의 말에 따르면, 얼마 지나지 않아 전국에서 샨시[陜西]와 깐쑤처럼 가난한 지역에서 고발편지가 가장 많이 날아들었다 한다. 원자바오는 다행히도 여덟 냥 때문에 허사가 되는 일이 생기지는 않았다.

원자바오는 「정계의 오뚝이」가 될 수 있었다. 그것은 그의 권모술수나 계략이 뛰어나서가 아니라 그가 맡은 바 소임을 충실히 하고, 직책을 성실히 이행하여, 어느 누구도 결점을 잡을 수 없었기 때문이었다.

후야오빵은 공산당 중앙위원회 판공청 보조업무에 3명의 중앙부처 부부장을 선출하여 올린 뒤, 엄격한 심사를 거쳐 원자바오만 남겼다.

원자바오는 지질광산국 부부장급에서 동급의 공산당 중앙위원회 판공청 부주임으로 이직해온다. 급별은 서로 같지만 파워는 더욱 세지고, 더욱이 지위는 일반 부장들의 그것과 같지 않았다. 당시 왕쟈오궈[王兆國]가 공산당 중앙위원회 판공청 주임으로 있을 때, 원자바오가 그의 조수가 되었다. 일 년 후, 덩샤오핑에게 유달리 총애를 받던 왕쟈오궈가 총애를 잃고 중앙위원회 판공청 주임 자리를 떠나 푸젠성[福建省] 부성장으로 좌천되자, 원자바오가 당중앙 판공청 주임이라는 중책을 맡게 되었다.

원자바오는 이런 위치에서 말과 행동을 각별히 조심했으며, 오로지 일에 몰두하였고, 노고를 마다하지 않고, 원망을 두려워하지 않는 것을 가장 큰 본분으로 여겼다.

원자바오는 나름대로의 꿍꿍이가 있는 사람이었다. 중앙위 판공청 주임에 있으면서 차례로 후야오빵과 자오쯔양, 장쩌민 이렇게 3명의 중국 공산당 최고 지도자들을 보좌했다. 정계 정상의 「대왕기(大王旗)」가 어떻게 바뀌든 간에 원자바오는 우뚝 서서 움직이지 않았다. 중난하이 핵심 테두리 안을 끊임없이 맴도는 오뚝이였다. 정말 사람들이 혀를 내두를 만했다. 이런 그의 실력은 많은 사람들에게 수수께끼로 남겨져 그 해답을 풀은 자도 있었고, 그렇지 못한 자들도 있었다.

사실 원자바오가 「정계의 오뚝이」가 될 수 있었던 것은 그의 권모술수나 계략이 뛰어나서가 아니라, 그가 맡은 바 소임을 충실히 하고, 직책을 성실히 이행하여, 어느 누구도 결점을 잡을 수 없었기 때문이다. 또 아무도 그를 떠나려 하지 않았고, 게다가 이런 사람이 자기 곁을 떠나면 자신이 손해를 본다고 생각해서였다. 관료사회의 악풍이 이어지고 있는 지금, 이러한 민감한 위치에서 단지 업무에 열중하고, 성실하며, 종종 난관에 뛰어드는 사람이 있다고 한다면 아무도 믿으려 하지 않을 것이다. 하지만 원자바오가 이것을 해냈다.

원자바오의 업무시간은 거의 매일 10시간에 달했다. 쉬는 날이 없었으며, 상대가 윗사람이든 아랫사람이든 늘 존중과 겸손의 태도를 갖추어 모두를 동등하게 대해주었다. 즉 너무 과하지도, 너무 모자라지도 않은 태도로 불(火)의 세기와 시간을 아주 적절하게 장악했다. 그는 어떤 총서기한테도 잘 보이려고 비위를 맞추지 않았다. 어느 총서기이고 당 중앙 판공청에서 부주임을 겸직하고 있는 비서에게 의젓했고, 그의 기를 꺾으려 하지 않았다. 그의 태도는 언제나 공무를 충실히 하고, 사적인 것은 금물이었다. 이랬기 때문에 정계에 폭풍이 불어 닥칠 때면 그는 언제나 모든 시비에 대해 공정할 수 있었다. 본디 어떤 일이라도 일 그 자체로 처리했다. 사전에 바람의 방향을 보고 키를 사용하지도 않았고, 사후에 세력의 유-불리에 따라 일을 처리하지도 않았다. 불변(不變)으로써 만변(萬變)에 대응하였다. 이런 사람을 통상 세속에서 말하는 「충성」 혹은 「원만」이란 말로 나타내기는 힘들 것 같다. 그는 매우 독특하며, 전형적으로 「자신의 업무에 충실한 자」이다. 사람이 아닌 일에 대한 프로 정신이 깊게 박혀 있는 것이다.

원자바오는 말이 많지 않았지만 시대와 사회의 발전에 대해서는 잘 관찰하였고, 부지런히 생각하여 식견이 풍부하였다. 그가 꼭 견해나 관점을 발표해야 할 때에는 말은 간결하지만 뜻은 완전히 전할 수 있어 중요한 것을 놓치지 않았다. 자신의 견해나 관점을 발표할 필요가 없을 경우에는 잘 표현하지 않았다. 그는 잘 정리하고, 귀납하는 능력을 갖고 있었다. 어지러움 속에서도 단서를 잘 찾아내었으며, 어려운 난제에 직접 부딪혔다. 그에게 도움을 받았다면 완벽히 해결할 수 있을 것이다.

이런 사람을 등용한다면 어느 지도자가 편하지 않겠는가? 이런 사람을 포기한다는 것은 힘든 일이며, 자기 자신도 불편하게 되는 것이다. 그렇기 때문에 원자바오의 온 몸에 밴 바른 기개는 마치 무림의 고수가 아무런 비책이 없는 듯 한 데도 비책을 가진 자를 이기는 것과도 같았다. 상대방이 근본적으로 해결책을 찾지 못하도록 하고는, 마침내 발을 딛고 우뚝 서서 패업을 달성하는 것이다.

원자바오는 주룽지처럼 각종 경제 수치를 잘 기억하였다. 두 사람 모두 거의 한 번 본 것은 잊지 않는 특기가 있었다. 주룽지는 청렴과 공정을 유념해 강조하고, 원자바오는 이를 정치 활동의 좌우명으로 삼는다.

원자바오가 당의 업무를 처리할 때는 언제나 노력하고 연구하는 자세였고, 당내의 대소사에 대해서도 그 이해도가 깊어 제대로 파악하고 있었다. 원자바오가 당내 업무 대신 경제 업무로 전환한 뒤에는 경제에 대해 연구하며 노력하였다. 경제에 대해 문외한이었던 그는 전문가로 탈바꿈했고, 까다롭던 주룽지마저도 그의 열성에 눈길을 거둘 수 없었다. 1993년 원자바오가 부총리에 오르기 전, 이미 그는 주룽지가 농업에 매진할 수 있도록 보조하기 시작했다.

주룽지와 원자바오의 사귐은 깊어져 갔고, 원자바오의 착실함과 능력도 날이 갈수록 주룽지의 칭찬을 더 많이 받게 된다. 주룽지와 원자바오의 대학 때 전공이 경제는 아니었지만 두 사람이 경제를 끝까지 물고 늘어져 분투한 끝에 전문가 수준에 이르게 된다.

원자바오는 주룽지와 마찬가지로 각종 경제 수치를 외우는 것에 익숙하였고, 그것이 거시적 수치이든 미시적 수치이든 두 사람 모두 거의 한 번 본 것은 잊지 않는 특기가 있었다. 주룽지는 서두르지 않고 서열 끝인 원자바오에게 천천히 농업과 환경 등을 책임지도록 했고, 더 나아가 금융, 재정 등의 중요 정책도 맡게 했다. 그의 원자바오에 대한 의존과 신뢰는 이미 상당한 정도였다.

우방궈[吳邦國]는 1994년 상해 시위원회 서기에서 당 중앙위원회로 자리를 옮겼다. 그는 1년 동안 서기처 서기로 근무하고, 그 다음 해에는 국무원에서 가장 젊은 부총리가 된다. 당시 중난하이에 있었던 한 인사는 공산당 중앙위원회가 젊은 후진타오를 선발하여 미래 후계자로 훈련시켰고, 국무원 쪽은 젊은 우방궈를 선발해 후계자로 훈련시켰다고 한다. 이 둘은 서로 대응된다.

우방궈는 부총리가 된 후, 사방으로 뛰어다니며 주룽지의 국영기업 정리를 물심양면 도왔다. 하지만 이 작업은 현실적으로 어려운 일이었다. 그가 온갖 정열과 노력을 다 바쳤지만 결과는 좋지 않았다. 그 후로 우방궈가 후계자가 될 희망은 점점 엷어지는 듯 보였고, 결국에는 물러나게 된다. 하지만 우방궈는 리펑[李鵬]의 뒤를 이어 전국인민대표대회 상무위원장이라는 자리를 맡으며 정계로 되돌아온다.

주룽지는 국무원에서 젊은 부총리이며 기타 영역에서도 잠재력 있는 인물인 원자바오를 혜안으로 알아보는데, 이는 깊은 뜻이 담겨 있다. 원자바오가 뒤를 이어야 주룽지가 가장 안심할 수 있다는 의미인 것이다. 아마도 주룽지의 눈에는 원자바오만이 유일하게 재능이 있어 보여 중국 경제라는 항공모함의 조타를 거머쥐고 험난한 파도를 헤쳐 나갈 수 있다고 여겼을 것이다.

원자바오는 5년간의 조수 생활 동안 사상이 치밀하며, 일에 부딪혔을 때 냉정하고, 업무 처리에 침착했으며, 변화에 놀라지 않고, 우유부단하지 않음을 나타내 보였다. 또한 그는 모순되어 보이는 일을 해결하는데 능하였고, 모든 역량을 통합하는 데도 소질이 있었으며, 외유내강의 방법을 이용하였고, 모든 국면을 장악할 수 있는 잠재력을 지니고 있었다.

주룽지 자신은 비록 성질이 급했지만 사람을 고를 때만큼은 냉정하였다. 원자바오가 그의 냉정한 관찰과 심사에서 발견되어 훈련되어진 것이다. 이밖에도 주룽지와 원자바오는 청렴결백한 관리라는 점이 공통점이다. 주룽지는 관리들을 만날 때마다 청나라 시안(西安)의 비림[碑林－시안[西安] 박물관에 보존되어 있는 많은 비(碑)]의 하나인 관잠(官箴－중국 지방 관리가 지방행정을 위하여 알아두어야 하는 사항을 적은 책)을 소개하였다.

「吏不畏吾嚴 (이부외오엄); 관리는 위엄을 두려워하지 않고, 而畏吾廉 (이외오염); 청렴을 두려워해야 한다. 民不服吾能 (민부복오능); 백성이 나의 능력을 따르는 게 아니라, 而服吾公 (이복오공); 나의 공정함을 따르는 것이다. 公則民不敢慢 (공칙민불감만); 공정하면 백성이 감히 느리지 못하고, 廉則吏不敢欺 (염칙리불감기); 청렴하면 관리는 감히 속일 수 없다. 公生明 (공생명); 공정함에서 밝음이 생겨나고, 廉生威 (염생위); 청렴에서 위엄이 생긴다.」

주룽지는 청렴과 공정을 유념해 강조하고, 원자바오는 이를 정치 활동의 좌우명으로 삼는다. 원자바오는 이러한 모든 것을 갖추고 있어 「호인」이라는 평가를 들어도 마땅하다.

세상에 결점이 하나도 없는 사람은 있을 수 없다. 신이 아닌 사람이라면 모름지기 뭐든지 하나씩은 부족한 법이다. 하지만 우리가 원자바오를 아는 사람들에게 결점을 찾으라고 하자 그들은 잠시 동안이라도 매우 곤혹스러워했다. 그들은 원자바오의 결점을 찾아낼 수 없었던 것이다. 단지 원자바오의 지금의 신중함은 상황을 고려한 것으로, 장래 조건이 더 성숙한다면 그의 패기가 언제까지 갈 수 있을지 관찰해야 한다고만 지적하였다.

중국 정치를 연구하는 학자와 저명한 경제학자들은 우리에게 원자바오는 주룽지를 잇는 계보로 적절한 때가 오면 중국에 좋은 일이 생기게 될 것이라고 했다. 주룽지의 공헌도 크기는 했지만 그 역사적 사명은 마침표를 찍을 때가 온 것이다. 중국은 원자바오와 같은 믿음직한 인물이 경제발전을 주도해야 한다. 중국 경제는 현재 격동적인 상황을 맞이했기 때문에 다음에 필요로 하는 단계는 제도화, 민주화와 법제화이다. 이렇게 해야 중국이 다시는 개인의 역량에 기대어 주도되지 않을 것이며, 경제의 앞날이 건전하게 발전해 나갈 수 있게 될 것이다.

2002년 가을, 경제학자인 후안깡[胡鞍鋼]은 원자바오가 주최하는 「중국 임업을 발전시킬 수 있는 전략적 연구」에 참가한 적이 있다.

전문 안건을 주제로 전문가들의 보고 회의가 있었고, 전문가들과 국무원 관련 부서의 보고를 듣고 토론을 마친 후, 원자바오는 「금후 중국 공산당 중앙위원회와 국무원은 중대 방침을 결정해 올리기 전에 반드시 각 분야 전문가들의 의견을 수렴하고 과학, 지식, 전문가들을 존중해야 한다」라고 말하였다.

주룽지 자신은 대략 알고 있었을 것이다. 그의 후임 경제 조타수의 침착함이 조급함을 이길 것이라는 것을. 의심할 여지없이 원자바오는 가장 우수한 인물이었다.

원자바오는 재능이 출중해 성공했는데, 그 비결은 기회를 잘 잡고, 승리를 도모할 줄도 알았기 때문이다.

원자바오가 깐쑤 지우취엔의 말단 관리로 있을 때, 혜안을 가진 누군가는 그가 미래의 고관이 될 줄 예측하기도 했을 것이다. 그렇게 예측했던 사람은 지금쯤 고인이 되었거나, 아니면 어딘가에서 자신의 탁월한 식견을 자랑스러워하고 있을 것이다.

1970년 말, 덩샤오핑이 중국의 모든 업무를 관장하면서 문화혁명 때 누명을 썼던 간부들의 오명을 벗겨주는 일에 착수하였다. 당시 지질역학대 정치처 주임이었던 원자바오는 팀의 정책을 수행하는 팀장이 되어 고참 간부를 일일이 찾아가 흉금을 터놓고 대화를 나눈다. 마쯔량[馬子良]이라는 고참 간부는 원자바오와 얘기를 나누고 나서 그의 지휘능력과 정책수준에 감탄해 마지않았고, 사람들을 만나면 「저 사람, 큰 인물이 될 거야!」라고 말했는데, 마침내 그의 말이 적중

하고 말았다.

원자바오는 재능이 출중해 성공했는데, 그 비결은 그가 남다른 빼어난 점이 있어서였다. 즉 그는 기회를 잘 잡고, 승리를 도모할 줄도 알았기 때문이다.

문화혁명 기간, 상부에서는 생산 일선에서 일하고 있는 그를 부서 내로 불러들여 정치 업무를 맡도록 하였다. 그가 원했던 일은 아니었지만 묵묵히 부서로 들어가게 되고, 자신이 발전할 수 있는 기회도 만나게 되었으며, 가정 형편도 이전보다 훨씬 나아지게 된다.

1970년 말, 깐쑤성의 지질광산국 지질처장으로 있던 샤오룬은 팀을 데리고 검수를 내려갔을 때, 원자바오는 이미 직무를 바꿔 당내 정치 업무를 하고 있었고, 기회를 놓치지 않고 스스로 학술 보고를 하겠다고 하여 고위 간부들이 그를 새롭게 보게 된다.

외진 곳에서 큰 도시로 입성한 후에도 갓 들어온 신임자의 낮은 자세를 취하면서 높은 수준의 전체 계획 업무회의를 주재해 지질 전문가의 능력을 보여줌으로써 아래위로 인정받게 된다.

쑨따꽝 장관이 내려와 젊은 간부들을 심사하며 선발할 때, 원자바오는 네 가지 혁명화[四化－1980년대의 간부(幹部)의 혁명화 · 청년화 · 지식화 · 전문화]의 첨병 중에서도 최강자였다.

그의 능력 외에도 지략을 빼놓을 수 없다. 옛 사람들은 「謀事在人(모사재인); 일의 계획은 사람이 하지만, 成事在天 (성사재천); 그 성패는 하늘에 달려 있다」고 하였다. 원자바오가 한 걸음씩 앞으로 나가는 것은 결코 하늘의 뜻이 아닌 그의 공이 있어서였다. 있는 듯 없는 듯 지냈는데, 가히 현세를 초월한 경지였다고 말할 수 있다.

원자바오가 단련되어 가는 과정을 보면, 과거의 세월 속에서 한 걸음을 내디딜 때마다 다른 사람과는 확실히 다르게 더 높이 서 있었으며, 더 멀리 보고 있었다는 것을 알 수 있다. 마침내 기회는 이렇게 준비된 사람에게 다가오게 된다.

원자바오의 명성을
일시에 떨친 대홍수

원자바오가 홍수를 막았던 이야기는 정식으로 보도된 적 없어 많은 이들이 알지 못했다. 하지만 정계 내에서 그의 명성은 자자했다. 아는 사람들은 모두 원자바오가 능히 총리를 감당할 수 있으며, 1998년도의 대홍수는 그를 위로 밀어 올리는데 큰 작용을 했다고 말한다. 원자바오는 과거에 자신을 발탁해 베이징으로 보냈던 쑨따꽝(孫大光)에게 「위험에 직면하여 임무를 받아 온통 걱정과 부담뿐이었다」고 말했다. 당시 그는 출렁이는 물에 몸을 던져 순직할 준비가 되어 있었다.

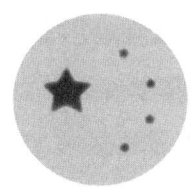

1998년 여름, 장강 대홍수의 다섯 번째 물마루가 후베이성[湖北省] 징저우[荊州]를 향하여 접근하고 있을 때, 장쩌민은 8월 13일 오전 격려차 샤시[沙市]로 날아간다. 그는 비행기 안에서 지도를 펼치고 장강 제방 주변의 위험지역 위치를 살피며, 홍수와 싸우고 있는 재난 구조 군 병력의 배치를 묻는다.

「현재 강을 따라 총 몇 개의 부대가 동원됐나?」

장쩌민 주석은 건너편에 앉아 있는 장완니엔(張萬年) 중앙군사위 부주석에게 물었다.

「인민해방군과 무장 경찰을 합쳐 모두 13만 명을 투입했고, 200만 명 이상의 민병도 있습니다.」

장완니엔이 대답했다.

「좋아! 국가 재해대책의 총지휘는 원자바오 동지가 한다. 중국 공산당 중앙위원회의 위임을 받아 일선에서 총지휘를 한다.」

장쩌민은 특별히 원자바오를 지명했다.

그 시각에 원자바오는 혼탁한 물이 일렁이고 있는 장강 제방에서 선비의 풍모를 갖춘 장군의 몸으로 백만의 군과 민중을 지휘하여 제방을 공격해오는 홍수를 막아내고 있었다.

8월 16일, 장강의 여섯 번째 물마루가 밀어 닥치자 징저우의 장강 수위는 계속적으로 높아졌다. 그 날 저녁 9시, 홍수는 마치 모든 걸 쓸어버릴 기세로 덮쳐 방류해야 할 위험 수위인 45m에까지 이른다.

후베이성은 방류를 요구했다.

원자바오가 징저우에 도착한 후, 현장의 비상대책 부서는 결단을 내려야 했다. 도대체 제방을 폭파해 방류를 해야 하는가, 말아야 하는가. 원자바오는 이 순간 최후의 결단을 내려야 했다.

10일 전, 주룽지 총리는 후베이에서 중국 공산당 중앙위원회 정치국 상임위원회가 방류할 수 있는 「핵단추」를 재해대책 총지휘자인 원자바오에게 넘겼다고 발표하였다.

알아둬야 할 것은 지난 1954년도 징저우의 방류로 인해 100만 명 이상의 농민이 논밭을 등지고 떠났다는 것이다. 물에 잠겨버린 논과 밭은 오랜 시간이 흘렀어도 여전히 그 모습을 나타내지 않고 있다. 방류는 막다른 골목에 다다랐을 때 하는 최후의 선택이었다.

원자바오는 심사숙고한 후에 과단성 있는 결단을 내렸다.

"죽을 각오로 제방을 막아내어, 위험한 고비를 넘긴다!"

그곳에 있던 사람들은 원자바오를 대신해 손에 땀을 쥐며 걱정했다. 방류를 하지 않아 만약 제방이 터진다면 어떻게 될까?

그 누가 생각했으랴! 평소 태도가 온화하던 원자바오는 이 날만큼은 위풍당당하고 의연하게 지휘를 하는 대장군과도 같았다.

제방을 보호하려는 대군의 탁월한 투쟁으로 대홍수는 마침내 퇴각했다. 사람들이 기뻐 승리를 외치고 있을 때, 원자바오는 문득 두려움을 느꼈다. 모든 일이 끝난 뒤, 그는 자신을 발탁해 베이징으로 올려 보냈던 쑨따꽝 전 부장에게 이렇게 말했다.

"위험에 직면하여 임무를 받아 온통 걱정과 부담뿐이었습니다. 일단 제방이 견뎌내지 못하여 터지게 되면, 그것은 나의 정책결정의 오류였습니다. 나는 도도한 홍수 속에 몸을 던져 순직할 준비가 되어 있었습니다."

정부 당국은 원자바오가 홍수를 막아낸 장거에 대해 보도한 적이 없고, 그래서 사회에 알려지지 않았다. 하지만 정부 조직 내에서는 그 일로 인해 명성이 자자해졌다. 상황을 잘 아는 사람들은 원자바오가 능히 총리가 될 수 있고, 1998년 홍수 위기가 그를 밀어 올리는 데 큰 힘을 발휘했다고 말한다.

1998년 여름, 중국 화남[華南] 지역과 서남 지역의 동부, 그리고 동북 지방의 서북부에 장기간의 폭우와 집중호우가 몰아쳐, 장강 유역은 물론 동북 넌강[嫩江]과 쑹화강[松花江] 유역에 역사적으로도 전대미문의 대형 수재가 발생하게 된다. 미친 듯한 폭우는 혼탁한 파도와 일렁이는 홍수를 밀고 가며, 남북으로 협공하여 한꺼번에 중화 대륙을 사납게 기습해왔다.

후베이가 위험하다! 장시가 위험하다! 동북이 위험하다!

당시 중국의 헤드라인 뉴스는 거의 매일 홍수 소식에 관해 보도하고 있었다. 이재민을 구하고, 각 방면의 지원을 요청했다. 전국은 삽시간에 물과의 전쟁에 휩싸이게 됐다. 장쩌민, 주룽지는 잇달아 재난지역의 제1선으로 향했다.

중국 중앙텔레비전 방송국(CC-TV)의 7시 저녁종합뉴스 화면은 주룽지가 위기에 빠진 후베이로 날아가 비행기에서 내려, 현지구조에 나서고 있는 광저우[廣州] 군구 부사령 꽁꾸청[龔穀成] 장군과 뜨거운 포옹을 나누고 있는 모습이었다. 그의 두 눈에 뜨거운 감격의 눈물이 그렁거리는 모습도 보였다. 이 장면은 마치 갑자기 멈춘 정지화면처럼 보였고, 많은 중국인들에게 깊은 인상을 남겼다.

1998년 11월, 나는 장쩌민의 러시아 방문에 동행 취재로 따라 나섰었다. 당시 취재를 하며, 장쩌민이 러시아 주재 중국 대사관 직원들에게 자랑스러워하며 담소를 나누는 모습을 보게 된다.

「아마도 내 사주팔자에 물이 너무 많아 그런지 늘상 물하고 싸우게 되는군요. 내가 상하이에 있을 때도 화이허[淮河]의 수재가 일어났어요. 금년에는 장강뿐만 아니라 잠잠하던 쑹화강, 넌강도 이어서 물난리가 났어요. 옛날에도 전쟁은 해본 적이 없었는데, 중국 공산당 중앙위원회 군사위원회 주석으로 9년을 지내면서, 금년에 처음 진정한 총사령관으로 천군만마를 거느리고 홍수와의 전쟁을 벌였습니다.」

하지만 일반 국민들은 1998년도 홍수가 생긴 당시는 물론 그 이후에도 원자바오가 홍수와의 한 바탕 격전을 치르면서 그렇게 과감한 용단을 내린 것에 대해서는 잘 모르고 있다. 사람들은 단지 텔레비전을 통해 원자바오가 왜소한 체격을 이끌고 폭풍 속에서 분주히 뛰어다니며 지휘하던 모습을 보았었다. 그들이 알고 있는 사실은 당시 그가 국무원 부총리에 오른 지 겨우 반 년이 됐으며 농업, 환경보호, 재해대책 등을 책임지고 있다는 것이었다.

징강[荊江]의 방류 문제 여부에 대해 결정적인 의견을 내놓았던 원자바오에 대해 정부 당국은 공개적인 보도를 하지 않았다. 후베이 지역의 신문과 텔레비전 역시 명확하게 언급하지 않아, 마치 고의로 보도하지 않는다는 느낌을 지울 수 없었다. 홍수를 물리친 공로는 중국 공산당 중앙위원회와 국무원의 핵심 지도부 및 그 부서만이 기억하고 있었다.

홍수를 막은 원자바오의 장거에 대해 많은 대중들은 알지 못했지만 관료들 사이에서 그의 명성은 자자했다. 총서기인 장쩌민으로부터 총리인 주룽지에 이르기까지, 중국 중앙위원회와 국무원의 각 부서 고위 직원들도 원자바오에 대해 새롭게 보기 시작했다.

중국인이라면 우임금이 물을 다스린 이야기는 다 알고 있다. 4천여 년 전, 우임금은 처음으로 막힌 물을 통하게 하는 방법으로 황하의 홍수를 성공적으로 막은 선례를 남긴다. 물난리를 막았을 뿐만 아니라 백성들의 추대까지 받았으며, 후에 순임금의 후계자로 추천 선발된다.

원자바오의 치수와 우임금의 치수를 비교할 수는 없어도 그 결과는 유사하다고 할 수 있다. 그건 바로 그가 나중에 주룽지의 후계자가 되었다는 점이다. 사정을 잘 알고 있는 사람들은 그가 총리가 될 수밖에 없었다고 전한다. 많은 요소들이 있겠지만 1998년도 홍수를 막았던 공로가 크게 작용했다는 것이다.

장강 유역은 몇 십 년간 수재가 없었기에 공산당 중앙위원회 고위층들은 매우 놀란다. 장쩌민과 주룽지 모두 손에 땀을 쥐며 우한[武漢]에 또 다시 1931년과 1954년의 참상이 재현될까봐 두려워했다.

1998년의 대홍수는 새로 들어선 정부에 대한 시험과도 같았다. 1998년 봄, 주룽지를 중심으로 국무원이 새롭게 구성된 지 얼마 안 되어, 그 해 여름에 닥칠 재난에 대한 방지회의가 국무원 회의실에서 열렸다. 국가 재해방지대책 총지휘부[防汛抗旱總指揮部]가 베이징에 성립되고, 첫 번째 전체회의가 4월 9일 열리게 된다.

장마철이 시작되지는 않았지만 국무원 신임 부총리이며, 국가 재해방지대책 총지휘부 지휘관인 원자바오는 회의석상에서 「責任重於泰山 (책임중어태산); 책임이 태산보다 중하다」는 말로 모두에게 경각심을 일깨워주며, 금년 홍수방지 형편이 좋지 않으니 각 지방마다 일찍 만반의 준비를 하여 인민의 목숨과 재산을 보호토록 당부한다. 각 지방 재해방지 업무에 「안전제일, 준비를 게을리 하지 않을 것, 항상 예방할 것, 전력으로 긴급 구조할 것」을 방침으로 삼도록 하여 재해가 닥치기 전에 업무를 미리 해두도록 하였다.

그 해 초여름, 원자바오는 지우강[九江]으로 날아가 수해방지 업무를 순시한다. 지우강 유역의 장강 제방은 150㎞에 달하며, 지우강 주변과 강 유역에는 110만의 인구, 120만 무[畝－토지 면적의 단위. 1무는

6.667아르(a)임]의 경지, 82개의 국유 대·중소기업이 산재해 있으며, 징지우[京九] 허지우[合九] 우지우[武九] 철로와 316번 국도가 지나고 있었다. 지우강 제방의 책임감은 더욱 무거워졌다. 1998년 2월, 용안[永安] 대제방은 이미 위험한 상황과 부딪히게 된다. 연일 이어지는 긴급 구조는 4월 5일이 되어서야 한숨을 돌릴 수 있게 되었다.

지우강 용안 대제방으로 간 원자바오는 제방을 자세히 검사하고 보수를 마치고는 다시 지우강시(市) 재해방지 공사현장으로 달려가 시찰하며, 공사 진척 상황을 살핀다. 그는 수행한 고위 관리에게 올해 장강 유역이 빨리 장마철에 접어들었고, 대재앙을 막겠다는 의지로 홍수를 이겨내야 한다며, 이는 결코 소홀히 할 문제가 아니라는 점을 강조했다.

과연 6월 중순에 이르러 장강 이남 곳곳에 큰 비가 내리는 것을 시작으로 장시, 후난, 푸젠 등의 강 수위가 점점 상승해 마침내 홍수가 난다. 6월 19일 국가 재해방지대책 총지휘부는 1998년 제1호 수위 경보를 발표한다.

장시성[江西省]에는 6월 11일부터 13일 사이 폭우가 쏟아지며, 일부 지역에서는 국지성 호우가 나타난다. 10일이라는 짧은 기간 동안 지우강 유역의 강우량과 강수 상황은 연속 네 차례의 역사상 신기록을 세우게 된다. 포양호[鄱陽湖]에 유입된 수량과 6월 한 달 강우량, 장강 수위 20m 이상 유지 시간은 연일 새로운 기록을 달성하고 있었다. 폭우는 지우강시 13개 현(縣)의 248개 마을을 수해에 빠뜨린다.

6월 22일 저녁 10시 40분, 장시성 위원회 서기 슈후이궈「舒惠國」와 성장(省長) 슈성여우[舒聖佑]는 성(省) 재해방지대책 총지휘본부 사무실로 들어간다. 연일 계속된 큰 비로 푸허[撫河] 홍먼[洪門] 댐의 저수량은 이미 수위 한계를 넘었고, 신강[信江]은 다섯 번째 위험 수위의 기록을 깨고 있었다. 푸허와 신강 유역에서 보기 드문 홍수가 발생하여 전국에 위급상황을 알리고 구조요청을 한다.

연일 이어진 강우는 포양호, 장강에 홍수가 발생하도록 했으며, 지우강은 앞뒤로 복병을 만나게 된다. 장강의 주된 항로는 물살로 인해 남쪽으로 차츰 밀려나게 된다. 30년 만에 처음으로 50m가 밀려나게 되는데, 지우강의 제방이 맨 먼저 재난을 당하게 된다.

긴급 상황 중, 슈후이궈는 베이징 국가재해방지대책 총지휘부에 전화를 건다. 원자바오가 전화보고를 받고, 장시성에 모든 전투준비를 하도록 하여 주요 소도시와 철로 교통, 인민의 생명과 재산을 안전하게 보호하도록 지시를 내린다.

7월 5일, 주룽지는 원자바오의 수행으로 지우강을 몸소 방문하여 비를 무릅쓰고 장강 제방을 순시한다. 잔혹한 홍수와 대면한 주룽지는 미간을 찌푸렸고, 원자바오의 얼굴에는 그늘이 졌다. 장강 제방의 보수공사 방안 보고를 들은 후, 주룽지는 자신의 태도를 명확히 밝혔다.

지우강 제방을 보수하는데 필요한 90억여 위안의 자금 중 공산당 중앙위원회가 75억 위안을, 성(省) 정부가 15억 위안을 지원할 것이며, 나머지는 지우강이 부담하라고 했다. 「금년에 공사를 시작하여 3년에 걸쳐 완성한다. 장강 제방의 전체 보수공사를 철저히 하여 오랫동안 안녕을 도모토록 해야 한다.」

6월 하순 이래로 장강 주류의 홍수는 계속되었다. 7월 21일부터 장강 중하류는 또 한 차례의 강우를 맞는다. 뚱팅호[洞庭湖] 수계의 펑수이강[澧水江], 위엔강[沅江]과 포양호[鄱陽湖] 수계의 창강[昌江], 러안허[樂安河] 등은 계속해서 홍수가 발생하였다.

장강 상류에는 세 번째 홍수가 발생해 많은 물이 하류로 내려가는 과정에서 중하류의 홍수와 겹치게 되면 수위는 더욱 상승할 것이었다. 7월 초 이래로 우한 수위는 계속해서 올라갔고, 홍수는 코앞에 닥치게 되었다. 수위는 미친 듯이 올라갔으며, 우한 홍수 역사상 전무후무한 일이었다.

이러한 상황들을 분석해보면 장강은 이미 1954년 이후 전 유역에서 두 번째 홍수가 난 셈이었고, 중하류 하천의 일부분과 뚱팅호의 수위는 사상 최고 수위에 근접하거나 넘었다. 앞으로 수해방지 형세는 더욱 어려워질 것으로 보였다.

7월 20일, 우한 꽌커우[關口]는 다시 한 번 긴급 수위를 넘긴다. 상류의 최고 수위는 빠른 속도로 우한에 접근했으며, 7월 21일 새벽부터 보기 드문 큰 폭우가 몰아치기 시작한다. 또 우한의 소도시에도 40여 시간 동안 폭우가 퍼붓는다. 부분 지역 강우량 역시 300년 만에 처음 맞는 수준이었다. 사나흘 동안 쏟아진 강우량은 거의 1억3천 입방미터로 우한의 수문 기록이 생긴 이래 최고 기록을 갱신한다. 총강우량은 연평균 강우량의 1/3에 달했다. 한 시간만에 화로(火爐—우한은 난징(南京)—충칭(重慶)과 함께 중국의 3대 화로로 불릴 만큼 여름철 더운 도시다)가 물통으로 변하고, 많은 도로들이 끊어졌으며, 저지대에 살던 사람들의 집들은 수중에 잠겨버렸다.

공산당 중앙위원회 최고위층은 경악을 금치 못했다. 중국은 수해가 끊이지 않는 나라로 역대 통치자들은 잔혹한 수해로 근심하지 않는 날이 없을 정도였다. 장강, 황하, 화이허는 중국의 큰 강이었다. 근자에 들어 돌아가면서 홍수가 자주 발생했는데, 이는 국가의 재산, 국민의 생명과 심지어는 정권 통치에 큰 위기를 안겨다 준다. 그렇기 때문에 역대 통치자들은 홍수 문제를 중요시하였다.

7월 21일, 장강은 두 번째 홍수로 7월 23일경 우한에 위기가 닥쳐 올 것이 우려되자, 장쩌민은 잠을 이룰 수 없었다. 깊은 밤 12시, 장쩌민은 원자바오에게 전화를 걸어 장강 유역의 각 성시(城市) 중 특히 우한시가 홍수에 대한 만반의 준비를 할 것을 당부한다. 제방을 보강하고, 침수로 인한 재해를 방지하며, 끝까지 사수하여 장강 제방의 안전과 우한 등 중요 도시의 안전, 인민의 생명과 재산을 확보하라는 것이었다.

7월 23일 늦은 밤, 주룽지는 후난성 고위 관리에게 전화를 걸어 뚱팅호의 상황을 묻고 일련의 지시를 내린다.

장쩌민의 「3대 확보」와 주룽지의 강력한 지시는 매우 빠르게 말단 관리에게까지 파급되게 된다. 7월 24일 0시, 국가 재해방지대책 총지휘부는 긴급 전체회의를 열고, 장강에 닥칠 대홍수와의 전투를 준비할 긴급부서를 설립한다. 총지휘를 맡은 원자바오는 회의에서 강 유역 각지의 당 위원회와 정부가 홍수와 가뭄 방지를 최우선 업무로 하도록 명령하며, 간부들을 긴급히 동원하여 홍수방지와 긴급구조에 투입해 장강 제방을 지킬 것을 지시한다.

회의에서 원자바오는 홍수방지 긴급구조 업무 부서에 대해 각급 당정 관리들이 각자의 위치에서 임무를 제대로 수행할 것과 홍수방지 긴급구조 책임제를 실행할 것을 요구했다. 제방을 순시해 위험요소를 제거하고 공사를 진행하며, 제방 주위의 경계를 넘어 연합해 지킬 것, 즉시 긴급구조 물자를 보충할 것, 약해진 제방에 즉시 투입될 흙과 자갈, 모래를 비축할 것 등을 지시하여 긴급시 바로 대처할 수 있도록 한 것이다. 또한 전문가들이 조를 이루어 순시하고 지도토록 하였으며, 즉시 위험상황을 발견하고 처리할 수 있도록 요구했다. 이러한 강력한 선행 조치를 취하여 위험 요소의 싹을 제거하고 만의 하나 실수가 없도록 한 것이다.

동시에 원자바오는 기상예보와 수위 측량도 더욱 세심하게 신경 써 상황의 변화를 잘 파악하도록 요구하였다. 기상청의 정확한 예보, 수문관측소의 정확한 수문자료 준비와 제공, 통신부의 원활한 통신 확보를 요구했다. 그는 회의 참석자들에게 국무원은 이미 장강 유역의 각 성시에 홍수재해 경비를 제공하기로 결정했다고 알렸다.

같은 날, 국가 재해방지대책 총지휘부는 후베이, 후난, 장시, 안후이, 장쑤, 상하이, 충칭, 쓰촨성의 재해방지대책 총지휘부와 장강 재해방지대책 총지휘부가 긴급통지를 하여 각 지방들이 장강 홍수와 맞서 싸워 안전을 도모할 것을 요구한다. 긴급통지 내용은 다음과 같다.

1. 장강 유역 각지의 당 위원회와 정부는 홍수와 가뭄 방지를 최우선 업무로 하도록 하며, 홍수방지 책임제 실행, 홍수방지 긴급구조 작업을 지휘할 수 있도록 구성한다. 장강 제방, 뚱팅호 · 포양호 제방과 기타 중요 지류 제방의 안전 확보, 중요 성시 · 교통 간선도로와 댐의 안전, 인민의 재산과 생명 안전 확보.

2. 사람과 제방이 모두 함께 있어야 된다는 마음으로 제방을 지킨

다. 경각심을 100배로 일깨워 홍수를 예방할 수 있는 제방의 순시와 위험요소 감시를 강화한다. 강력한 구조대를 조직하고, 긴급구조 물자를 보충하며, 재해방지 긴급구조 기술 지도를 강화한다. 즉시 부대를 소집해 진지를 갖추고 적을 기다리도록 하여 언제든지 위험한 국면에 대처할 수 있도록 한다. 치밀하게 홍수계획에 대처하여 홍수방지 공사의 효과가 충분히 발휘될 수 있도록 하며, 이를 실행함에 있어 한 치의 실수도 없도록 한다.

3. 장강 홍수 방어 방안에 따라 반드시 각 항의 업무를 즉시 준비한다. 각급 당 고위관리는 인민의 생명과 재산 확보를 우선으로 한다. 각 지역의 실제상황에 따라 바로 결단을 내리고 즉시 과단한 조치를 취해, 위험지역의 인민을 이동시켜 최대한 인명손실을 막도록 한다.

4. 기상청과 수문관측소는 날씨와 수위 변화를 면밀히 관측해 즉시 예측, 예보할 준비를 갖추고, 재해방지대책 지휘자를 참모로 삼는다. 통신부는 원활한 소통을 확보토록 한다. 관련부서는 업무 분담, 밀접한 협력, 전체 협동을 통해 전력으로 홍수방지 긴급대책 업무에 투입한다.

5. 성실히 구제업무를 진행하고, 수재민에게 적절한 생활환경을 제공해 위생방역에 힘쓰도록 하고, 치안을 강화하도록 하며, 적극적으로 자력갱생토록 하여 사회 안정을 도모한다.

장쩌민과 주룽지는 원자바오를 당 중앙위원회, 국무원 대표로 파견해 장강 수해방지 일선에서 상황을 조사하고 군민을 위로하며, 현장에서 홍수대책 긴급구조를 지휘토록 결정한다.

7월 27일 원자바오가 출발하기 전날 밤인 11시 반, 장쩌민은 원자바오에게 전화를 걸어 1954년의 위험한 상황이 다시는 발생하지 않도록 독려하고 우한과 장한[江漢] 평원의 안전을 확보하라며 재삼 당부의 말을 한다.

이 시각 장강은 세 번째 대홍수를 맞으며 많은 물이 이창[宜昌]을 통과해 중하류로 밀려오고 있었다. 스셔우[石首]에서 후커우[湖口], 한커우[漢口]와 황스[黃石]의 수위가 최고 수위 기록을 깬 것 외에도 8개의 수문관측 사상 모두 최고 수위 기록을 깨게 된다. 쓰촨성[四川省] 물은 이창으로부터 동쪽으로 세차게 흘러 내려왔고, 샹강[湘江] 물은 뚱팅호를 지나 장강으로 한꺼번에 밀려 들어왔으며, 포양호는 하류에서 상류로 물이 거슬러 올라왔다. 두 줄기 하천이 합쳐져 세 번째 하천이 생기는 협공으로 인해 우한의 수위는 마치 널뛰듯이 올라가 경계수위를 넘게 된다. 긴급수위를 뛰어넘어 위험수위까지 돌파한 후, 7월 28일에는 수위가 29m에 이르렀다. 이는 1931년 최고 수위보다 0.72m 높은 기록이다.

둘째 날 이른 아침, 장쩌민은 우한에 도착해 있는 원자바오에게 다시 전화를 걸어 최고 수위가 우한을 넘어가는 영상을 보고자 요구함으로써 상황을 이해하려고 했다. 그 후 며칠 내내 전선의 원자바오는 매일 장쩌민과 주룽지에게 전보를 보냈고, 계속해서 장강 수위와 홍수방지 긴급구조의 최근 상황들을 보고한다. 장쩌민과 주룽지는 우한을 구하기 위해 온 힘을 다했으며, 1931년과 1954년의 악몽이 재현될까 노심초사하였다.

1931년 7월, 후베이에 한 차례 폭우가 세차게 몰아닥친 후에 포효

하던 장강의 수위가 매번 우한을 덮쳤다. 7월 28일, 홍수는 마침내 한커우[漢口] 제방을 가르고 소수의 고지대를 제외한 한커우 대부분 지역을 침수시킨다. 우창[武昌]과 한양[漢陽] 역시 대량의 물이 유입됐고, 우한 세 마을의 제방은 붕괴되어 사람과 가축이 떠내려갔다. 도처는 온통 난장판으로 변했다. 우한이 침수된 날이 100여 일간 지속됐다.

홍수가 들이닥친 사나흘 동안 건져낸 시신은 1,000구에 달했다. 콜레라, 장티푸스, 이질 등의 역병이 돌았으며, 헤이산[黑山]과 훙산[洪山] 등은 재해가 심한 지역으로 아사, 병사한 이재민의 시신을 매장할 틈도 없이 그냥 큰 구덩이를 파고 시신을 쌓아두었다. 그 해 8월부터 다음 해 4월까지 후베이 수재 긴급구조 위원의 통계를 보면, 그들이 매장한 시신은 3만 2,605구였다.

이런 큰 수해에 대해 1931년 《대강보(大綱報)》는 「강물은 파죽지세로 유입됐다. 물의 위력은 세차게 시가지로 흘러들었고 … 시신은 강물에 둥둥 떠다녔고, 사람들은 산꼭대기에서 발을 동동 굴렀다.」「한커우시의 침수되지 않은 면적은 0.5평방킬로미터에 불과하다.」「큰 배는 개구리처럼 반만 떠 있고, 작은 배는 개미처럼 떠내려갔다」고 묘사했다.

1931년 장강의 수해로 인해 우한시를 제외하고 중하류의 345개 지류에 위치해 있던 제방들 역시 계속 범람하면서 터졌다. 장강 유역 도시들은 모두 침수됐고, 총 사망자는 40만 5,000명에 달하였다.

1954년 대기환류의 이상으로 인해 비가 장기적으로 내리며 장화이[江淮－양자강과 회수] 유역을 맴돌았다. 장마철은 다른 해보다 1개월 더 지속됐다. 6월과 7월에 폭우가 9차례 가량 더 많았으며, 이로 인해 장강 중하류, 화이허 유역에는 수백 년 동안 없었던 대규모의 홍수가 일어난다. 이창은 최대 수위로 유입량이 초당 6만 6,800톤에 달했으며, 7월부터 8월까지 홍수 때 물의 총량은 2,448억 입방미터로 1931년 홍수 기록을 넘어섰다.

당시 우한의 최대 유입량은 초당 7만 6,100입방미터에 수위는 29.73m로 1931년 수위 28.28m보다 1.45m를 초과한 것이다. 중요지역의 경계수위는 한술 더 떠, 유지시간만 49일에서 135일에 달했다. 홍수 때의 총수량도 일이백 년에 한번 나올까 말까 하는 수량으로, 1950년대 초 수로 제방의 안전방류 능력을 크게 초과하는 것이다. 징강[荊江] 상류에서 세 차례 나누어 방류하여 우한의 3개 마을을 보전할 수 있었다. 하지만 린리[臨利]와 홍호[洪湖] 지역 수백만 이재민들은 집을 잃고 논밭을 뒤로 한 채 고향을 떠나야만 했고, 침수와 물난리 후에는 역병으로 인해 3만 명이 목숨을 잃었다.

그리고 1998년 지금, 곧 쳐들어올 홍수에 대비해 원자바오가 임명을 받고 군복을 입지는 않았지만 총지휘를 맡은 대장군이 된 것이다. 원자바오는 우한시 정부에 재해방지대책 긴급구조 명령을 발동했다. 명령 내용은 10만여 간부들에게 200킬로미터에 이르는 장강 제방으로 가서 홍수와 대격전을 치를 준비를 하라는 것이었다.

밤이 되면서 연안을 밝힌 등불은 마치 흔들리고 있는 거대한 용과 같았다. 셀 수 없이 많은 그림자들이 성난 파도가 치는 강둑에 비춰졌다. 천둥 번개가 치며 성난 폭우가 몰아치자 홍수는 마치 성난 사자처럼 한 달 동안 물에 잠긴 제방을 다시금 사납게 공격해 왔다. 이런 상황을 아는 사람들이라면 잠을 이룰 수 없었다.

후베이성 우한이 아직 최고 긴장된 순간을 보내지 않은 사이, 장시성(江西省) 지우강이 또 다시 구원요청을 해왔다. 8월 7일, 지우강 댐이 무너졌다. 우한에서 홍수를 막기 위해 안간힘을 쓰던 원자바오는 그 날 저녁 지우강으로 날아간다. 원자바오는 10여 미터에 이르는 무너져 내린 곳을 주시한다. 표정은 어둡고 아무런 말도 하지 않는다. 어느 누구도 그의 심정을 헤아릴 수 없었다.

장시성은 1998년도에 가장 빨리 홍수사태를 맞는다. 7월 하순의 연속적인 폭우, 장강과 포양호 수위의 빠른 상승으로 인해 사태는 설상가상이 되었다.

7월 27일 출현한 위험상황은 사람들을 놀라게 만들었다. 저녁 8시, 지우강 호텔 회의실에서는 국가 재해방지대책 총지휘부 전문가들과 장시성, 지우강시가 연합해 열린 홍수방지 회의가 막 시작되었다.

갑자기 긴급전화가 회의장으로 걸려왔다. 지우강 제방 56호의 수문에 심각한 균열이 생겨 그곳에서 50여 미터 떨어진 지우강·장강 대교, 남안 교두보와 지우강시 전체의 안전에 직접적인 위협이 미친다는 내용이었다. 지우강시 리우지푸[劉積福] 시장은 즉시 회의장을 떠나 현장으로 쏜살같이 달려갔다. 밤 10시, 56호 수문의 위험상황은 대체적으로 수습이 됐다.

7월 29일 오전, 급히 후베이에서 장시로 간 원자바오는 비가 내리는 와중에도 용시우현[永修縣] 꿔뚱[郭東] 제방을 둘러본다. 원자바오가 직접 우산을 쓰고 질퍽한 길을 걷는다. 제방의 위험한 상황을 10여 킬로미터 걸으며 확인하다 갑자기 멈춰 서서는 전문가, 지방 간부들과 구조방안을 모색하기도 했다. 제방에는 수천 명의 군민이 나와 제방을 보수하고 있었는데, 징지우[京九] 철도의 안전을 확보하기 위해서였다.

7월 30일 오후, 장강에는 세 번째 홍수로 많은 물이 지우강 유역으로 유입됐다. 오후 2시, 장강과 지우강의 수문관측소 측량에 따르면 수위는 22.94m로 역사상 최고 수위를 0.77m 초과한 것이다. 후커우[湖口] 수문관측소 측량에 따르면 수위는 22.54m로 역사상 최고 수위를 기록했다. 이 기록은 경계수위보다 3.54m나 초과한 것이다. 장강의 주류와 포양호의 홍수는 후커우를 거슬러 올라갔다. 포양호의 물이 크게 불어남으로 인해 장강 제방과 포양호의 중점인 저습지 제방은 유사 이래 가장 위험한 상황에 처하게 된다. 장시의 홍수 상황은 전체적으로 위급상황임을 알려왔다.

이 시각 장시의 152만 군민들도 홍수와 힘겨운 사투를 벌이고 있었다. 장강 제방과 지우강 유역의 100리에 이르는 제방이 대체로 위험상황이라 150m 간격으로 보초 막사가 세워져 있었다. 장시 군민들이 홍수 와중에서 열심히 분투하는 모습이 보였다. 특히 인민해방군 전사들은 오랜 시간 동안 몸을 물에 담그고 있어 사타구니가 물러지는 고통을 인내하며 혼신의 노력을 쏟고 있었다. 수많은 사람들에 감격한 원자바오는 눈물을 참기 어려웠다.

8월 7일 오후 1시 반, 군민들이 죽음을 무릅쓰고 저항했음에도 불구하고 예상 밖의 일이 발생한다.

지우강 제방이 터졌다!

지우강 지역은 서쪽 4km 거리에 있는 홍수방지 벽에 물이 스며들었고, 갑작스레 물이 밀려 들어왔다. 뒤이어 콘크리트 홍수방지 벽이 갑자기 내려앉아 출렁이는 강물이 40m나 되는 무너진 제방을 밀고 들어와 40만 인민의 생명이 분초를 다투게 되었다.

그곳 사람들의 말을 빌리면 제방이 무너질 때, 그 기세가 하늘을 덮고 땅을 쓸어버릴 듯해 과히 사람을 놀라게 할 만하였다고 한다. 모래주머니, 인간 울타리, 자동차, 작은 배는 큰 홍수 앞에서 모두 무용지물이었다.

공교롭게도 이때 누군가의 화물선이 부근에 정박해 있는 것을 발견한다. 제방을 보호하고 긴급구조를 하려는 사람들은 이 배를 이용해 홍수를 막아 보려고 하였지만 선주가 이에 동의하지 않았다. 눈에 핏발이 선 군인들은 죽음을 코앞에 두고도 못 본 채 하는 선주에게 동의하지 않으면 총살하겠다고 위협하여 배를 징발해 사용한다. 과연 이 큰 배는 효과가 있어 홍수는 잠시 멈칫하는 듯 보였다.

그 날 오후 4시, 지우강 재해방지대책 총지휘부는 중난하이에서 걸려온 전화를 받고 16분에 걸친 긴 통화를 한다. 주룽지 총리는, 홍수가 성(省)을 덮쳤나? 물은 어느 정도인가? 갈라진 틈은 얼마나 되는가? 등을 묻는다. 그리고 군사위원회 주석인 장쩌민이 장강 제방이 무너진 소식을 듣고 군사위원회 부주석 장완녠[張萬年]에게 전화를 걸어 군대를 파견해 긴급구조토록 하고, 필요하다면 공중수송으로 필요물자를 지원하라고 했다는 소식을 지우강시 책임자에게 알려주었다.

그 날 저녁, 장쩌민 주석이 주재하는 공산당 중앙위원회 정치국 상임위원회가 열려 국가 재해방지대책 총지휘부의 보고를 받고 장강의 긴급구조 업무에 매달린다. 회의는 장강의 홍수방지와 긴급구조를 다른 어떤 업무보다도 가장 먼저 해결해야 할 업무로 결정짓는다.

장강 제방을 방어하여 사수하고, 안전 확보를 위해 일말의 동요나 게으름은 있을 수 없었다. 인민해방군은 공산당 중앙위원회 군사위원회의 명령에 따라 계속해서 홍수방지 긴급구조의 제1선에 투입됐다. 무장경찰 부대와 공안간부 경찰 역시 적극적으로 긴급구조 업무에 참여했다. 모든 인력과 물자, 자금을 동원해 긴급구조에 나선 것이다.

지우강의 홍수를 막는 대군들은 「장강 제방과 함께 살고, 함께 죽는다(誓與長江大堤共存亡)」는 구호를 외쳤다.

우한에서 홍수를 막고 있던 원자바오는 그 날 저녁 10시 무렵, 지우강으로 날아가서 다시 배를 타고 전속력으로 제방이 무너진 현장으로 달려간다. 원자바오는 수십 미터에 이르는 무너진 부분을 주시한다. 표정은 어둡고 아무런 말도 하지 않는다. 어느 누구도 그의 심정을 헤아릴 수 없었다.

이전에 주룽지는 이미 전화로 명령을 하달하였다. 장시성 부성장 황즈취엔[黃智權]이 총지휘를 맡고, 수리부(水利部) 부부장 장춘위엔[張春圓]이 총고문을 맡아 터진 제방을 막는 긴급구조 지휘부를 설립하도록 한다. 또한 그는 전용기를 보내 국내 최고의 전문가를 데려와 터진 제방을 막도록 하였다. 원자바오 역시 장춘위엔에게 「지우강의 터진 제방을 막는 공사는 매우 중요하다. 그 일은 당신에게 달렸다」

라며 신신당부하였다.

지우강 제방이 터진 일은 전국의 홍수방지와도 연관된 것으로 이를 보수하는 일은 한시도 지체할 수 없는 일이었다. 수리부는 바로 베이징과 샤오랑띠[小浪底]의 현장에 리신쥔[李新軍], 마위깐[馬毓淦] 등의 수리 전문가들을 파견하여 지우강 제방 막기에 참여시킨다. 11일, 급히 지우강으로 향하고 있는 전문가들은 거의 15명에 달하였다.

그 날 저녁 8시, 장춘위옌은 이미 지우강에 설립된 국가 재해방지 대책 총지휘부 2개 전문가 팀의 양꽝쉬[楊光煦], 후이싼[胡一三], 리우위충[劉玉忠] 등 7명의 전문가들을 소집해 제방을 막기 위한 방안을 연구한다.

다음 날 2시, 합쳐진 모두의 지혜는 제방을 막을 수 있는 총체적인 방안을 찾아낼 수 있도록 하였다. 이 방안은 세 가지 방어선을 갖고 있다. 제1방어선은 침몰선을 강에 던져 넣어 물을 막을 수 있는 반월형의 방죽을 세우는 것이다. 그 날 저녁, 제방의 무너진 곳에 여덟 척의 배와 두 개의 큰 상자를 띄워 터진 곳의 진행을 더디게 하여 초기의 위험한 상황을 벗어날 수 있게 한다. 제2방어선은 베이징 군사지역 말뚝부대가 쇠와 나무를 이용해 후방의 버팀 제방을 세우고 상류는 물이 스며들지 않도록 방지하는 것을 만들어 무너진 제방을 보수한다. 제3방어선은 저습지를 메우고 제방을 견고히 하며, 후방의 새로운 방죽을 짓는 것이다.

8월 8일 해질 무렵, 중앙 군사위원회의 명령을 받고 지우강으로 공수 파견된 베이징 군사지역 소속의 특별 부대 220명은 하룻밤 동안의 현장조사를 마치고 신속히 업무에 들어간다. 「틀 구조의 토석조합

기술」을 이용한 이 부대는 중국 내 제방을 막는 전투에서 공을 세운 적이 있다. 그들은 무너진 곳을 따라 물속에 하나하나씩 말뚝과 쇠파이프를 박았다. 29시간의 힘든 격전으로 3줄의 말뚝과 잘 정돈되어 지탱하고 있는 쇠파이프가 양쪽으로 합쳐져 철강 구조에 석조 뼈대를 갖춘 모습이 되었다.

하나하나의 눈이 지우강을 주시하며, 하나하나의 용사들이 지우강에 결집했고, 한 대 한 대의 구호 차량들이 지우강으로 달려왔다. 피곤에 지친 용사들이 물러가고, 활기 넘치는 용장들이 다시 몰려왔다.

8월 9일, 무너져 내린 주변의 방죽들이 마침내 수면으로 모습을 드러냈다. 사방팔방으로 넘치던 물은 어느 정도 진정되었다. 무너진 곳으로 들어오던 물의 양과 속도도 눈에 띄게 감소하였다. 제방이 무너진 곳을 직접 막아내어 유리한 조건이 만들어졌다.

8월 9일, 주룽지는 원자바오의 동행 하에 지우강 제방이 무너진 곳에 도착해 물 흐름이 거친 곳으로부터 10여 미터 떨어진 거리에서, 며칠 동안 힘든 격전을 벌이고 있는 군민들에게 격려의 말을 건넨다. 주룽지가 돌아갈 때 누군가 그의 눈가에 맺힌 눈물을 보게 된다.

주룽지가 나중에 장시에서 열린 총결산 회의에서 지우강 제방이 무너진 원인이 저질의 철강과 시멘트였다는 것을 언급하면서 분노를 참지 못하고 「콩비지 같은 공사는 상놈이나 하는 공사다」라며 욕을 하였다고 한다. 그 후로 중국에는 「콩비지 같은 공사(豆腐渣工作)」라는 말이 유행하게 됐다.

무너진 제방을 막는 격전 중, 무장경찰 부서와 지우강 무장경찰 연대 관리와 경찰이 협동작전으로 제방의 양쪽에서 중간으로 석재를 메워 넣었다. 석재가 한 층씩 높이 메워지자 물살이 점점 급해졌다. 시공에 나선 전사들은 구명복을 입고, 너댓 명이 한 팀이 되어 철골조에 올라가 몸으로 물살을 막고 서서 석재 메우는 일을 신속히 진행했다. 석재를 메우는 일이 한 층 한 층 진행되어 가며 무너진 곳이 차츰 메워져 갔다. 11일 12시가 되어 강철, 목재, 석재, 흙을 섞어 만든 댐이 수면 위로 보이기 시작했다. 위험한 상황은 위기를 넘겼고, 매몰찼던 물살은 마침내 온순해져 고개를 숙이며 도망쳐 버렸다.

8월 20일 저녁 6시 반, 수만 명의 인민해방군, 무장경찰들은 5일간 밤을 세우며 쉬지 않고 격전을 벌인 결과 무너진 곳을 복구할 수 있었다.

논밭을 간척하여 대규모 인구가 방류했던 지역으로 유입됐다. 방류 지역 내 중요 유수지가 있는 곳의 많은 토지와 수로, 혹은 호수는 서로 다른 속도로 간척, 발전되고 있었다. 역사적으로 전해져 내려오는 「팔백리동정(八百里洞庭)」은 이제 겨우 삼백리만 남았고, 옛날 호수는 지금 대부분 둑으로 변했다.

1998년 수해 기간에 방류했던 지역이 전국의 관심을 불러일으킨 적이 있었다. 1954년도 장강 전역에서 발생한 물난리로 정부는 징강(荊江)의 방류를 연이어 세 번 이용했는데, 1998년 정부가 준비한 세 번째 방류 계획은 실행되지 않았다. 원자바오가 결정적 순간에 방류 지역 주민의 안전을 위해 과감히 한 판의 도박을 벌인 것을 제외하더라도 만약 방류를 했다고 하더라도 반드시 효과가 나타나지는 않았을 것이기 때문이다.

징강 방류 프로젝트는 징강 제방 맞은편으로 후베이 꽁안현[公安縣] 유역에서 진행되고 있었다. 1952년 신중국이 성립된 후, 장강에서 건설된 첫 번째 대형 수리 공사였다. 징강 방류지역의 면적은 92평방킬로미터로 유수지의 수량은 54억 평방미터였다.

징강 방류 프로젝트는 두 가지 공사였는데, 하나는 86개의 구멍을 통해 물을 유수지로 끌어들이는 방류용 갑문이고, 다른 하나는 200여 킬로미터에 이르는 방류지역 제방공사였다.

징강에 큰 홍수가 나면 수문을 열고 방류를 하여 징강 제방의 위협을 감소시키고, 뚱팅호의 수량을 줄일 수 있어 후베이와 후난 두 성(省) 평원 지역 인민의 생명과 재산을 보호할 수 있는 조치다. 1954년 7월 하순, 연속 세 차례에 걸쳐 장강에 홍수가 발생하여 징강 제방이 위협적 상황에 직면하게 되고, 징강 방류 공사가 효과를 발휘하는 순간을 맞게 된다. 세 차례에 걸친 방류로 최대 방류량은 초당 8,250입방미터에 달해 샤시[沙市] 등 지역의 수위는 신속히 내려가기 시작했고, 징강 제방의 안전과 우한 등 도시의 안전이 확보될 수 있었다.

장강 수리위원회가 제공한 자료에 따르면, 징강 방류지역, 뚱팅호 지역, 홍후[洪湖] 지역, 어난[鄂南] 지역, 우한 지역, 포양호 지역과 화양[華陽] 지역 등 총면적은 약 1만 평방킬로미터로 천연 호수보다 320억 입방미터의 물을 더 저장할 수 있다. 유수지 지역이 생기고 나서는 큰 홍수가 나더라도 제방이 무너지는 일은 없었고, 1만여 평방킬로미터에 이르는 면적이 수몰되는 횟수가 줄어들었다. 이러한 유수지 지역은 장강 유역에 총 40개를 계획하고 있었고, 이는 마치 40

개의 커다란 대야에 500억 입방미터의 물을 담는 것과 같은 계획이었다.

하지만 정부는 방류·유수지 지역의 공업 분포 상태와 인구발전을 제한하는 상관정책을 제정하지 않았다. 방류·유수지 지역의 경제발전은 빨리 이루어졌고, 인구도 급속히 팽창하였다. 이 지역 내의 중요 유수지가 있는 곳의 많은 토지와 수로, 혹은 호수는 서로 다른 속도로 간척, 발전되고 있었다. 방류할 경우 기본적으로 홍수를 안전하게 피할 수 있는 사람들은 겨우 총 인구의 1/7에 불과했다. 1954년 방류는 매우 성공적인 효과를 발휘하였으나 30여 년 후에는 도리어 두려운 상황을 맞이하게 된다. 뚜자타이[杜家台] 유수지 지역은 저수 조건이 비교적 좋은 편이었고, 그 외에도 유수지 지역은 모두 간척 중이라 사용할 수 없었기 때문이었다.

간척이 갖고 온 문제는 방류지역으로의 인구 대량 유입으로 방류에 더욱 큰 장애로 다가왔다. 징강 방류·유수지 지역으로 말하자면 1950년대 인구는 겨우 7만 명에 불과했지만 현재는 51만 명에 이른다. 완벽한 통계는 아니지만 현재 방류지역 내 인구는 62만 명이며, 186개 현에 2만 3,000여 개의 자연부락, 경지는 3천만 무(畝)에 달한다.

방류·유수지 지역은 평균 1억 입방미터를 방류·저수할 수 있으며, 경지는 약 1만 2,000무(畝)가 수몰될 수 있고, 7천 명의 거주민을 임시 대피시켜야 한다. 수몰될 경우 손실이 매우 클 뿐만 아니라 거주민을 임시로 대피시키는 것 역시 매우 힘든 일이다. 이것이 바로 공산당 중앙위원회의 방류 결정을 늦추게 하는 주요 원인이었다.

국무원은 1985년 6월 25일, 79호 문건을 발표한다. 그 중 명확히 규정되어진 부분이 있다.「샤시의 수위가 44.67m에 도달하고(규정 수위 45m), 앞으로 계속 상승할 것으로 예상될 때, 즉시 징강 방류 지역의 북쪽 수문을 열어 초당 6천 입방미터에서 7만 7,000입방미터…」.

8월 5일 오후 4시, 징강 제방에 가까이 다가간 신저우[新洲] 민위옌 [民垸-위옌(垸)은 후베이성[湖北省]·후난성[湖南省]의 강가 또는 호소 (湖沼) 지대에 쌓은 제방을 뜻함. 민(民)은 민간을 의미함]에는 지엔리현 [監利縣] 현장 자오위칭[趙毓淸]이 과감히 삽을 들어 며칠 전 지어놓 은 작은 둑을 파냈다. 여기서 1개월 동안 분투했던 3만 명의 군민들 은 물살이 흘러 들어와 집과 농작물을 삼키는 것을 보게 된다. 할 수 없이 눈물을 삼키며 8만 무(畝)의 민위옌을 포기해야만 했다. 원래 민 위옌에는 집도, 농경지도 없는 곳이었으나 1970년대에 강과 호수를 따라 논밭이 생겨났고, 제방 사방에 물막이 공사를 하여 사람들이 살 기 시작한 것이었다.

이곳의 소개에 따르면 역사적으로 전해져 내려오는 「팔백리동정 (八百里洞庭-남성 북부와 장강 남쪽에 있는 호수로 면적은 2,820평방미 터로 중국에서 두 번째로 큰 호수)」은 이제 겨우 삼백리만 남았고, 옛 날 호수는 대부분 지금의 민위옌으로 변모했다. 수십여 년전의 변화 와 발전으로 원래 많은 땅들이 임시 경작지로 사용됐으나 지금은 대 량의 인구가 유입되어 꽤 모양새를 갖춘 마을이 되었다. 1998년 수해 가 닥쳤을 때, 후베이성에는 1만 명 이상의 상주인구가 살고 있는 민 위옌만 일곱 곳이었으며, 더욱이 1만 명 이하의 곳은 그 수를 셀 수 없었다. 후난 뚱팅호 일대가 해방된 후로는 수십여 개의 크고 작은 민위옌이 더욱 많이 생겨났다.

민위옌 대다수는 그 지역 정부가 투자하거나 민간자금으로 지은 것으로, 그 공정의 질은 장강 제방과 비교할 수 없었다. 1개월 동안 군민들은 밤을 세우며 긴급구조 활동을 하였지만 상당수의 제방은 여전히 세차게 밀려들어오는 물살을 막을 수 없었다. 장강 중류 지역에서 홍수에 의해 무너진 민위옌은 100여 개가 넘었다.

다시 말해 지금까지 가장 손에 땀을 쥐게 했던 제방 보호 격전은 장강 제방에서 발생한 것이 아니라 민위옌에서 발생한 것이다. 후베이와 후난은 이번 재해로 200만 명이 고통을 당했다. 거의 전부가 각 민위옌 지역 사람들로, 두 곳의 가장 큰 손실은 모두 민위옌이 무너지며 생긴 것이다.

장강 제방과 우한시의 수많은 민중의 안전을 확보하기 위해 후베이성 위원회와 성 정부는 「희생국부보전국(犧牲局部保全局－부분을 희생해서 전체를 보호하고), 희생민완보간제(犧牲民垸保幹堤－민위옌을 희생해서 주 제방을 보호한다)」의 조치를 취해 스스로 민위옌의 홍수방지를 포기토록 하였다. 이를 통해 장강 본류의 홍수 압력을 완화토록 한다. 이와 동시에 싱저우시는 홍수 방지 지휘부의 명령에 따라 강 유역의 여섯 개 민간 제방을 포기할 계획을 세우고, 연이어 지엔리 신저우, 스셔우 리우허, 장즈 등의 민간 제방을 허문다.

후베이성 홍수방지 지휘부는 샤시의 수위가 이미 44.92m에 도달한 것을 감안해 수위가 계속 높아질 것으로 예상하고, 국무원이 원하는 방류 기준에 다다랐음을 알린다. 후베이성은 방류를 결정하고, 성 위원회 서기 자즈지에[賈志傑], 성장 장주핑[蔣祝平]이 함께 싱저우 지휘부에 도착한다. 꿍안현은 방류준비를 하고 지휘부를 옮겨 징강 방류 지역 꿍안현 내의 50만 명이 신속히 대피할 것을 알린다. 장강과 징강 유역의 빠오타지[寶塔磯]에서 장한[江漢] 북로와 홍싱로[紅星路]에 있는 제방 일부에서는 이미 교통관제가 시작되었고, 홍수방지 긴급구조와 무관한 차량, 수레와 행인은 통행할 수 없거나 체류할 수 없었다.

방류지역은 장강 남쪽 제방의 징강 북쪽 수문 지역으로, 때가 되면 북쪽 수문(태평 수문)을 열어 유수지 물을 방류·저수한다. 만약 수위가 계속해서 올라가면 라린저우[臘林洲] 제방을 100미터 가량 폭파하여 북쪽 수문과 함께 방류한다.

8월 6일, 후베이성 꿍안현의 방송에는 청쉬에량[程雪良]의 심각한 목소리가 흘러나왔다. 「우한, 장한 평원, 경광 철로, 장강 제방의 안전을 확보하기 위해 홍수방지 지휘부는 우리 현에게 신속한 방류준비와 방류지역의 노약자, 부녀자와 아이들 및 저지대 군중을 안전한 곳으로 대피할 것을 명령했습니다.」 청쉬에량은 마을 주민에게 「우리는 반드시 대세를 중시하고, 국가의 이익을 중시하고, 상부의 명령을 존중해야 하며, 규정시간 안에 조직적으로 예정된 안전지역으로 이동해야만 합니다」라고 권고하였다.

일단 방류가 시작되면 꿍안현의 손실이 가장 크다는 것을 청쉬에량은 잘 알고 있었다. 방류지역 안은 꿍안현의 주요 곡식, 면화, 기름의 산지이며, 핵심 공업기지이기도 하였다. 연 생산액은 15억 위안으로, 코앞에 닥친 급한 일은 지역 안의 51만 명 중에 32만 명이 대피하는 것이었다. 지방 각급 당의 지휘 아래 주민대피는 16시간 만에 마치게 된다.

원자바오가 후베이성 고위 관리들에게 「방류를 가벼이 보지 말라. 방류는 반드시 공산당 중앙위원회를 통해 결정할 사항이다」라고 말했다. 주룽지는 방류지역으로 날아와 원자바오에게 「정치국 상임위원회는 이미 결정을 내렸다. 방류의 핵단추를 국가 재해방지대책 총지휘부에게 넘긴다. 당신은 국가 재해방지대책 총지휘부의 지휘관이다. 이 핵단추를 넘겨주겠다」라고 했다.

8월 6일 해질 무렵, 원자바오는 징저우(荊州)에 도착한다. 당시 샤시의 수위는 이미 44.75m를 가리키고 있어 45m의 관문을 돌파할 것으로 보였다. 이런 이유로 후베이성 위원회, 성 정부는 공산당 중앙위원회에 긴급보고를 하고 방류할 것을 요청한다. 만약 방류를 한다면, 그것은 거주민 33만 5,000명이 논밭을 등지고 고향을 떠난다는 말이며, 921평방킬로미터의 대지가 순식간에 습지로 바뀐다는 말이며, 150억 위안(한화 약 2조원)의 경제손실이 발생해 재건은 매우 어렵다는 말이기도 하다. 하지만 만약 방류를 하지 않아 제방이 터진다면 우한의 3개 마을과 장한 평원은 모두 잠길 것이고, 그 손실과 재해는 가늠하기조차 어렵다.

원자바오는 비행기에서 내리자마자 후베이성 위원회 서기인 자즈지에와 성장인 장주펑과 함께 밤새도록 장강 제방을 감시 조사한다. 7일 새벽, 원자바오가 주재하여 긴급회의를 열고 상황을 연구 분석하며, 홍수방지 긴급대책 업무를 안배한다. 7일 아침, 원자바오는 홍후[洪湖]로 이동하여 제방의 위험요소 제거와 보강 업무를 조사한다.

원자바오가 후베이성 고위 관리들에게 「방류를 가벼이 보지 말라.

방류는 반드시 당 중앙을 통해 결정할 사항이다. 방류의 전제는 첫째, 샤시의 수위가 45m를 넘고 둘째, 수위가 계속 상승하고 셋째, 장강 상류와 쓰촨 동부 칭강(淸江) 유역에 계속 비가 내려 홍수가 발생할 때이다. 이런 상황이라야 나는 당 중앙에 보고할 것이며, 비준을 거쳐 방류 명령을 내릴 수 있다. 명령이 하달되면 사람들은 일정시간 안에 대피해야 한다」라고 말했다.

8월 7일 오전, 후베이는 긴급 상황으로 장강에 네 번째 물마루가 들이닥쳐 격전을 치를 것을 알린다. 장쩌민이 군사위원회 부주석인 장완녠에게 전화를 걸어 군민이 서로 협조해 함께 제방을 지킬 것을 요구한다. 다시 부대를 파견하도록 지시하고, 부대가 홍수방지 긴급 구조를 할 수 있는 돌격대가 되어 중요한 시기에 중요한 효과를 발휘할 수 있도록 한다. 장완녠은 장쩌민에게 9개 사단의 병력을 증원 준비했다고 보고한다. 장쩌민은 「좋아! 부대는 철도, 도로와 공중 기동의 다양한 수단을 취할 수 있도록 만반의 준비가 되어 있어야 한다」고 요구한다. 이 날 저녁 9개 사단의 육군과 공군이 진입해 재해지역으로 향한다. 둘째 날, 장강 유역에는 증원부대 전부가 지정된 위치에 도착했다.

8월 7일 오후, 샤시의 수위가 44.98m까지 미친 듯이 상승해 사람들의 마음을 옥죄인다. 8월 9일 이른 아침, 주룽지는 징저우로 날아가 원자바오에게 「정치국 상임위원회는 이미 결정을 내렸다. 방류의 핵단추를 국가 재해방지대책 총지휘부에게 넘긴다. 당신은 국가 재해방지대책 총지휘부의 지휘관이다. 이 핵단추를 넘겨주겠다」라고 말했다. 핵단추를 넘겨받은 원자바오의 당시 느낌은 권력의 힘이 아닌 책임감이었으며, 그 책임은 산과 같은 거대한 무게로 다가왔을 것이다.

8일 오전 11시 48분, 한 척의 카페리호가 장강 남쪽 꿍안현 부두에 정박해 있었다. 주룽지는 차를 타고 급히 장강 제방으로 가서는 그곳의 홍수방지 시설을 관찰했다. 8월 9일 오전 9시 35분, 스서우시(石首市) 시우린진[繡林鎭]의 도로에 헬리콥터가 착륙하고 있었다. 주룽지가 헬리콥터에서 내려 원자바오, 왕쭝위와 후베이성 고위 관리들의 수행 하에 한 대의 버스에 올라타고 징강 우측 연안의 위험지역으로 향한다. 스서우시 댜오꽌지[調關磯] 장강 제방!

반 시간 정도가 지나 총리 일행이 탑승한 버스는 댜오꽌지 8·1제방으로 향하고 있었다. 제방의 일부분은 임시방편으로 모래주머니를 쌓아 막아 놓았는데, 족히 1미터 높이는 되어 보였다. 그곳 주민들은 쉬지 않고 2.5킬로미터의 제방을 높고 넓게 쌓아 막고 있었다. 홍수는 이미 오래 전에 원래의 제방을 넘어 새로 쌓은 작은 제방의 꼭대기에서 50센티미터에도 못 미쳐 출렁이고 있었다.

「만리 장강의 위험은 징강(荊江)에 있고, 징강 아홉 개의 굴곡 가운데 가장 위험한 곳은 댜오꽌이다.」 구불구불 구부러진 징강에는 90도로 크게 휘어진 부분이 한 곳 있는데, 댜오꽌이 공교롭게도 강의 구부러진 정점에 위치하였다.

며칠 전, 댜오꽌의 수위가 높아져 물이 제방을 넘어왔었다. 전날 오후 2시, 댜오꽌의 수위는 39.72미터로 지금까지 최고 수위보다 1.28미터를 넘어섰다. 수천 명의 군민이 긴급구조에 나섰고, 작은 제방을 세웠다.

주룽지가 모래주머니로 새로 쌓은 제방에 올라가 긴급구조 작업에 참여하고 있는 수백 명의 인민해방군과 현지 간부들에게 손을 흔들어 인사를 보냈다. 그는 메가폰을 잡고 격정된 목소리로 말하였다.

「1931년과 1954년 두 차례의 홍수가 있었지만 모두 20일을 넘지 못했습니다. 금년에 여러분은 벌써 40여 일 동안 분투했습니다. 장쩌민 주석이 저를 보내어 여러분께 노고의 말을 전하라고 하셨습니다!」

주룽지는 모두를 격려하며 다시 말을 이었다.

「우리가 왜 여기에 왔나요? 장강의 홍수방지 긴급구조가 절대 절명의 위급상황이기 때문입니다. 인민해방군은 인민의 아들입니다. 어떤 난관이나 위험도 두려워하지 않아요. 어딘가에 위험이 발생하면 바로 그곳으로 달려가죠. 제방을 사수해야 합니다. 여러분! 여러분 앞에는 장한 평원이, 뒤로는 뚱팅호 평원이 펼쳐져 있고, 그 안에는 적어도 800만 명의 사람들이 있습니다. 그리고 우한의 3개 마을 등 강을 따라 작은 마을이 수없이 많이 있습니다. 징강 제방이 무너진다면 이건 전국적인 재난 상황이 되는 겁니다. 제방은 꼭 사수해야 하고, 퇴각은 없습니다!」

11일 오전, 원자바오 주최로 징강에서 국가 재해방지대책 총지휘부의 특별회의가 열렸다. 그는 당 중앙위가 지시한 핵심을 강조한다. 첫째, 제방을 사수하여 장강 제방의 안전을 확보하며 일말의 동요도 없도록 한다. 둘째, 각 방면의 일을 꼼꼼히 처리해 인민의 생명을 보호한다. 장강 제방의 안전확보는 홍수방지 업무의 중점이며, 인민의 생명을 보호하는 것은 무엇보다도 앞선 첫 번째 임무라고 강조한다.

회의에서 제안한 8개 항목은 첫째, 밤낮으로 쉬지 않고 제방을 순시하고 위험 여부를 조사한다. 둘째, 동원할 수 있는 인력과 물자를 최대한 동원하며, 제방을 더 높고 견고히 보수한다. 셋째, 장강의 새로운 제방은 특별히 보호에 힘쓴다. 넷째, 긴급구조에 힘쓰되 특별히 붕괴될 위험성에 대비하도록 한다. 다섯째, 긴급구조 방법의 지도에 더욱 힘쓰고, 위험성 여부에 관해 정확히 판단토록 한다. 여섯째, 신속히 긴급구조 자재를 보충하여 중요 지역과 빈약한 지역의 제방에 준비하도록 한다. 선적해 두고 적재하여 충분한 양을 확보한다. 일곱째, 홍수방지 긴급구조 역량을 합리적으로 배치토록 하며, 중점지역에 증원부대를 보내어 보호하도록 하고, 군민이 단결하여 협동작전을 펼친다. 여덟째, 홍수 기간의 엄격한 배치방안에 따라 홍수관리가 제대로 이루어질 수 있도록 한다.

카운트다운이 시작된 명령은 신속히 각지에 전달됐다. 광저우 군사지역 소속의 71명 전사들은 2,200미터에 이르는 제방 위에 20톤의 폭약 119개를 묻는다. 최후에 원자바오는 방류하지 않기로 결정한다.

일주일 후, 홍수가 퇴각하기 시작했다. 그러나 8월 16일, 아무도 예상치 못한 일이 발생한다. 날씨가 돌변해 촨뚱[川東]과 싼샤[三峽] 댐 지역에 폭우가 몰아닥쳐 칭강(淸江) 유역의 산악지대에 홍수가 발생한다. 이로 이해 거세진 물살은 샤시 수위를 다시 재빠르게 44.88미터로 상승시킨다. 예측에 따르면 수위가 45미터를 넘을 것이라고 한다.

8월 16일 오후, 징저우 방류 지휘부 지휘관 겸 징저우 시장인 왕핑

[王平]은 징강과 장강의 홍수방지 지휘부에서 날아온 한 통의 팩스를 받는다.

방류준비 카운트다운 시간표

방류의 초보단계는 이 시간표에 따라 이루어진다.

21시 전, 모든 인원 유수 지역에서 철수

21시 30분, 폭발 점검 시작

22시 30분, 먼저 방류지역 상류 북쪽 수문 3.5킬로미터 앞 진흙을 막는 제방 중간으로부터 양쪽으로 2.5킬로미터에 이르는 곳을 폭발시켜 물살이 방류 수문으로 갈 수 있도록 길을 터준다

23시, 안전지역 각 지방에서 총을 쏘아 전면 계엄을 알린다

24시, 북쪽 수문을 열어 방류를 실시한다

저녁 7시, 방류 카운트다운이 시작된다. 카운트다운이 시작된 명령은 신속히 각지에 전달됐다. 북쪽 수문을 책임지고 있는 광저우 군사지역 소속의 71명 전사들은 이미 파놓은 구덩이에 폭탄을 묻는다. 4시간 반 동안 2,200미터에 이르는 제방 위에 20톤의 폭약 119개를 묻고 전자 도화선, 도관을 통한 도화선, 뇌우공전 폭발 시스템의 세 가지 기폭방법을 설치해 성공적으로 폭발하도록 한다.

44년 전인 1954년, 징강 샤시 수위가 44.67미터에 달했을 때, 장강 제방은 8년 내내 무너졌고, 징강은 세 번의 방류를 하였다.

당일 원자바오는 다시 샤시로 날아간다. 사실 공산당 중앙위원회는 이미 방류를 결정한 상태였다. 그는 비행기에서 내리자마자 세 가

지 지시를 내린다. 첫째, 방류지역의 대피를 철저히 해서 한 사람도 남아 있지 않도록 한다. 둘째, 방류를 하든 안 하든 전문가의 의견을 구한다. 셋째, 제방에 매립한 폭약에 문제가 발생하지 않도록 한다.

원자바오는 샤시 도착 전에 이미 장강 수리위원회 수문 예보처에 여섯 개의 중요자료를 급히 보냈다. 그는 밤새도록 전문가들의 의견을 들어보지만 그들의 의견 역시 일치하지 않았다. 대부분의 전문가들은 방류를 주장했고, 장강 수리위원회 주임 리안티엔[黎安田]과 엔지니어 천쉬에잉[陳雪英]은 방류를 반대했다.

원자바오는 깊은 사색에 잠긴다. 그는 자신이 배웠던 지질학의 전문지식에 분석 능력을 총동원한다. 그리고 그는 상황이 십분 위태롭고, 각종의 불리한 조건이지만 열심히 분석하면 유리한 조건도 적지 않을 것이라고 생각한다.

기상예보에 따르면 현재 싼샤 지역 칭강 유역의 강수는 눈에 띄게 줄었다. 쓰촨, 충칭[重慶] 댐은 이미 폐쇄됐고, 여섯 번째 홍수의 기세는 약해졌다. 홍수 최고 피크 시간은 오래 가지 못했고, 제방을 사수해 난관을 극복할 수 있었다. 원자바오는 마침내 방류하지 않기로 결정한다.

원자바오는 후베이성 고급 관리와 홍수 방어에 투입된 부대에게 이틀 동안 분투하고 제방을 사수하도록 만반의 준비를 하도록 한다.

17일 새벽 1시 반, 샤시의 수위는 45.12미터까지 상승해 결국에는 마지노선인 45미터를 넘어섰다. 홍수는 이미 구불구불 구부러진 징강의 숨통을 옥죄이기 시작했다.

482킬로미터에 이르는 장강 방어선에는 군민들이 제방을 사수하며 10미터 간격으로 보초를 서고 있어 마치 오백나한처럼 보였으며, 빗속에서 꼿꼿하게 서서 꿈쩍도 하지 않았다. 그 밖에 4천여 명에 이르는 군민은 비를 무릅쓰고 제방을 견고히 하기에 힘쓰고 있었다. 그날 밤, 징강 제방 일부는 25곳에 이르는 위험 부분이 발생했지만 즉시 처리한다.

17일 오전 9시, 샤시 수위가 45.23미터로 상승해 역사상 최고 수위를 기록한다. 수십 년 전에 있었던 수해가 있었고, 그로 인해 트랙터도 수몰됐었다.

하지만 원자바오는 친히 제방을 방문해 수많은 민중과 군인들을 격려했다. 「다시 견뎌 이겨냅시다! 수위는 꼭 내려갈 겁니다!」

수만 명에 이르는 군민들의 힘든 격전은 두 시간이나 이어졌으며, 마침내 비가 멈추면서 수위가 내려가기 시작했다. 트랙터도 점점 그 모습을 드러냈다. 핵단추는 누를 필요가 없었다. 후베이 인민들의 승리였다.

원자바오가 해냈다!

당시 많은 사람들이 원자바오를 걱정했었다. 물과 불은 원수도 못 갚는다는 말이 있다. 만약 제방이 터졌다면 그 결과는 상상도 할 수 없다. 하류는 바다로 변했을 것이고, 인명 피해는 물론 징저우와 우한 및 장한의 유전에 큰 손실을 갖고 왔을 것이다.

원자바오 역시 그런 결과는 상상도 하지 않았을 것이다. 나중에 쑨 따꽝에게 「성공하지 못했다면 죽을 결심」이었다며 비장한 심정을 토로했다고 한다.

개인의 이익이 우선인가, 아니면 인민의 안전이 우선인가? 그도 당시 머리를 굴리며 묘수를 찾고 있었을까? 만약 개인의 이익을 우선으로 한다면 방류 결정을 하지 않을 필요가 없었다. 왜냐하면 수위가 45미터를 돌파했고, 그는 공평하게 방류 명령을 내릴 수 있었다. 이는 무엇도 거스르지 않는 적당한 조치로서 방류 규정이 원자바오 개인에게는 어떤 위험도 끼치지 않을 것이다.

하지만 원자바오는 「明知山有虎(명지산유호), 偏向虎山行(편향호산행)─저 산에 호랑이가 있으면, 나는 호랑이가 있는 산으로 갈 것이다」 심정으로 혼신의 열정을 쏟았다.

징강 우측 연안은 남쪽으로 뚱팅호 평원이고, 좌측은 만경창파의 장한 평원이었다. 징강 제방은 후베이 장링현[江陵縣] 짜오린깡[棗林崗] 남쪽에서 지엔리현[監利縣] 남쪽까지 1,100만 무의 경지와 8천만 명을 보호한다. 그는 학생 때부터 농민에 대한 깊은 애정을 갖고 있어 중요한 시기에 이기심을 버리고 농민을 위해 생각할 수 있었던 것이다.

9월 초, 1954년 이래 처음으로 후베이 징강 방류지역의 북쪽 수문 제방을 폭발시키려고 묻었던 20톤의 폭약은 전부 파내어졌다. 징강 방류지역의 방류 명령 역시 자연히 철회되었다.

국가 재해방지대책 총지휘부는 1998년 수해 중에 홍수방지 긴급구조 인원과 물자 등을 배치 전환해 효율적으로 지휘할 수 있도록 한다. 홍수와 싸우는 동안에도 27만 명의 인민해방군과 무장경찰을 배치 전환했으며, 800만 명의 간부들이 긴급구조에 투입되었다. 만약 공산당 중앙위원회의 각 부서와 성 정부 기구가 실행한 조직업무와 교통, 통신, 의료 방면의 서비스 요원까지 더해진다면 이번 홍수방지 긴급구조에 동원된 인원만 수억 명에 달할 것이다. 이것은 중국 역사상 전례가 없었던 일이며, 전 세계에서도 찾아볼 수 없는 일이었다.

1998년 수해 예방을 위해 동원한 병력과 장비는 중국 건국 이래 자연재해를 방어하기 위해 동원한 가장 규모가 큰 군사행동이었다. 통계에 따르면, 8월 24일까지 총인원 27만 6,000명의 인민해방군과 무장경찰 부대가 긴급구조에 투입됐으며, 뒤이어 투입된 관리와 병사는 연인원 430만 2,200명이었다. 민병 예비역 부대 500만 명을 조직하고, 차량 23만 6,800대, 선박 3만 5,700대, 비행기와 헬리콥터 28대가 지원됐다. 안전지역으로 대피한 사람들이 19만 5,000명, 제방 보수 길이 7,619.6킬로미터, 무너진 곳과 보수한 곳 5,764곳, 물자운송 7,982만 톤이었다. 광저우, 난징, 지난, 포양 군사지역과 해군, 육군, 제2포병, 무장경찰 부대의 주요 군사 행정 고위 관리들과 110여 명의 장군이 직접 수해장소 일선에서 지휘를 맡았었고, 5천여 명의 사단급 지도 간부가 용기를 내어 앞장섬으로써 인민해방군의 이미지는 새롭게 탄생되었다.

홍수는 재해지역 사람들에게 크나큰 손실을 안겨주었다. 그 해 8월 22일 통계로, 전국 2억 2,300만 명이 수해를 입었고, 가옥 피해 497만 가구, 수해 면적 3억 1,800만 무에, 피해 면적만 1억 9,006만 무에 달했다. 직접적 경제 손실만 1,666억 위안으로 추산하였다.

이런 세기적인 대재앙 앞에 선비의 풍모를 갖춘 무장 원자바오가 홍수방지의 총지휘를 맡아 수백만 명의 군사를 지휘하였다. 홍수와 맞서 대규모 토벌 작전을 벌이고 이를 막아내어 한 시대의 군을 이끈 인물의 풍모를 드러낸 것이다.

원자바오와
후진타오의 공통점

제**4**장

　　　　　　　　　　후진타오와 원자바오는 대학시절에 입당하고, 문화혁
명 중에는 대량의 인문서적을 탐독한다. 두 사람 모두 서북지역에서 14년간 근무
했으며, '4개 현대화' 간부로 발탁되어 같은 해 베이징으로 돌아간다. 이 둘은 다
른 간부들에 비해 가난을 더 많이 경험하여 중국의 경제 낙후지역에 대해서도 더
많이 이해할 수 있었다. 외부에는 맹렬히 비판하는 무수한 언론들이 있지만, 이들
둘의 부정부패나 여자관계, 주변 사람을 감싸주는 행위에 관한 보도는 찾아보기
힘들었다.

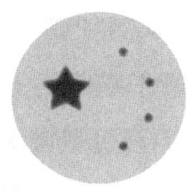

후진타오는 중국공산당 총서기이자 국가 주석이며, 원자바오는 국무원 총리이다. 한 명은 중국 정치와 대세를 주관하며, 다른 한 명은 중국 경제와 발전을 맡고 있다. 「후원체제(胡溫體制)」의 출현은 이미 국내외 모두가 주목하는 관심의 초점이 됐다. 이제 여러분은 후진타오와 원자바오 사이에 수많은 공통점이 존재한다는 것을 알게 될 것이다.

중국 국민들은 후진타오와 원자바오가 잘 어울리는 파트너라고 여긴다. 1950년대와 1960년대에 두 사람은 같은 참호의 전우였다. 여기서 말하는 전우라 함은 이들 두 사람이 한때 중국 공산당 중앙위원회 서기처의 서기였다는 것 외에도 중난하이(中南海)에서 오랫동안 함께 일을 했던 것을 말한다. 뿐만 아니라 비슷한 경력과 정치 참여 배경을 가리키기도 한다.

후진타오와 원자바오는 1942년에 태어났다. 둘 다 '구사회에서 태어나고, 공산주의 깃발 아래서 자랐다.' 그들은 각각 장남으로서 어릴 때부터 착한 아이로 자랐다. 이 둘의 중학교 성적은 매우 우수했고, 1959년과 1960년에 연이어 베이징 소재의 공과대학에 입학한다.

대학시절, 그들은 학생간부로 선출되고, 당에 가입한다. 문화혁명 발발 후, 그들은 학교 소요파(逍遙派)에 속하여 어떠한 파벌에도 참가하지 않았다. 취미가 독서였던 그들은 마침 이 시기를 이용해 대량의 인문서적을 읽는다. 1968년, 그들은 베이징의 모교를 떠나 궁핍한 대서북의 깐쑤 말단조직에서 오직 산수(山水)와 교감하며 고된 일에 종사한다.

후진타오와 원자바오는 대서북에서 결혼했으며, 아내들은 그들의 동지였고, 그들보다 한 살 더 많았다. 그들은 깐쑤에서 자녀들을 낳아 키웠는데, 슬하에 1남 1녀씩을 두었다. 원자바오는 아들이 첫째이고, 후진타오는 딸이 첫째다.

더 재미있는 것은 원자바오와 후진타오 모두 내성적이라 평소에 말수가 적지만, 그들의 부인인 장페이리(張培莉)와 류용칭(劉永淸)은 모두 시원한 성격에 솔직한 외향적인 인물이라는 점이다.

중국의 개혁 개방 후 덩샤오핑이 전국에서 대대적으로 사화(四化)로 간부를 선발할 때, 이 둘은 모두 학력이 높고 인품이 바르며, 젊고 일을 처리하는데 있어 침착하여 두각을 나타냈다. 그들은 1980년대 초에 각자 행정 등급이 연속해서 두 계단씩 올라가고, 부처장급에서 부국장급으로 올라가게 된다. 그리고 백락(伯樂)이 혜안으로 인재를 식별했던 것처럼 그들은 선발되어 1982년 같은 해에 깐쑤성 란저우에서 베이징으로 온다. 이때부터 그들은 앞날을 향해 큰 발걸음을 내딛기 시작한다.

후진타오와 원자바오는 모두 성실하게 일을 처리하는 온화한 인물들로, 중난하이에서 부책임자로 있을 때에도 애써 남의 이목을 끌려고 하지도 않았고, 자신들의 실적과 영예는 모두 그들의 상관에게 돌아갔다. 국민들 눈에 그들은 어떠한 부패나 탐욕스런 사건에도 연루되지 않은 청렴한 관리로 비춰졌다.

후진타오와 원자바오, 그들은 연달아 중국 정계의 정상에 올랐고, 그들의 내재된 능력이 어떠한지는 이제 세간의 검증을 기다리고 있다.

또한 둘 다 대학시절 러시아어를 배웠지만 이후 계속 영어를 공부해왔다. 국제적 교류의 갈망은 이들의 공통 목표였다. 국내외 인사들은 이들 두 사람에 대한 이해가 부족하여 신비스럽다고 여기고 있다.

그들이 정계에 입문하기 전, 한 명은 산을, 다른 한 명은 물을 연구하였다. 맹자가 말하길, 인자요산 지자요수(仁者樂山 知者樂水)라고 했다. 두 사람의 산과 물의 기운이 미래 중국에 어떠한 번영을 가져다줄까?

후진타오와 원자바오는 모두 학업에서 뛰어남을 드러냈다. 후진타오는 칭화 [清華] 대학의 우수 졸업생이었고, 원자바오는 베이징 지질대학 졸업 후 대학원에 순조롭게 합격하여 공부에 매진한다. 두 사람은 대학에서 중국 공산당에 가입한다.

남방 사람들은 북방 사람들보다 일찍 학교에 입학하기 때문에 동갑의 후진타오가 원자바오보다 1년 일찍 학교에 들어갔고, 1년 빨리 대학을 졸업했다. 후진타오는 수리(水利)를 공부했고, 원자바오는 지질(地質)을 공부했다. 이는 당시가 전국적으로 사회주의 건설 바람이 최고조였던 시기로 청년들의 관심을 끈 전공이었다. 수력발전소를 건설하고, 지하자원을 찾아내어 조국을 위해 큰 업적을 이루려는 웅장한 이상과 포부를 품은 것이다. 패기 왕성한 후진타오와 원자바오는 책 속의 바다에서 노닐기 시작한다.

　　후진타오는 대학생활 1년간 성적이 유독 뛰어나 100명 중 한 명만 들어갈 수 있다는 인재시교반(人材施敎班)에 들어가 교수가 단독 교습을 해주는 특별대우를 받았다. 또한 2년 후, 정치적으로 믿음직하고, 성적도 우수하여 학교로부터 930번이라는 번호를 수여받아 수리공정전략반(水利工程戰略班)에 뽑혀 들어간다. 여기서 미국과 소련의 원자탄과 미사일 공격을 방어하기 위한 전문적인 공부를 했다. 후진타오가 공부한 칭화 대학 수리학과 학제는 6년제로 대학원생과 같은 수준이었다.

　　원자바오의 대학 전공은 지역지질 측량·광산 탐사였다. 이 전공에 지층 고생물, 암석 및 광산 감정과 지구화학 전공이 합해져 베이징 지질학원 지역지질 측량·광산 채집학과, 즉 간단하게 줄여서 검사학과(普査系)라고 하였다. 검사학과는 공학에 중점을 두었으며, 원자바오 재학 시절에 지질학과로 개명되었다.

　　베이징 지질학원은 지질 관련 엔지니어 육성을 목표로 구소련 대학의 교학 과정을 참고하여 세운다. 당시 베이징의 16개 주요 대학

중 하나였다. 시작 당시 본과생은 4년제로 소련 대학의 5년제 학습내용을 소화해야 했다. 학생들은 4년 동안 30개가 넘는 과정을 이수해야 했고, 많은 양의 숙제, 실습과 실험 보고서 및 커리큘럼 계획과 졸업 설계를 마쳐야 했으며, 각종 조사와 시험을 통과해야 했기 때문에 학업에 따르는 부담이 매우 컸다. 이후 1957년, 학생들의 과도한 부담을 해결하기 위해 본과생의 학제가 4년에서 5년으로 바뀌게 된다. 그러므로 1960년 원자바오가 대학을 다닐 때에는 이미 5년제로 바뀌어 있었다.

1960년대 초, 대학생활은 비록 전공으로 인해 빡빡했지만 전공 이외의 문화 활동은 매우 다양했다. 신입생들은 입학 후 문공단과 문학 및 체육 동아리에 참여하게 된다. 각 동아리는 광범위하게 신입생을 모집해 선배들이 신입생들을 가르쳤다. 신입생들이 동아리에 들어가려면 성적도 좋아야 했다. 만약 신입생들의 성적이 미달되거나 3학점 수업이 많으면 동아리 활동에 참여할 수 없게 된다.

후진타오는 칭화 대학 시절에 문공단의 무용 동아리에 참여했었다. 당시 그가 추었던《포효하라! 아프리카》,《오르도스 춤》은 오늘날까지 사람들의 흥미로운 이야깃거리가 된다.

원자바오는 지질학원에서 학업 외의 시간에는 주로 운동을 했는데, 그의 특기는 등산과 농구였다. 당시「조국의 지질사업을 위해 무쇠다리를 만들자!」가 베이징 지질학원에서 울려 퍼지던 구호였다. 1년에 한 번 있는 신입생 운동회, 전교 운동회 외에도 과 단위로 참가하는「무거운 짐 들고 10킬로미터 행군」은 베이징 지질학원의 전통적인 행사로 교직원과 학생 90% 이상이 참가했다.

야외 지질 실습을 위해서는 산에 올라가야 했고, 이에 따라 1958년 베이징 지질학원은 등산을 필수 과목에 포함시켰다. 샹산(香山)에서 야외 실습(측량 과목)을 할 때에는 등산을 주된 내용으로 삼아 학생들은 매주 3일 이상 등산 훈련을 받아야 했다. 학생들로 하여금 초보적인 등산 지식을 습득하게 함과 동시에, 매 학기 저우커우디엔(周口店) 야외 실습에는 1,500명이 모여 단체로 마오얼산[猫耳山]에 올라 등산 훈련을 함으로써 학생들의 등산 이론과 실제 능력이 일정 수준에 오르도록 하는 것이다.

1960년 5월 25일, 중국인 등산가가 세계 최초로 베이포[北坡－에베레스트 북벽. 많은 산악인들이 등반 도중 사망했을 정도로 어려운 코스다]에서 에베레스트 산에 올라 2개의 세계 신기록을 세웠다. 그때 참가한 등반가 중 8명이 베이징 지질학원 교직원과 학생이었으며, 그 가운데 왕푸저우[王富洲]는 정상에 오르는데 성공했다. 지질학원 원로 교수의 기억으로 원자바오가 학교에서 국가대표급 등산 선수의 칭호를 얻었고, 뒤를 이어 5천여 명의 학생들이 국가급 운동선수의 칭호를 들었다고 한다.

후진타오와 원자바오는 학업에서 특히 뛰어났는데, 후진타오는 청화 대학의 우수 졸업생이었고, 원자바오는 대학 졸업 후 대학원에 합격하여 계속 공부를 했다. 뿐만 아니라 두 사람은 정치에서도 돋보이는데, 대학 시절 중국 공산당에 가입한다.

청화 대학의 「행승어언 (行勝於言－행동은 말보다 낫다)」 교풍은 후진타오의 일생에 큰 영향을 주어, 사람들의 기억 속에 그는 말수가 적고 행동으로 보여주는 인물이라는 인상을 남겼다. 또한 베이징 지질학원의 「각답실지 (脚踏實地 - '발이 실제로 땅에 붙었다'는 뜻으로 일처리 솜씨가 착실하다는 말)」 교풍 역시 원자바오에게 평생 잊을 수 없는 은혜를 베풀어 그가 순조롭게 정계 최고봉에 오를 수 있도록 탄탄한 기초를 마련해준다.

후진타오와 원자바오는 교내 소요파에 속해 어떠한 파벌에도 참가하지 않았고, 자신의 스승들에 대해 비판도 하지 않았으며, 오히려 이 시기를 이용해 대량의 인문서적을 탐독했다.

1966년, 마오쩌둥이 더욱 강력한 개인숭배를 얻고자 류샤오치[劉少奇] 타도를 첫째 목표로 하여 무산계급 문화대혁명 운동을 벌인다. 이 시기에 중국 곳곳에서 크고 작은 비판 투쟁을 볼 수 있다. 이러한 비판과 투쟁은 관공서, 학교, 공장과 광산, 농촌의 대자보, 표어에도 두루 퍼져 있었고, 녹색 군복을 입고 손에는 홍빠오 서적[紅寶書 - 문화대혁명 기간 중 모택동 어록이나 선집을 가리킨 말]을 쥐고 사방을 뛰어다니며, 무리를 지어 구호를 외치는 청년 학생들도 볼 수 있었다. 이 운동에서는 열광적인 어린 학생들이 주역을 맡았다.

그보다 앞선 1963년, 중국은 「깨끗한 정치, 깨끗한 경제, 깨끗한 조직, 깨끗한 사상 (淸政治, 淸經濟, 淸組織, 淸思想 - 줄여서 四淸이라고 함)」의 사회주의 교육운동을 시작했다.

1965년, 베이징 대학의 4청(四淸) 운동이 끝나고 국제 호텔에서 열렸던 총결산 회의에서 불과 얼마 전 베이징 대학 경제학과에서 철학과로 옮겨 당 지부 서기를 맡았던 니에위엔쯔[聶元梓]와 몇몇 철학과 사람들은 학교 당 위원회 서기인 루핑[陸平]과 첨예하게 대립하며 충돌을 일으켰고, 이로 인해 회의 때 모든 좌석에 명확한 경계선이 그어지는 상황을 초래했다. 이러한 충돌 와중에 루핑은 베이징시 당 위원회 펑쩐[彭眞]의 지원을 얻은 반면, 니에위엔쯔 등은 좌파라는 명목으로 패하고 만다. 하지만《해서파관(海瑞罷官―중국 명대 역사 전문가이자 북경 부시장인 오함이 마오쩌둥의 요청으로 쓴 신편 역사극)》에 대한 비판은 펑쩐을 대표로 하는 베이징시 당 위원회의 해체를 불러왔다. 펑쩐이 실각함에 따라 천뽀따[陳伯達]를 팀장으로, 장칭[江靑]을 제1 부팀장으로, 캉셩[康生]을 고문으로 하는「공산당 중앙위원회 문혁소조」는「베이징에서 점화하여 위로 올라간다」는 방침을 제정하고, 니에위엔쯔 등을 부추겨 루핑에 대한 반란을 하도록 선동하였다.

1966년 5월 25일, 니에위엔쯔, 쏭이시우[宋一秀] 등 7명이 서명한 〈쏭쑤어[宋碩], 루핑, 펑페이윈[彭佩雲]은 문화혁명 중에 도대체 무엇을 하였나?〉라는 대자보가 베이징 대학 식당 밖에 붙여졌고, 그 날카로운 창 끝은 베이징 대학의 당 위원회를 가리키고 있었다.

6월 1일, 마오쩌둥은 니에위엔쯔의 대자보를 전국에 공포할 것을 명령했다. 저녁 8시 정각, 각 지역 방송국은 동시 방송 프로그램으로 니에위엔쯔 대자보의 전문을 방송해 내보냈다.

6월 2일, 인민일보는 1면 첫머리에 〈베이징 대학 학생 7명, 대자보로 대음모를 폭로하다〉는 내용을 전면 표제로 하여 니에위엔쯔의 대자보 원문을 싣는 동시에 천뽀따가 참여한 평론가의 문장에 〈베이징 대학의 대자보에 환호하다〉는 글을 함께 싣는다.

평론가의 문장은 「혁명파」「마오쩌둥이 이끄는 당 중앙위원회의 지도를 무조건적으로 받아들이는 것」, 그리고 「마오쩌둥 반대, 마오쩌둥의 사상 반대, 마오쩌둥과 중국 공산당 중앙위원회의 지시를 반대하는 것은 그들의 명목이 어떠한 것이든지, 그들의 지위가 얼마나 높든지, 얼마나 오랜 경험을 갖고 있든지 상관없이」 반동조직과의 결연한 투쟁과 아울러 그것을 철저하게 타파할 것을 호소했다.

《인민일보》의 선동 아래, 전국적으로 운동이 불같이 일어나자 베이징 대학은 순식간에 문화대혁명의 중심이 되었으며, 베이징의 각 대학, 관공서, 공장과 광산, 기업 등 수천 수만의 군중들이 베이징 대학에 몰려와 니에위안쯔를 지지했다. 베이징 대학의 선동 아래, 베이징의 55개 대학에서는 당 위원회의 책임자와 부책임자를 적발하여 비판하는 물결이 일기 시작했다. 각 대학은 대자보로 뒤덮였고, 토론회와 규탄의 구호소리가 여기저기서 들려왔으며, 「자본주의의 길을 걷는 집권파」들은 모두 고깔모자가 씌워졌고, 큰소리로 그들을 타도하자고 외쳐댔으며, 정상적인 교육질서는 완전히 엉망이 되어버렸다.

후진타오는 사상적으로 건전하고, 기술적으로도 우수하여 대학시절 당에 들어갔을 뿐만 아니라 대학 4학년 때는 수리과 6반의 지도원이 되는 바람에 졸업을 1년 미루었다. 졸업할 때 마침 문화대혁명이 시작되어 학교의 강의계획과 배치계획은 완전히 물거품이 되어버렸고, 후진타오는 학교에 남아 학생들의 추대를 받던 장난샹[蔣南翔] 총장이 비난받고 타도되는 것을 목도한다. 존경받는 스승이 교단에서 끌려 내려오는 것을 보게 된 후진타오는 스승을 보호하려고 바른 소리를 하는데, 이로 인해「소인배」, 「반동의 앞잡이」라는 꼬리표를 달고 대자보까지 붙여진다. 이 때문에 오히려 세상사에 관심이 없는「소요파」가 되어 세상사에 상관하지 않으며 「작은 누각에 몸을 숨겨 그곳의 통일을 이루고(躱進小樓成一統), 그곳의 봄, 여름과 가을, 겨울도 관장했다(管他春夏與秋冬)─루쉰의 시 자조(自嘲) 중에서」. 도리어 이 시간을 활용해 조용히 대량의 인문 분야의 서적을 읽었다.

원자바오는 1965년 대학을 졸업할 때 대학원 시험에 합격했다. 불행히도 공부를 시작한 지 막 1년이 되었을 때, 문화대혁명이 일어나 학교는 강제로 수업이 중단되고, 혁명을 일으킨다. 당시 베이징 지질대학은 문화대혁명의 주요 재해지역이라 불리었다.「지파(地派)」라 불리던 반역파인 동방홍(東方紅) 조직은 문화대혁명 초기부터 지질부에 타격을 주었는데,「천파(天派)」라 불리는 베이징 항공대학의 반역파 홍기(紅旗) 조직과 어깨를 나란히 했으며, 베이징 고등교육학교의 반역파 중에서도 그 명성이 자자했다.

원자바오처럼 오로지 공부만 하는 학생들은 그동안 존경받던 까오위엔꾸이[高元貴] 총장이 어떻게 하루아침에 비난의 대상이 되어버렸는지 도무지 이해할 수가 없었다. 그는 학교 당 위원회 집권파의 처지를 동정했지만 역시 말썽을 일으키고 싶지 않아 후진타오처럼 「소요파」가 되었다.

원자바오가 공부하는 지질학은 이과에 편중되어 있었다. 평소에는 공부하기가 매우 빠듯하여 전공 외의 다른 서적을 접할 시간이 없었다. 문화대혁명이 시작되고 전공에만 매진하던 원자바오는 오히려 시간이 많아져 교내의 대자보를 보기도 하고, 남는 시간에는 그동안 시간이 없어 읽지 못했던 대량의 인문서적을 읽으며 시야를 넓혀 나갔다.

동서고금을 막론하고 탁월한 지도자들 가운데 전문가는 극히 드물었고, 대다수가 각 방면의 지식을 갖춘 잡학자였다. 만약 지도자가 그저 전문가라면 그는 정책결정 과정에서 지나치게 자신의 지식만을 믿고 다른 방면의 의견은 소홀히 하여 실수를 면하기 어려울 것이다. 반면 지도자가 전공지식을 갖춘 잡학자라면, 그는 정책결정 과정에서 각 방면의 의견에 귀를 기울이고, 그 중에서 가장 적합한 방안을 선택할 것이다.

문화대혁명 당시 후진타오와 원자바오의 유일한 성과는 바로 많은 비전공 서적을 접했다는 것이다. 이는 그들의 지식구조가 단지 자신의 전공에만 국한되지 않게 했을 뿐 아니라 사고방식에도 많은 변화를 주었다. 문제를 생각할 때에도 여러 각도와 각 측면에서 전반적으로 파악하였으며, 이는 앞으로의 정치참여에도 훌륭한 기초가 되어준다.

두 사람은 1968년 번화한 도시에서 척박한 서북으로 이동하여, 산골에서 자연과 투쟁하는 생활을 시작했다. 서북에서 14년간의 경험은 그들을 무슨 일이든지 매진하도록 하고, 큰일을 위해 모욕을 참을 줄 알며, 성실한 태도라는 공통적인 품성을 양성해 주었다.

후진타오와 원자바오는 1968년 번화한 도시에서 척박한 서북으로 옮겨 산골에서 자연과 투쟁하는 생활을 하기 시작했다. 두 사람이 베이징에서 간쑤로 간 것은 조국의 부름을 받고 자발적으로 험난한 지역으로 떠난 것이었다. 다시 말해 「문공무위(文攻武衛-1967년 문화혁명 기간에 장칭(江靑)이 우한에서 발생한 무장투쟁을 지지하면서 한 발언. 직역하면 '문장으로 공격하고 무력으로 보위한다'는 말)」의 운동 중심에서 벗어나 조국건설의 실질적인 작업에 종사하는 것은 두 사람이 매우 열망했던 일이다.

칭화 대학의 분위기는 정치색이 매우 짙었고, 중국 공산당 조직의 학생교육에 대한 중점은 바로 조국을 사랑하고, 조국 건설을 위해 청춘을 바치라는 것이었다. 칭화 대학 수리학과를 졸업한 많은 동기생들은 모두 졸업하던 그 때의 장면을 쉽게 떠올릴 수 있다.

「졸업을 앞두고 학교는 우리에게 졸업 후 배치 희망사항을 쓰도록 했다. 우리는 첫 번째 지원에 배치를 따를 것, 두 번째 지원에도 역시 배치를 따를 것이라고 썼던 것으로 기억한다. 그때 청년들이 동경하던 것은 조국의 변방으로 가는 것, 조국이 가장 필요로 하는 지역으로 가는 것이었다.」

후진타오는 지금까지 칭화 대학 수리학과의 과가(科歌)를 생생히 기억하고 있다.

「황하에서 장강으로 향한다네. 우리는 함께 사방을 두루 다니네. 광활한 조국의 만리 산하는 모두 우리의 고향. … 웅장한 사업은 우리가 자랑스럽고 씩씩하게 앞으로 나아가도록 한다네.」

비슷한 분위기의 「탐사대원의 노래」역시 베이징 지질학원 학생들의 당시 감정을 잘 드러내주고 있다.

「우리는 불꽃같은 열정을 가지고 있어 모든 피로와 추위를 이겨냈다네. 행장을 짊어지고 층층의 산봉우리를 오를 때, 우리의 가슴속에는 무한한 희망이 가득했지. 우리는 조국을 위해 풍부한 자원을 찾는다네.」

나중에 이 노래는 지질학원 학생들에 의해 교가로 채택되었다.

지질 업무의 특징은, 베이징 지질학원의 시험에 응시한 학생들에게 시작부터 힘든 투쟁에 대비하는 사상적 준비를 하도록 한다는 점이다. 사회주의 건설을 위해 많은 광산자원을 제공할 수 있는 첨병이 되는 것은 많은 이들의 꿈이다.

베이징 지질학원의 1960년대 졸업생 푸장쉬엔[濮長萱]은 졸업 당시 동기생들 대부분은 도시가 아닌 외지, 서북지방, 가장 필요로 하는 곳, 가장 힘든 곳에서 일하기를 서로 앞 다투어 자원했고, 심지어 도시로 배치된 어떤 동기생은 불만을 품기도 했다고 말했다.

원자바오 역시 예외가 아니었다. 「탐사대원의 노래」를 부르며 동기생들에게 손을 흔들어 작별인사를 하고, 대서북 지방으로 떠난다.

후진타오는 칭화 대학을 떠나 수리부 제4 공정팀으로 배치를 받아 간쑤성 류자샤[劉家峽] 수력발전소 공사 현장으로 갔다. 그곳에서 그는 흙벽돌을 만들고, 철근을 구부리며 집을 지었다. 살을 에는 듯한 추위를 무릅쓰고 일꾼들과 똑같이 반 년 동안 힘든 생활을 했다.

그 후 그는 빠판샤[八盤峽] 공사 현장으로 옮겨 기술자부터 한 걸음 한 걸음 시작하여, 수리 엔지니어의 꿈을 완성해가고 있었다. 당시 류자샤와 빠판샤는 막 건설을 시작한 터라 산골 현지 곳곳의 열기가 대단했고, 서로 앞 다투어 건설자로 나섰으며, 겨울의 매서운 추위와 바람, 그리고 여름의 불같은 태양 볕에도 아랑곳하지 않았다. 그야말로 「하늘과 싸우고, 땅과 싸우니 기쁘기 그지없었다.」

후진타오가 수리 현장인 산골에 맨손으로 뛰어들어 온갖 고생을 한 지도 6년째, 하지만 그가 불평을 늘어놓는 것을 단 한 번도 볼 수 없었다고 한다.

원자바오는 베이징 지질대학 졸업 후, 지우취엔(酒泉)의 깐쑤 지질국 지역 조사 2팀(후에 지질역학대로 개명)에 배치되어 직접 산골로 들어간다. 지역 조사팀은 지역의 지질조사를 맡아 다른 비율의 지질도를 그려 광산을 탐색하는데 사용할 수 있도록 제공하는 가장 기초적인 지질 업무이면서 가장 수고스러운 작업이기도 했다.

원자바오가 대학시절 배운 것은 지질측량과 광산을 찾는 것이다. 그는 대학원에서도 지질 구조를 전공했는데, 이러한 전공지식들은 그가 지질 작업을 하는데 많은 도움이 되었다.

깐쑤는 중국의 서북지역에 위치해 있고, 황토 고원, 내몽고 고원, 그리고 칭장[青藏] 고원의 교차점에 있다. 서남부의 치롄산 산지와 깐난[甘南] 고원은 해발 3,000m 이상으로 칭장 고원의 동북 경계 역할을 한다. 동남부의 룽난[隴南] 산지, 친링[秦嶺] 산맥에 속한 서쪽으로 뻗은 부분은 대부분 해발 1천 미터에서 3천 미터, 중부와 동부의 황토 고원과 서북부의 베이산[北山] 산지는 보통 1,500 미터에서 2,500 미터, 치롄산 이북의 허시쩌우랑[河西走廊]과 아라샨[阿拉善] 고원은 대부분 1천 미터에서 1,500 미터 높이였다.

지질 측량과 광산 탐색을 전공한 원자바오는 지질 기술자로 시작해 11년간 지질 팀에서 일하면서 깐쑤성에 있는 대부분의 높고 험준한 산을 올랐으며, 그 과정에서 수많은 고난들을 겪었다.

깐쑤는 세계 3대 구조판(고대 아시아, 태평양 연안, 테티스)이 교차

하고 맞물리는 곳에 위치해 있으며, 우수한 광화지질 구조배경을 가지고 있다. 그 중 치롄산 광화지대는 1950년대 중국의 '우랄'이라 불렸으며, 현재 36종의 광물과 금속광상 230여 종을 발견했다. 광화예측 연구에 따르면, 북치롄산 서쪽 일부는 동광자원 300만 톤, 납 430만 톤, 금 373톤이 매장되어 있다고 한다.

원자바오는 치롄산에서 2장의 지질도를 그렸는데, 그곳은 가장 외진 고산지역으로 체력적인 어려움을 극복하는 것은 둘째 치고, 괴로움과 고독을 이겨내는 것이 가장 힘든 일이었다.

한 번은 원자바오가 동료들과 함께 지우취엔현의 홍수 제방 공사를 할 때, 야외에서 작업을 하다 산에서 홍수를 만나 하룻밤에 세 번이나 장막을 옮기고 나서야 겨우 위험 상황을 넘길 수 있었다. 30여 년이 지났지만 당시의 옛 동료들을 만나면 원자바오는 당시의 상황을 떠올리곤 했다.

후진타오와 원자바오는 산골에서 가장 아름다운 청년기를 보냈고, 대서북과는 뗄래야 뗄 수 없는 인연을 맺었다. 서북에서의 14년간 경험은 그들 각각에게 무슨 일이든지 매진하도록 하고, 큰일을 위해 모욕을 참을 줄 알며, 성실한 태도라는 공통적인 품성을 양성해주었다.

두 사람 모두 「백락」 같은 사람들의 혜안에 의해 그 재능이 선별되어 「4화(四化)」 간부가 된다. 1982년에는 잇따라 베이징으로 옮겨 일을 하게 되면서 관직의 길에 오르는 새로운 전환점이 되었다.

1978년은 후진타오와 원자바오 모두에게 인생의 전환점이라 할 수 있다. 바로 그 해에 덩샤오핑 주도하의 중국이 전면적인 개혁 개방의 길로 나아가기 시작했기 때문이다. 그동안 미루어두었던 일들이 해결을 기다리고 있었다. 특히 문화혁명 당시 만들어진 간부 팀의 단절은 사회주의 현대화 건설을 진행하기 시작할 때쯤에는 더욱 분명해졌다. 그리하여 덩샤오핑은 간부를 선발하는「4화(四化)」정책에 밑줄을 그으며, 전국은 간부 선발의 열기로 일렁이기 시작한다.

후진타오와 원자바오 모두 대학시절 입당하여 자연히 정치적으로는 혹독한 시련을 견디어낼 수 있었고, 각자의 전공에서도 뛰어난 첨병이었다. 말단직에서 여러 해 동안 일하면서 업무를 익혔고, 여력이 되면 전공의 장점을 발휘하여 각자의 영역에서 뛰어난 실력을 보임으로써 상사와 동료들의 호평을 듣는다. 간부를 선발하는「혁명화, 청년화, 지식화, 전문화」라는「4화」의 조건에도 부합하는 데다 두 사람의 기본소양과 각 분야의 능력이 남다르게 특출하여, 후진타오와 원자바오의 재능은 더 빠른 속도로 두드러지기 시작했다.

공교롭게도 두 사람 모두 부처장급에서 단번에 부국장급으로 승급되었다. 1974년, 후진타오는 깐쑤성 건설위원회 주임 바이밍[白明]의 눈에 들어 수리부에서 지방으로 파견되었고, 정통한 수리 전공의 비서 업무부터 시작하게 되었다. 1년 후, 깐쑤성 건설위원회 설계관리처의 부처장으로 승급되어 다시 본업인 수리 전공으로 돌아온다.

원자바오는 지우취엔 지역 조사팀에서 10년간 지질 팀원부터 정치부 책임자로, 또 다시 부처장으로 진급하고, 1979년에는 란저우로 옮겨가게 된다. 직책은 깐쑤성 지질국 지질처의 부처장이었다.

그 후 후진타오는 1980년 깐쑤성 건설위원회 부주임이 되고, 원자바오는 1981년 깐쑤성 지질국 부국장이 되어 후진타오보다 승진이 1년 늦었다.

더욱 공교로운 것은 두 사람 모두 「백락」 같은 사람들의 혜안에 의해 그 재능이 선별되어져, 1982년에는 잇따라 베이징으로 옮겨 일을 하게 되며, 관직의 길에 오르는 새로운 전환점을 맞았다는 사실이다.

후진타오와 원자바오는 성품이 온화하여 아버지의 영향을 받은 그들의 자녀들도 학교와 회사에서 말수가 적어 괜찮은 평판을 남겼다.

후진타오와 원자바오가 진정 사람들에게 알려진 것은 중국 공산주의 청년단 중앙위원회나 지질광산부에서가 아니라, 각각 국경을 지키는 역할(변방 지역 근무를 뜻함)과 중국 공산당 중앙위원회 판공청 주임으로 있을 때이다. 하지만 단지 그뿐이었다. 왜냐하면 두 사람 모두 자신을 낮추는데 익숙하기 때문으로 첫째는 성격, 둘째는 지위가 그들을 그렇게 만들었다. 모난 돌이 정 맞는다는 속담을 누가 모르겠는가.

후진타오는 1985년 꾸이저우[貴州]에서 일을 시작할 때, 그가 전국 최연소 성 위원회 서기라는 이유로 언론에서는 이를 주제로 뉴스를 써댔고, 이 때문에 논쟁이 일어나기도 했다. 후진타오가 이 사실을 알고 다시는 이러한 일이 발생하지 않을 것이라고 밝혔고, 이때부터 그에 관한 보도는 찾아보기 힘들어졌다. 꾸이저우에서 신문개혁이 진행될 때, 후진타오는 지도급에 관한 보도를 줄이고 대중의 이익에 부합하는 보도를 해줄 것을 요구했다. 그가 티벳을 관리하는 동안 현지 언론에서 일주일, 혹은 한 달이 넘게도 그의 이름을 볼 수 없었다. 성시의 책임자들이 크고 작은 모든 일들을 신문이나 텔레비전에 싣는 것과 비교하면 후진타오가 얼마나 나서기를 꺼려했는가를 짐작할 수 있다.

1992년, 후진타오는 중국 공산당 제14대 전인대에서 중국공산당 중앙위원회 정치국 상임위원로 승격되는데, 많은 사람들이 새로운 황태자가 된 그의 얼굴을 낯설어 했다. 이는 그가 평소에 모습을 잘 드러내지 않았기 때문이다.

황태자 보위를 지키는 10년 동안, 후진타오는 도를 넘는 행동을 하지 않으며, 때를 기다렸다. 지방정부 참여의 경험으로 새로운 업무에 적응하였고, 정부 최고기관에서 전국을 통솔하는 각종 경험을 착실하게 배워나가며, 자신의 언행 또한 각별히 조심하였다.

후진타오의 중난하이 사무실은 도로와 멀지 않아 사람과 자동차의 빈번한 왕래로 인한 소음을 피할 수 없었다. 한번은 후진타오가 출국했을 때, 그의 직원이 멋대로 사무실 둘레에 소나무를 심어 외부와 격리시켰다. 후진타오가 돌아온 후, 이런 행동은 특별한 의미를 가진다고 여겨 바로 사람들을 불러 소나무를 원상 복귀시켰다.

후진타오는 자녀들에게 매우 엄격하여, 그의 자녀들이 아버지의 이름을 팔아 무엇을 했다는 얘기를 한 번도 들어본 적이 없다. 후진타오의 딸 후하이칭[胡海靑]은 1993년 칭화대 졸업 후, 청화 인공환경 공정회사에서 2년간 일했다. 회사에 재직 중인 선배가 공기조절을 전공한 그녀의 대학 논문을 높이 평가하여 자신의 컴퓨터에 자료 파일로 저장해 두었다. 후하이칭에 대한 그의 평가는 인간성 좋고, 매우 똑똑하며, 업무능력에 탁월하고, 자신에게 엄격하며, 고급 간부의 자녀임에도 거만함이라고는 찾아볼 수 없다고 하였다. 회사의 많은 직원들은 후하이칭이 그들과 똑같이 자전거를 타거나 붐비는 버스를 타고 출근했던 것을 기억하고 있었다. 후진타오의 아들인 후하이펑[胡海峰]은 북방교통대학을 졸업한 후, 칭화 대학 대학원에 합격하여 공부에 매진하는 등 항간에 전해지는 말처럼 괜찮은 자녀들이었다.

1999년, 후진타오가 국가 부주석으로 국가 군사위원회 주석 자리를 넘겨받을 태세가 되어 있었으나, 그의 소극적인 원칙은 조금도 변하지 않았다. 후진타오는 장쩌민의 조력자로서 자신의 위치와 역할을 잘 이해하고 있었다. 그저 묵묵히 일하고 자신의 본분에 충실하고, 말을 아껴 사람들에게 도를 넘는 행동을 하지 않는다는 인상을 주었다. 2002년 초 싱가포르를 방문했을 때, 많은 기자들이 그에게 왜 그렇게 소극적이고 말이 없는지를 물었을 정도다.

원자바오는 중국 공산당 중앙위원회 판공청 주임으로 후야오빵, 자오쯔양, 장쩌민에 이르는 3명의 총서기를 보좌한다. 이런 일은 중국 관리 사회에서 매우 보기 드문 경우이다. 그를 아는 사람들은 그가 매사에 주도면밀하고, 사람들에게 신중히 행동하며, 조용히 일을 처리하고, 청렴하기 때문이라고 한다.

1984년 초, 총서기인 후야오빵은 임기 중, 성(省)-부(部)급 간부 중에서 중국 공산당 중앙 판공청 부주임을 맡을 청년을 물색하고 있었다. 지질부 장관인 쑨따꽝이 후야오빵에게 원자바오를 추천한다. 그리하여 1985년 봄, 원자바오는 중국 공산당 중앙 판공청의 부주임으로 임명되고, 후에 후야오빵의 추천으로 왕자오꿔[王兆國]의 뒤를 이어 주임을 맡게 된다.

1987년 초, 후야오빵은 중국 과학기술대학에서 일어난 분쟁(대규모 학생 시위)으로 공직에서 사퇴하여 많은 이들이 원자바오도 중앙 판공청 주임자리를 얼마 지키지 못할 것이라고 생각했다. 하지만 자오쯔양이 공산당 총서기로 임명된 후에도 원자바오는 여전히 그 자리를 지키고 있었다.

당시 상황을 알고 있는 사람들은, 그가 기회주의자가 아니며 기회주의적 태도를 취하는 사람도 아니고, 어느 파벌에도 속하지 않고 그저 열심히 일해 누구든 그를 임용하면 안심할 수 있다고 말했다. 자오쯔양은 바로 원자바오의 이러한 점이 마음에 들었다고 한다.

많은 사람들이 1989년 6.4사건(천안문 사태) 때의 한 장면을 기억하고 있으리라 믿는다. 5월 19일 새벽, 원자바오는 자오쯔양을 수행하여 천안문 광장으로 가서 학생들을 찾는다. 눈에 눈물을 가득 머금은 자오쯔양은 격한 감정으로 학생들을 설득했고, 그 뒤에는 침착한 모습의 원자바오가 서 있었다. 그 후 자오쯔양은 6.4사건에 연루되어 관직에서 물어나게 되었지만, 원자바오는 다시 한 번 이 고비를 넘기게 된다. 왜냐하면 그가 하는 모든 일은 바로 자신의 본분 내의 일이었기 때문이다. 당시 그는 단지 중국 공산당 중앙 판공청 주임의 직책을 이행하고 있었을 뿐이었다.

장쩌민은 상해에서 중앙으로 파견되어 일하게 되었기 때문에 이미 중앙 사무 업무에 숙련된 원자바오의 도움이 절실히 필요했다. 또한 원자바오가 매사 성실하게 일에 임하는 모습은 장쩌민의 신임을 얼기에 충분했다.

아마 중난하이에서 일을 해본 사람들은 모두 다 알 것이다. 원자바오가 한번 일을 하기 시작하면 침식을 잊기 일쑤였고, 또한 그가 매일같이 15시간에서 16시간을 일하고 있다는 사실.

중국 재해방지대책 총지휘부의 지휘관을 맡은 원자바오는 1998년 홍수와의 격전에 앞장서서 군중을 이끌었다. 시종일관 제1선에서 홍수를 막는 긴급구조를 하였고, 싱강 방류 여부에 대한 위험한 상황을 책임지고 있었다. 일을 마친 그는 모든 공로를 장쩌민과 주룽지에게 돌리고, 조용히 그들의 뒤에서 승리의 희열을 맛보았다.

2002년 11월, 원자바오의 모교인 중국 지질학원(베이징 지질학원이 개명)이 개교 50주년을 맞이하였다. 많은 사람들이 동원되는 것을 피하기 위해 개교기념일 전날 밤, 원자바오는 조용히 학교를 방문해 은사와 동기들을 만난 후 조용히 학교를 떠났다.

원자바오의 자녀 교육도 역시 칭찬할 만하다. 그의 자녀들도 역시 차분한 인상을 가지고 있다. 베이징 군사과학원의 한 군관은 난징[南京] 국제관계 학원에서 수학할 당시 원자바오의 딸 원루춘[溫如春]의 학우였다. 「그녀는 매우 차분합니다. 말수도 적고, 예의 바르고, 항상 열심히 공부했습니다. 소위 말하는 고위 관리의 자녀처럼 제멋대로 하는 모습은 찾아볼 수 없었습니다.」 그는 원루춘이 열심히 공부하는 모습과 누구에게나 동등하게 대하는 인상이 매우 좋았다고 한다.

후진타오와 원자바오는 차분한 성격으로 오늘날의 위치까지 오를 수 있었다. 두 지도자가 공동으로 국가를 통치함에 있어 가장 필요로 하는 것은 두 사람의 조화이다.

14년간의 대서북(大西北) 생활 경력으로, 후진타오와 원자바오는 다른 중국 지도자들보다 빈곤한 생활을 몸소 체험한 경험이 많았다. 또한 경제적으로 낙후된 지역에 대해 잘 이해하고 있었다. 그들은 다른 사람들보다 서부 대개발 사업에 대한 관심도 더 많았다.

14년간의 서북지역 생활로, 후진타오와 원자바오는 다른 중국 지도자들보다 빈곤한 생활을 몸소 체험해본 경험이 많았다. 또한 경제적으로 낙후된 지역에 대해 잘 이해하고 있었다. 상대적으로 원자바오와 비교해 볼 때, 후진타오는 서부지역 꾸이저우[貴州]와 티벳을 관리한 경험이 있다. 이런 것으로 미루어 보아 그들이 다른 사람들보다 낙후된 서부지역에 대해 더욱 관심을 갖고 있었다.

서부 대개발의 범위는 중국 서부지역 12개의 성, 자치구, 직할시를 포함한다. 그 면적은 685만 평방킬로미터로 전국의 71.4%, 인구는 3억 6,400만 명으로 전국의 28.6%, 국내 총생산 규모는 1조 8,245억 원으로 전국의 17%를 차지한다.

개혁 개방 이후, 경제와 사회는 새로운 양상을 띠게 된다. 국내 총생산이 매년 평균 9.5%씩 증가한 것이다. 하지만 역사, 자연조건, 사회 등 많은 원인 때문에 서부지역 경제는 상대적으로 낙후되어 있었다. 현재, 국내 총생산 규모는 동부지역 평균의 40%와 비슷하다.

1999년 3월, 장쩌민은 서부지역 대개발 전략의 연구, 실시와 중서부 지역의 발전을 더욱 빠르게 진행시켜야 한다며 의견을 제시한다. 그는 서부지역의 더욱 빠른 발전이 새로운 세기를 맞이하는 전국 발전의 대전략이며, 큰 맥락이라고 말한다.

그 때부터 당과 국가의 중대한 전략 임무의 성과를 내기 위해 더욱 더 눈에 띄는 배치를 하게 된다. 당의 제15회 4중전회(四中全會)는 정식으로 서부 대개발 전략을 실시하기로 결정한다.

2000년 1월, 국무원은 서부지역 개발 지도자 그룹을 결성했다. 이에 주룽지 총리가 조장, 원자바오 부총리가 부조장을 맡는다. 드디어 서부 대개발 전략 실시의 서막이 열린 것이다.

서부 대개발은 국가의 동부, 중부, 서부 지역 간의 발전 차이를 줄여 모두 풍요로운 생활을 누릴 수 있게 하는 중대한 전략 결정이다. 이는 곧 서부지역, 더 나아가 전국을 발전시키는 중대한 의미를 갖고 있다.

후진타오는 서부 대개발의 실시가 전국 발전의 장기적인 전략이며, 이를 위해서는 새로운 개방관과 시장관, 그리고 발전관이 필요하다고 여겼다. 「서부 대개발의 실시는 전국 인민 모두의 일이다. 이에 국가는 반드시 필요한 재원과 물자를 집중시켜야 한다.」 그는 또 「서부 개발은 반드시 새로운 노선이 필요하다. 무조건 먼저 발전시켜 놓은 뒤에 규범적인 길을 가는 방법은 더 이상 안 된다. 반드시 시작하자마자 모범적으로 국제시장과 연결한 시장경제 체계를 입수하여야 한다. 높은 스타트 라인에서 빠른 발전 속도를 얻어내야만 한다」라고 말했다. 그는 5~10년 내, 서부 지역의 인프라와 환경건설이 새로운 국면을 맞을 수 있도록 힘쓰고, 과학기술 교육과 우수 산업의 높은 발전, 인민의 생활개선, 서부 대개발의 깊이 있는 발전을 위해 좋은 기초를 다질 것이라고 하였다.

후진타오는 서부 대개발을 하나의 경제적 사명으로 여길 뿐 아니라, 더욱이 하나의 정치적 사명으로 여기고 있다. 「서부 경제가 발전되고 사람들의 생활이 개선되어야 비로소 진정한 동서부의 공동 번영을 이룰 수 있으며, 각 민족이 서로 화목하게 지낼 수 있게 되며, 진정 오랫동안 나라가 태평스럽고 평안할 수 있게 된다.」

서부 대개발에 있어서 원자바오와 후진타오는 서로 비슷한 관점을 가지고 있다. 원자바오는 서부 대개발 전략을 장기간의 정치적 임무, 전략적 임무로 이루어야 한다며, 근본적으로 국태민안, 각 민족의 화합과 단결을 확보함으로써 서부 대개발의 전략적 의의를 충분히 이해해야 한다고 말했다.

원자바오는 중국의 빈곤 지역과 빈곤 인구가 주로 서부에 분포되어 있다고 여겼다. 정치적 의미로는 서부 대개발 역시 가난한 농가를 가난에서 벗어나게 하는 거대한 개발공정이고, 보다 빠른 서부 지역의 발전을 통해 지역 간의 격차를 줄이는 것이라고 했다.

공산주의식 평균주의(平均主義)로 되돌아가거나, 반대로 격차가 커지는 것을 방치하는 것 모두 경제발전과 사회안정에 영향을 미칠 수 있다. 또 두 가지 방식은 모두 공동의 풍요를 실현할 수 없으며, 국가의 장기적 안정을 확보할 수 없다.

원자바오는 서부 대개발을 국민경제의 조화로운 발전을 추진하기 위한 국가의 중대한 전략적 결정으로 보았고, 또한 내수의 확대, 경제의 쾌속 성장을 촉진하는 중대한 조치로 여겼다. 「서부 대개발 전략의 실시는 반드시 내수를 확대시켜야 하며, 모든 것은 실제적인 것으로부터 출발해야 한다. 중점을 돌출시켜야 하고, 단계를 나누어서 나아가야 한다.」

원자바오의 관점은 경작지를 숲과 초지(草地)로 되돌리는 작업을 가속화해야 하고, 과도하게 약탈성을 띤 각종 자원개발은 단호히 저지하여 서부지역 생태환경 건설의 속도를 더욱 높이는 것이다. 구체적이고 명백한 조치를 취하여 서부지역 인재양성과 과학기술 성과를 한층 더 높임으로써 과학기술의 강력한 힘과 과학 기술자들의 잠재적인 능력을 발휘할 수 있도록 하여야 한다. 서부 대개발 전략을 실시하는 중에, 동부지역은 반드시 서부지역의 발전을 위해 자금, 기술, 인재, 정보, 관리 등의 방면에서 지원을 아끼지 말아야 한다. 뿐만 아니라 산업의 전환과 협조를 통해서 서부지역의 발전을 촉진시켜야 한다.

　　중앙당 학교 서부반(제3기) 50명의 학생들은 서부 대개발과 관련된 설문조사에 응하였다. 그 중에서 서부 대개발 진전 상황에 가장 불만족스러운 두 가지 부분이 있다고 답했다.

　　첫 번째는, 거시정책과 특혜정책의 역량이 부족하며, 전면적인 계획이 부족하고, 진전이 더디다는 것이다(응답자의 30%).

　　두 번째는, 과학기술의 투입, 특히 농사와 목축업을 하는 지역의 기초교육을 돕는데 부족하다는 것이다(응답자의 14%).

　　그들은 서부 대개발을 막는 주요 원인을 인재의 숫자와 자질, 그리고 뒤떨어진 사상관념이라고 여겼다. 그 다음으로는 자금부족, 산업구조의 불합리, 시장의 미성숙으로 꼽았다. 그 밖에 지도자 그룹도 주시할 만한 요소의 하나로 여겼다.

　　설문조사를 받은 50명의 학생들은 서부 12개 성과 위구르 건설 연대이며, 모두 부청장급 간부로, 그들의 관점은 민중을 대표한다.

서부 대개발 전략의 실시는 시일이 남았지만 실질적인 진전을 이루어야 한다. 결코 탁상공론만으로는 될 수 없다. 최근 국가는 서부의 인프라 구축에 더욱 열을 올렸고, 서부도 국가의 서부 대개발의 기세를 빌어 정책과 자금을 한쪽으로 집중 투입, 현재 상황을 바꾸는 데 힘쓰고 있다.

하지만 후진타오와 원자바오는 서부 대개발이 아직도 갈 길이 먼데다 무거운 짐까지 얹은 상황이라는 것을 마땅히 보아야 한다. 서부 대개발은 결코 자금, 정책, 구호만으로 실현할 수 있는 게 아니다. 서부의 많은 사람들은 개발 정도가 여전히 「기다리고, 의지하고, 요구하는」 정도에 머물러 있으며, 완전히 국가에 의지하는 단계에 머물고 있다. 또한 서부 지방정부의 적지 않은 관료들은 여전히 일을 미루어 업무처리의 효율을 떨어뜨리고 있어, 더 많은 자금과 정책을 가져와도 단지 물거품에 불과하다.

인식이 모든 것을 결정하며. 관념이 현상을 바꾼다. 서부지역의 생활을 몸소 체험한 후진타오와 원자바오는 중국의 서부 대개발에 대해 마땅히 다른 사람들과는 다른, 확실히 실행할 수 있는 조치를 내놓아야만 한다.

우리가 믿을 수 있는 것은 후진타오와 원자바오가 직위에 있는 동안, 서부 대개발은 한층 더 저력을 갖고 추진될 것이란 점이다.

후진타오와 원자바오에 대한 옛 동료들의 평가는 '옛정을 잊지 않는다'는 것이다. 그들의 동창이나 옛 동료들이 그들과 연락할 때, 항상 그들의 아내들이 연락망이 되었다.

후진타오와 원자바오는 다른 사람들에게 모두 온화하고 품위가 있으며, 말수가 적고, 관리 티를 내지 않는다는 인상을 주었다. 그들의 옛 동료들이 그들에게 하는 평가는 옛정을 잊지 않는다는 것이다.

칭화 대학 수리과의 옛 동창들은 5일과 9일에 만나는 전통이 있다. 매번 동창들이 후진타오에게 수리과 동창 모임에 나오라고 알리면, 후진타오는 항상 그의 아내 류용칭[劉永淸]과 함께 나왔다. 만날 때마다 동창들은 조금도 서먹해하지 않고 항상 "진타오"라고 그의 이름을 불렀고, 모두 그를 국가 지도자로만 보지 않았다. 후진타오도 이렇게 해야만 위에서는 들을 수 없었던 진심어린 많은 말들을 들을 수 있다고 했다.

1995년 여름, 이미 중국 공산당 중앙정치국 상임위원회의 일원이자 서기처 서기가 된 후진타오는 룽양샤[龍羊峽] 수력발전소를 시찰할 때, 혼자서 수력발전소의 옛 동료와 상사를 만났다. 그는 옛 친구들을 보고 감개무량해 했다.

「20여 년이 지났군요. 그 동안 이곳의 동지들이 너무 보고 싶었습니다. 이곳에서 여러분들과 지낸 6년 세월을 잊을 수가 없었어요. 6년의 시간이 비록 길지는 않았지만, 단련 받고 교육을 받을 수 있는 6년이었어요. 여러분들이 수력발전소 전체 동지들에게 안부 전해주세요.」

1999년, 후진타오가 깐수성을 시찰하며 특별히 원래의 건설위원회에서 함께 일했던 옛 동료들을 만나기를 원했다. 그는 직접 10명 이상의 명단을 작성했고, 그들을 성 위원회 접견실로 초대해 류용칭과 함께 그들을 만난다. 사람들과 일일이 악수를 청하고 안부를 물었으며, 모두를 따뜻하게 대해 주었다. 후진타오가 건설위원회에서 일할 때, 종종 현장을 다녔다. 류용칭도 함께 바삐 출장을 떠나면 두 자녀는 항상 운전기사 조씨가 보살펴 주곤 했다. 이번에 깐쑤성에 와서 후진타오는 일부러 그를 만났다. 그리고 그에게 색지로 포장된 선물을 건네며 말했다.

「이건 아이들이 드리는 겁니다.」

후진타오와 마찬가지로, 우리가 깐쑤성에 취재하러 갔을 때, 원자바오에 관해서도 비슷한 이야기를 들을 수 있었다.

2002년 9월 1일 오후, 지우취엔을 시찰하고 있던 국무원 부총리인 원자바오도 역시 특별히 시간을 내어 깐쑤성 지질국 제4 탐사부에 들러 함께 일했던 동료들을 만났다.

제4 지질 광산 탐사부는 원래 지우취엔 지역의 탐사대와 원수문(原水文) 3팀과 합병해 성립된 것이다. 깐쑤성 지질 조사국에 속한 현급의 지질 조사 부서로 깐쑤성 광산을 찾고, 광업의 조사 개발과 암석공정 조사와 시공을 하는 주력군 중 하나이다. 이들은 주로 지역 지질조사, 고체 광산탐사 개발, 암석공정 조사와 시공, 암광 분석 테스트와 평가, 지질 측량 제도, 지하수 자원 탐사와 평가, 지질 재해방지, 지질 환경평가와 관리, 지질 기술자문과 서비스 등의 업무에 종사한다.

원자바오는 1968년 졸업해 깐쑤성으로 배치되었고, 지우취엔 조사팀에서 일하게 된다. 그리고 그는 1981년에 지우취엔을 떠났고, 20여 년 동안 다시 가본 적이 없다. 지우취엔에 대한 모든 것을 원자바오는 익히 알고 있기도 하고, 또 생소하기도 하다. 그는 늘 이곳을 그리위했고, 또 와보고 싶어 했다.

2002년 8월, 원자바오는 지우취엔에 왔다. 지우취엔에 도착한 날 오후, 원자바오는 조금도 지체하지 않고 높은 곳에 올라가 도시의 면모를 살펴보고, 그 당시 일했던 곳을 찾았다. 그는 바로 평복으로 갈아입고 작은 골목을 따라 그의 원래 주소지를 찾아간다.

원자바오와 그의 옛 동료들의 만남은 제4 탐사부 회의실에서 이루어졌다. 자신과 함께 일했던 10여 명의 옛 동료들을 만나자 원자바오는 각별히 친밀감을 느꼈다. 그는 「내가 여기까지 와서 여러분을 보고 가지 않는다면 내 흉을 볼 것 같더라고요」라며 농담을 건넸다. 정치처 주임이었던 79세의 바이즈룽을 본 원자바오는 그의 손을 잡고, 현재 어떻게 살고 있는지, 아이들은 어떤 일을 하는지, 아내도 잘 지내고 있는지, 가족 중에 실직한 사람이 있는지에 대해 물었다. 뿐만 아니라 웃으며 그에게 「당신은 나의 옛 지도자입니다」라고 말했다. 왕띠엔시우[王殿修]는 팀 내의 목수로 원자바오에게 작은 책장을 만들어준 적이 있다. 왕띠엔시우를 보자 원자바오는 기뻐하며 책장을 잘 만들어주어 지금까지도 쓰고 있다는 말을 했다. 수술을 했던 왕따웨이[王大爲]에게는 웃으며 지금은 한 끼에 몇 개의 양고기 만두를 먹을 수 있는지를 물었다.

옛 동료들을 만난 원자바오는 진심을 토로했다. 「오랫동안 줄곧 여러분을 생각했어요. 여러분들이 늘 걱정됐죠. 이번에 지우취엔에 와서 나는 최대한 빨리 여러분들을 만나고 보고 싶었어요. 그리고 내가 이전에 살던 곳과 일했던 곳도 찾아보고 싶었고요.」

그는 당시 지질역학대에서 업무를 시작하면서 동료들과 함께 치런

산[祁連山] 아래에서 일했던 밤낮을 떠올렸다. 또 당시 조건이 극히 열악했던 지역의 조사를 진행하며 지도를 그렸던 때의 장면을 떠올렸다. 원자바오는 아직도 기억하고 있다. 한번은 홍수가 난 빠허[土霸河] 개발 지역 조사를 할 때, 흙탕물 사태를 피하려고 밤새 천막을 3번씩이나 옮겼던 것을.

원자바오는 현재 지질 업무조건이 좋아졌는지에 대해서도 친절히 물었다. 또한 제4 탐사대 대장에게 광산개발 업무는 안전이 제일이라고 충고해준다. 만남이 끝난 뒤, 원자바오는 옛 동료들과 기념사진을 찍기도 했다.

2002년 6월 28일 저녁, 원자바오는 깐쑤성의 지질 조사국 국장인 쑨쾅셩[孫礦生]이 베이징으로 출장을 온 것을 알고, 특별히 그에게 전화를 해서 이미 퇴직한 옛 지질 노동자들에게 안부를 전해 달라고 부탁한다. 쑨 국장은 돌아가서 원자바오가 부탁한 대로 그와 함께 일했던 옛 상사와 옛 동료인 챠오총쥔[喬崇俊], 판이[樊毅], 허짜오잉[賀昭英], 샤오룬[沙侖]에게 말을 전했다. 그 말을 들은 사람들은 「역시 원자바오는 예전과 같군. 조금도 변한 게 없어」라고 감격했다.

원자바오는 깐쑤성에서 베이징으로 옮긴 후, 먼저 지질부 당 정책 연구실 주임을 맡았다가 나중에 지질부 차관에 임명된다. 그는 지질부에서 근무하는 동안 새해가 되면 항상 베이징 지질학원에 가서 자신의 스승을 찾아뵙곤 했는데, 그때마다 그는 차를 타지 않고 자전거를 타고 가곤 했다.

재미있는 것은 후진타오든 원자바오든 그들의 동창이나 오랜 동료가 그들과 연락할 때, 모두 그들의 부인들이 연락을 맡았다는 것이다.

만일 계속해서 농업과 농민을 소홀히 하고 산업화의 길을 간다면, 장기적으로 봤을 때 「그것이 중국의 현대화 과정을 늦출 것」이기 때문에, 민족 전체와 국가 전체가 손해를 입을 것이 분명하다.

중국은 농업의 노동생산율이 낮고, 농촌의 생산력이 낙후되어 있으며, 인구의 절대 다수가 농촌에 살고 있다. 또한 농민의 생활수준이 도시 주민보다 낮을 뿐만 아니라 농촌의 교육, 과학기술, 문화와 위생 등 사업의 발전 수준도 도시보다 명백히 낙후되어 있다.

중국의 제4대 지도자로서 후진타오와 원자바오는 모두 전면적인 샤오캉[小康: 조금 여유가 있는 상태] 사회 건설 목표를 실현하는 과정에서 농촌에 직면한 임무가 도시보다 훨씬 어렵다는 것을 알고 있다.

신문에 게재된 바에 의하면, 어느 외국인이 중국의 번화한 도시에서 나와 시골에 왔을 때, 그는 중국을 「유럽과 아프리카의 공동체」라고 정의 내렸다고 한다. 경제학에서는 지니계수[Gini Coefficient]로 이러한 차이를 설명한다. 국내외의 통계에 따르면, 현재 중국의 지니계수는 이미 국제적인 경계선에 근접했거나 초과했다고 나타난다.

칭화 대학의 후안깡[胡鞍鋼] 교수는 도시의 수입이 가장 많은 세대와 가장 낮은 세대의 연간 평균수입의 차이가 1996년에는 4.1배였으나 2000년에 들어서면서 5.7배로 확대되었고, 전자는 4140.1위안이 증가했지만 후자의 증가는 107.9위안밖에 되지 않으며, 전자는 후자의 38배가 되었다고 분석했다.

2001년도 《포브스(Forbes)》 잡지에서 2000년도 중국의 가장 부유한 50명의 재산이 100억 달러라고 집계했다. 그러나 2000년도의 샨시[陝西], 닝샤[寧夏], 칭하이[青海], 윈난[雲南], 깐쑤[甘肅], 꾸이저우[貴州]의 6개 성[省] 농민의 연간 순수입은 1,464위안이었다. 다시 말해 중국 부자 50명의 재산이 50만 중국 농민의 연간 순수입과 같다고 할 수 있다. 또한 300만 백만장자의 재산이 9억 중국 농민의 2년간 순수입과 상응한다.

경제학자 종웨이[鍾偉]가 볼 때, 수입 불평등에 대한 관심이 결코 가난한 자가 자연히 부에 대해 증오할 권리가 주어졌다는 것을 의미하는 것은 아니다. 예로부터 중국에는 「불환과이환불균(不患寡而患不均—적은 것을 근심하지 말고, 고르지 못한 것을 걱정하라)」의 사고방식이 있어 수입 불평등과 부패가 보편적인 현상이 되었을 때, 사회 안정에 대한 그것의 살상력은 수시로 나타날 수 있었다.

제16기 전인대에서 생겨난 중국 공산당의 신지도층은 전면적인 샤오캉 사회 건설이라는 어려운 역사적 사명을 안고 있다. 「전면적인 샤오캉[全面小康]」이라는 정책은 10억 명이 넘는 인민에게 그 효과가 미쳐야 한다. 그러나 중국의 현재상황은 60% 이상의 인구가 아직 농촌에서 생활하고 있고, 그들의 생활수준은 도시에 비해 확실히 뒤처져 있으며, 그 차이는 계속 커지고 있다. 특히 농촌에는 아직도 3천만 명의 빈곤인구가 있고, 6천만 명의 사람들이 최저수입 한계선상에 맴돌고 있다.

만약 농촌경제 발전에 속도를 내지 않는다면, 중국은 「전면적인 샤오캉」의 목표를 실현하기 힘들 것이다. 비록 중국이 이미 전체적인 샤오캉을 실현했다고는 하지만, 아직 해결되지 않은 세 가지 목표는 모두 농촌과 관련이 있다.

국무원 발전연구센터의 천시원[陳錫文] 부주임은 만일 계속해서 농업과 농민을 소홀히 하고 산업화의 길을 간다면, 장기적으로 봤을 때, 「그것이 중국의 현대화 과정을 늦출 것」이기 때문에, 민족 전체와 국가 전체가 손해를 입을 것이 분명하다고 날카롭게 지적했었다.

중국은 세계에서 농민에게 농업세를 징수하고 있는 몇 안 되는 나라 중 하나라는 지적이 있다. 1990년부터 2000년까지, 수입의 일부를 세금으로 떼는 것과 각종 사회부담 비용 외에도, 국가가 농업세로 징수하는 각종 세금 총액은 87.9억 위안에서 465억 3천만 위안으로 4.3배나 증가했다. 학자들이 낸 통계에 의하면, 이렇게 되면 사람들이 느끼는 부담의 수치가 곱절이 된다 한다. 중국 도시 주민의 1인당 평균 세금은 37위안이지만 중국 농민의 1인당 평균 세금은 146위안이다.

국가계획위원회 산업연구소의 마샤오허[馬曉河] 소장은 최근 자신의 연구보고서 《향후 2년간, 삼농(三農-농업, 농촌, 농민)정책의 선택》에서 「국가 세수(稅收) 구조를 분석해보면 농업 관련 세금은 전국 세수 총수입에서 차지하는 비중이 매우 낮아 이 부분에서 계속 세금을 징수해도 큰 의미가 없고, 이 부분의 세금을 감면하면 산업화와 국민 경제발전에는 큰 충격을 주지 않겠지만 농업 발전에는 상당한 영향을 끼칠 것」이라고 지적했다.

농민 샤오캉 문제에 대해 사람마다 견해가 다를 것이다. 그러나 전체 입장을 총람하는 사람이라면 전반적인 입장을 고려해야 한다. 제16기 전인대 이후, 새로운 중앙위원회 지도자 그룹이 소집한 중앙 경제업무회의에서 내수 확대가 중국 경제발전의 장기적이고 기본적인 발판임을 인정했다.

중국은 농촌의 인구가 많고, 시장 잠재력이 크다. 그렇기 때문에 내수 확대방침을 유지하고, 투자수요 확대와 소비수요 확대를 긴밀히 연결시켜 농업과 농촌 경제를 크게 발전시켜야 한다. 또한 모든 방법을 동원해 농민의 수입을 증대시킨 후, 최종적으로 전체 소비 중의 농촌 소비 비중을 끌어올린다면 틀림없이 좋은 효과를 볼 수 있을 것이다.

2002년 12월, 중국 공산당 중앙정치국 상임위원회도 전문회의를 열어 생활이 어려운 민중의 생산생활 문제해결에 관한 관련 부처의 보고를 받았다. 또한 이 일을 잘 해결한 후 「개혁발전을 유지해 국면을 안정적인 고도로 끌어올려야 함」을 인식하고, 이것을 중대한 정치 임무로 삼아 진력을 다해야 한다고 결론 내렸다.

새로운 지도자 그룹은 부하 직원들이 생활이 어렵고, 문제가 많고, 모순이 많은 지역까지 깊이 들어가 민중의 목소리를 듣고, 민심을 살피는 등 민중의 고통에 관심을 기울여 어려운 민중을 도와 시급한 문제를 해결할 것을 요구했다.

후진타오는 현실주의자로서 가장 가난하고 낙후된 지역에서 오랜 기간 생활했다. 그는 중국의 최하층, 특히 중서부 지역의 빈곤 지역에서 생생한 체험을 했다. 후진타오는 빈곤 지역의 경제발전 문제를 잘 해결하고, 빈부격차가 가져오는 각종 사회문제를 완화시키는 것이 국가 간 외교문제보다 더 중요하다는 것을 명백히 알고 있다.

대서북 지역에서 14년 동안 머문 원자바오 역시 빈곤문제의 심각성을 인식하고 있다. 그는 빈곤문제 해결이 지역격차와 빈곤을 완화,

또는 해소하고 최종적으로 다 함께 잘 사는 전략 방안을 실현할 것이며, 특히 3천만의 절대빈곤 인구에 관심을 가져야 한다고 주장했다. 「만약 2010년까지 농촌의 수천만 인구가 여전히 기본적인 생계유지를 해결하지 못하거나 최저수입 한계선상에 머무른다면, 우리는 전면적인 샤오캉 사회 건설의 임무를 완수하지 못한 것」이라고 했다.

원자바오는 여러 장소에서, 만일 빈곤문제 해결에 더 많은 노력을 기울이지 않는다면 서부지역, 특히 소수민족 생활지역과 변방지역의 발전, 지역격차와 빈부의 격차는 계속 확대될 것이고, 이것은 사회 안정과 사회주의 현대화 건설 과정에 직접적인 영향을 끼칠 것이라고 주장했다.

제16기 전인대 이후, 새로운 중국 공산당 중앙정치국 상임위원회는 회의를 열어 농업과 농촌사업에 대한 분석과 연구를 진행했다. 이 회의에서 농촌과 농민에 더 많은 관심을 기울이고, 농업을 지원해 농업, 농촌, 농민문제를 전당(全黨) 업무 중의 최우선 순위에 두고, 성실히 해결해야 한다고 했다.

새해 초, 후진타오와 원자바오는 베이징에서 특별강연을 하는 '중앙 농촌 업무회의'를 개최하였다. 이것은 2003년 중국 공산당 중앙위원회가 개최한 첫 번째 중요회의로, 농업과 농촌사업을 어떻게 잘 해결할 수 있을지에 대한 중요한 결정을 내렸다. 정치 평론가들은 회의에서 확정된 일련의 방침들이 중국 신지도층이 삼농 문제의 해결을 새로운 위치에 두고, 새로운 계획을 세웠음을 보여준다고 말했다.

후진타오는 회의에서 전면적인 샤오캉 사회 건설이라는 웅대한 목표를 실현하는데 있어 가장 어렵고 무거운 임무는 농촌에 있으며,

「농민의 샤오캉이 이루어지지 않으면 전 국민의 샤오캉도 이루어질수 없고, 농촌의 현대화 없이는 국가의 현대화 또한 있을 수 없다」고지적했다. 이어 그는 전당[全黨]에 반드시 이러한 각도에서 문제를 인식할 것을 요구했고 농업, 농촌, 농민문제를 더욱 중시해 스스로가전면적인 샤오캉 사회 건설 사업의 초점을 농촌에 맞추도록 자각할것을 요구했다.

이 회의에서는 삼농 문제를 해결하여 농업과 농촌 경제발전을 촉진시키는 것이 국가의 장기적인 안정을 꾀하는 밑바탕이라고 재차강조했다. 많은 농민들에게 조화롭고 안정된 건강한 국면을 안겨주고, 수많은 농민의 편안한 생활이 보장된다면, 농촌사회 안정의 튼튼한 기초가 될 것이고, 국가의 장기적인 안정도 이룰 수 있을 것이다.

기초회의 문건에 참여한 국무원 발전연구센터의 천시원 부주임은중앙 농촌업무회의 문서내용이 과거에는 몇 개의 큰 틀로 나누어져있었으나 이번에는 모두 20여 개 항목으로 세세하게 나누어져 있으며, 이것은 중앙이 농촌사무에 대해 구체적이고 정확한 것을 요구하고 있고, 정책과 조치 또한 매우 명확하다고 평가했다.

「후진타오 총서기가 회의에서 중요한 안건을 발표했다. 국무원의원자바오 부총리가 구체적인 계획을 세웠고, 정치국 상임위의 쩡칭훙[曾慶紅], 황쥐[黃菊], 리창춘[李長春] 3명도 회의에 출석했다. 또한후진타오는 회의 10여일 전에 중앙정치국 회의를 주재하여 농업과농촌사업에 대해 연구 토론했다.」

천시원 부주임은 이에 대해 「이것은 전례 없는 일이다. 신지도층이『삼농』문제를 매우 중시하고 있음을 확실히 보여주고, 공산당 전체가 빠른 시일 내 '전면적인 샤오캉 사회 건설의 관건은 모두 농촌에 있다'는 부분에서 의견이 일치하기를 당 중앙이 원하고 있다는 것을 보여준다」고 평가했다.

중국 사회과학원의《당대 중국 사회계층 연구보고》에서는 규모가 가장 큰 농민 계층이 10대 계층 순위 중 9위를 차지하며, 최하 계층인 무직, 실업, 반실업자와의 차이가 매우 적었다. 사회과학원의 판핑 [樊平]은 계층 충돌의 심화가 「앞으로 10년의 골칫거리」라고 했다.

판핑의 우려는 일리가 있다. 「농민은 현재 모든 것을 잃어가고 있다. 농산품이 헐값에 팔려 노동의 성과를 잃어 버렸다. 농사짓는 것으로 돈을 벌기 힘들어 토지도 잃었다. 도시에 가서 일을 해봤지만 곧 그만두게 됐다. 노동력이 도시로 유입되면서 농촌의 자금도 도시로 유입되고 있다. 극소수의 우수한 사람만이 대학을 가거나 사업을 할 수 있어 농촌의 인재까지 도시에 빼앗겨 버렸다. 심지어는 젊고 예쁜 여자들마저 잃게 됐다. 젊은 여성들은 모두 도시로 일자리를 찾아 나섰다.」

후진타오와 원자바오가 새해 초부터 빈곤지역을 방문해 실업자와 농민을 돌보는 것을 보고, 사람들은 정부가 저소득층 문제에 대해 더 많은 힘을 쏟을 것이란 것을 알 수 있었다.

1월 4일 오전, 후진타오는 몽고의 한 가정을 방문했다. 잇단 자연재해 때문에 그 가정의 생산 활동이 어려워졌다. 후진타오는 그 가정의 생산 상황을 자세히 물어보고, 집에서 기르는 가축의 상황도 살펴보았다. 그리고는 동행한 현지 관리에게 정부는 반드시 민중의 생산 활동에 관심을 가져야 하고, 가난한 민중들의 문제를 착실히 해결해야 한다고 말했다. 또한 민중의 시급한 문제를 해결하려면, 빈곤층에 대한 정책과 자금, 조치가 모두 잘 갖춰져야 한다고 했다.

통랴오시[通遼市]의 인재 노동시장에서 후진타오는 실업자들이 재취업하는 상황을 자세히 살피고, 등록한 구직자들과도 이야기를 나눴다. 그는 현지의 경제사회 발전의 수요와 실업자들의 특징을 관련시켜 실업자들에게 적합한 일자리를 마련해주어야 하고, 인재양성의 적합성과 실용성, 효율성을 높여 실업자들이 기술과 능력을 기를 수 있게 도와야 한다고 말했다.

1월 2일부터 4일까지, 원자바오는 추위를 무릅쓰고 500여 킬로미터를 운전하여 징러[靜樂], 러우판[婁煩] 등지의 빈곤지역에 있는 가난한 농가와 도시의 저소득층 주민들을 방문했다. 원자바오는 많은 농민들과 도시의 저소득층 주민의 생활수준을 높이기 위해서는 농촌과 도시 경제사회 발전의 전면적인 계획을 세워야 하며, 농업, 농촌, 농민문제를 더 중요한 위치에 올려놓고, 모든 방법을 동원해 농민의 수입을 증대시켜야 한다고 했다. 또 식량의 주 생산지역과 농사짓는 농민들의 부담을 줄이는 것을 주요 정책방향으로 삼고, 이 정책을 성실히 이행하여 빈곤문제 해결의 효과를 높여야 한다고 했다.

2002년 8월, 원자바오는 칭하이성[靑海省]에서 농·목축민의 생산활동을 시찰했었는데, 그는 비행기에서 내리자마자 바로 황쭝현[湟中縣] 두어배[多巴]의 농촌마을로 갔다. 그는 논밭에서 농민들이 보리를 찧고 있는 것을 보고, 차에서 내려 작은 수로를 건너 그곳으로 가서 몰려든 농민들과 대화를 나눴다. 그는 동행한 간부들에게 「간부는 아침부터 저녁까지 국민들을 생각해야 하고, 농민의 생활에 관심을 갖고, 빈곤문제 해결에 힘써야 한다」고 말했다.

외부에는 맹렬히 비판하는 무수한 언론들이 있지만, 이들 두 사람의 부정부패나 여자관계, 주변 사람을 감싸주는 행위에 관한 보도는 찾아보기 힘들었다.

후진타오와 원자바오가 깐쑤에서 베이징으로 옮겨 정치계에 들어선 지 10년이 훨씬 지났다. 그들은 성의 부서급 간부에서 시작하여 현재의 당과 국가 지도자의 반열에 들어섰다. 그들과 일부 간부들과의 큰 차이점은 부정부패와 섹스 스캔들과 같은 소문이 두 사람의 직급 상승과 결코 정비례하지 않는다는 것이다. 국민들 눈에는 후진타오와 원자바오가 주룽지처럼 청렴결백하고 공무를 중시하고 법을 엄수하는 지도자의 모범으로 비친다.

외부에는 맹렬히 비판하는 무수한 언론들이 있지만, 이들 둘의 부정부패나 여자관계, 주변 사람을 감싸주는 행위에 관한 보도는 찾아보기 힘들다. 중국의 많은 지도자들의 추문이 만연하는 오늘날, 이들과 같은 지도자는 눈을 씻고도 찾아보기 힘들다.

후진타오와 원자바오의 많은 공통점은 동갑내기, 비슷한 경험, 학구열, 완벽한 일처리, 온화한 태도 등이다. 또한 두 사람 모두 청렴하고 신중하며 성실하다. 그들은 모두 말단관리직부터 시작했으며, 심도 있고 실제적인 연구와 조사에 능했으며, 민심을 살피고 국민들의 고충에 관심을 가졌다.

후진타오와 원자바오, 두 사람은 함께 정사를 돌보는데 있어 가장 좋은 협력 파트너이다. 중국의 경제발전에 힘쓰고, 도시와 농촌 간의 격차를 좁히고, 점진적인 정치체제의 개혁을 추진하는 것이 후진타오와 원자바오가 공동으로 추구하는 목표이다. 앞으로의 중국은 이들 두 사람의 공동 통치와 중산층 사회[小康社會]를 바탕으로 앞을 향해 크게 나아갈 것이다.

원자바오와 주룽지의
차이점과 공통점

제5장

주룽지는 화를 내지 않아도 위엄이 있는 반면, 원자바오는 화를 내도 위엄이 있지 않았다. 1978년 원자바오는 주룽지의 직무를 단숨에 따라잡아 종래에는 동급의 간부가 된다. 주룽지는 중국의 과열된 경제와 통화팽창의 긴박한 상황을 평정하여 명성이 자자하였다. 원자바오는 1998년 여름 장강 유역의 대홍수 속에서 난관을 극복하여 명성을 떨친다.

이 두 사람을 굳이 비교하자면 원자바오는 성공하지 못하면 자신을 희생하겠다는 비장함, 주룽지는 죽음을 두려워하지 않는 특징이 있다.

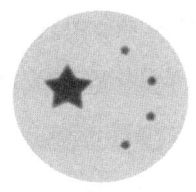

주룽지는 냉정한 얼굴의 소유자다. 치켜 올라간 두 눈썹 아래 가늘고 긴 눈은 예리하며, 두툼하고 큰 코끝은 매우 빛나고, 윤곽이 분명한 윗입술은 강직해 보인다. 그의 얼굴에 나타난 세월의 흔적 역시 강직한 그만의 성격을 충분히 보여준다. 눈 밑의 두툼한 부분은 그의 풍성한 지혜, 입 가의 두 개의 움푹 파인 선은 의연함, 이마의 주름은 두려움이 없음을 보여준다.

그에 비해 원자바오는 온화한 얼굴의 소유자다. 짙은 눈썹에 안경 뒤 눈빛은 부드러움을 머금고 있고, 코는 얌전히 얼굴 중앙에 자리 잡고 있으며, 얇고 파리한 입술은 부드럽고 우아하다. 게다가 그의 얼굴은 전혀 세월의 흔적을 찾아볼 수 없다. 광채 나는 얼굴의 입 주위, 이마, 눈 가 어디에도 주름을 쉽게 찾아볼 수 없다.

관상학적으로 보았을 때, 그 둘의 차이는 이렇듯 크다.

주룽지는 화를 내지 않아도 위엄이 있어 보인다. 반면 원자바오는 화를 내도 위엄 있어 보이지 않는다. 수많은 국내외 인사들이 원자바오의 상황을 깊게 이해하지 못하고 얼굴만으로 자기의 판단을 내린다면 원자바오는 주룽지와 아주 다르다고 볼 것이다.

그렇다면, 원자바오는 정말 주룽지와 다른가? 그들 둘은 같은 점이 없는 것일까? 얼굴 외에 대체 무엇이 다를까?

주룽지는 1950년 한국 전쟁 때 칭화 대학에서 군대에 참가하여 북한으로 가겠다고 당 지부에 요청했던 첫 번째 학생이었으며, 높은 지지율로 학생회장에 당선되었고, 아주 강한 선동 능력과 조직지도 능력을 배양했다. 영국을 따라잡고 미국을 이기겠다는 꿈과 보국의 열정을 품은 원자바오는 [광산개발]의 붐에 참여해 지질측량과 광산 탐색을 전공하는 첨병으로 거듭난다.

주룽지는 원자바오에 비해 14살이 많다. 1928년 10월, 주룽지는 유복자로 태어났다. 그리고 주룽지가 10살 무렵에 어머니마저도 세상을 등진다. 이때부터 고아가 된 주룽지를 셋째 백부가 키웠다.

1942년 9월, 원자바오는 아버지가 지켜보는 가운데 태어났으며, 집안의 보배로 자랐다. 부모는 그를 아낌없이 보살피고 무한한 사랑을 베풀었다. 이처럼 출생 환경과 유년시절을 보면 원자바오는 주룽지에 비해 훨씬 행복했다.

주룽지의 증조부 시절, 후난성[湖南省] 창사현[長沙縣] 안샤향[安沙鄉] 일대는 학자 집안으로 많은 전답도 소유하고 있었다. 그의 조부는 일찍이 허난[河南]에서 도태(道台-청나라 때 한 성(省) 각 부처의 장관이나 또는 각 부·현(府·縣)의 행정을 감찰하는 관리)라는 벼슬을 지냈다. 하지만 그의 부친 주시셩[朱希聖] 세대에 이르러 주씨 집안은 몰락한다. 주룽지의 부친은 창샤시[長沙市]에서 학업을 하는 동안 폐렴으로 사망한다.

원자바오의 조부 세대는 톈진 이싱항 일대의 유명한 학자 집안이었다. 그의 조부는 사립학교의 교장, 작은 할아버지는 공립학교의 교장이었으며, 부모 또한 모두 교사로 교육자 집안이었다. 가정형편도 풍족해 의식주나 교육에도 문제될 게 없었다.

주룽지는 구(舊) 중국에서 초등학교, 중학교, 대학의 전반적 교육을 받았고, 원자바오는 신(新) 중국이 성립된 후 초등학교, 중학교, 대학교육을 받았다. 교육적인 배경으로 보면 주룽지는 중국의 신구 교체 시기의 사람인 반면 원자바오는 이러한 복잡한 경력이 없어 두 사람은 다른 세대의 사람이라고 본다.

주룽지는 1947년 칭화 대학에 입학하자마자 전력을 다해 공부했는데, 전기 기계과의 수업이 학교에서 제일 어려웠기 때문이다. 그는 반에서 가장 우수했고, 과대표도 맡았으며, 교수를 도와 급우들의 수업을 도우며 두터운 신망을 쌓았다. 후에 그는 정치에 관심을 갖고 항상 도서관에서 신문을 읽고 시사에 관해 급우들과 토론을 벌였으며, 구제도를 엎고자 하는 열망을 보이기도 하여 마침내는 진보 학생들 중에서도 적극적인 인물이 되었다.

1948년, 주룽지는 칭화, 베이징 대학의 「인권보장위원회」의 호소에 호응하여 국민당 당국에 체포된 학생을 풀어줄 것을 요구하는 수업 파업에 참여했다. 그는 중국 공산당 지하조직이 이끄는 학교 보호 규찰대에 참여하여 곤봉을 갖고 교대로 근무하며 주야로 학교 캠퍼스를 지켰다. 그는 또 〈샤오루[曉露]〉라는 유인물 발행을 주도해 원고를 선별하고, 판목에 새기고, 인쇄물을 돌리기도 하며 정신없이 지냈다.

베이징이 해방될 때 주룽지는 칭화 대학 전기 기계과의 대표가 되었고, 수도 없이 해방 환영 행사를 해냈으며, 일부 당원 및 동지들과 함께 푸쭤이[傅作義－1949년 1월 국민당 허베이[河北] 지역 총사령관으로서 대치하고 있던 공산당에 항복하고, 베이지 개성(開城)에 협력했다. 국방 위원회 부주석] 부대의 가족을 동원, 베이징 시내로 들어가 국민당 수성(守成) 부대의 군기를 떨어뜨렸다. 1949년 개국대전(開國大典)을 마치고, 그는 바로 중국 공산당에 입당을 신청하여 뜻하는 바를 이룬다. 주룽지의 약력(略歷)에는 「1949년 10월, 중국 공산당 입당」이라고 자랑스럽게 쓰여 있다.

주룽지는 칭화 대학 학생회장에 당선되었는데, 뜨거운 피가 끓는 그의 장거(壯擧)와도 연관이 있다. 1950년 한국 전쟁(당시 중국에서는 미국에 대항해 조선(북한)을 원조한다는 뜻으로 항미원조(抗美援朝)라 했음)이 시작될 때, 주룽지는 칭화 대학에서 군대에 들어가 북한으로 가겠다고 당 지부에 요청했던 첫 번째 학생이다. 당시 학생들 사이에선 미국을 두려워하는 정서가 보편적이었지만, 주룽지는 그렇지 않았다. 그는 전기 기계과를 대표해 학교 전체 회의에서 소련의 소설 《공포와 무소외(無所畏)》를 인용하여 「용기는 단련하는 것」이라고 말하였다. 하지만 학교 당 조직은 그의 참전을 동의하지 않았고, 도리어 그를 칭화 대학 학생회장 후보로 추천한다. 주룽지는 급우들과 선거단을 만들어 선거운동에 나선다. 그는 충분한 준비로 자신의 경선 주장을 펼쳤고, 마침내는 높은 득표율로 학생회장에 당선되었다.

학생회장이 된 주룽지는 담력과 식견이 남달랐고, 아주 강한 선동 능력을 키웠다. 그는 수시로 학교 대강당에서 학생 전체회의를 소집하여 선동적인 연설을 했고, 학우들을 동원해 돈을 모아 한국 전쟁에 참전한 병사들을 지원했다. 주룽지의 칭화 대학 교수들과 친구들은 「주룽지가 총리가 된 후 보여준 지도 능력과 연설 능력은 상당 부분 학생회장 시절 단련한 것이다」라고 회고했다.

원자바오는 1960년 베이징 지질학원에 입학했다. 그 때 중국은 대약진운동(1958년부터 1960년까지 중국에서 전개한 대규모 수리(水利) 시설 건설과 공업의 기본 건설 운동) 후 큰 재난에 빠져 있어 양식이 매우 부족하였다. 설상가상으로 중국과 소련의 관계가 깨진 후, 흐루시초프는 채무를 독촉하였다. 실패를 인정할 수 없었던 마오쩌둥은 중국이 소련 앞에서 체면 구기는 일을 참을 수 없었고, 또 한편으론 대약진운동의 실패를 인정할 수 없었기에 기세를 몰아 더욱 더 열의에 찬 건설을 전개하려고 하였다.

18세의 혈기 왕성한 원자바오는 인생의 큰 결정을 내릴 때를 맞이한다. 무엇을 배우는 것이 가장 좋은가? 지리를 가르쳤던 부친의 영향으로 중국은 땅이 넓고 생산물과 광산이 풍부하다는 생각이 어릴 때부터 이미 원자바오의 머릿속에 잠재되어 있었다. 따칭[大慶] 유전은 때마침 중국 내륙의 첫 번째 유정(油井)을 파낸다. 이에 고무되어 일순간에 광산을 탐색하여 중국이 영국을 따라잡고 미국을 뛰어 넘겠다는 것이 큰 꿈이 되었다. 성적이 우수한 원자바오는 보국의 열정을 품고 의연히 광산개발의 열기에 참여한다.

입학 후, 원자바오는 지질측량과 광산 탐색을 전공으로 하는 첨병이 된다. 그는 매사에 빈틈이 없었으며 열심히 연구하고 공부하였다. 또한 사람 돕는 것을 좋아해 성적이 상대적으로 떨어지는 학우를 도왔다. 그의 성적과 품행 덕분에 그는 학과 간부로 당선되었다. 그는 대학시절 주룽지처럼 기세등등해 하거나 자신을 드러내 보이지 않았고, 묵묵히 자신의 일에 충실하며 말을 아꼈다.

원자바오는 일곱 살이 못 되어 고향 마을 이싱향을 떠나 부모와 함께 톈진시로 옮긴다. 그는 어린 시절 대부분을 대도시에서 보내 농촌에 대한 이해에 한계가 있었다. 지질측량과 광산 탐색을 전공하면서 농촌, 농민들과의 교류는 반드시 필요했다. 그는 매번 야외실습 때마다 농가에 묵었다. 도시인의 티를 버리는 게 필수과정 중 하나였다. 그는 적응을 잘해 금세 농촌생활에 물들었으며, 나이를 막론하고 누구하고나 친하게 지냈다.

원자바오는 대학시절 1년을 남겨두고 공산당에 입당한다. 그는 1965년, 주룽지는 1949년에 입당해 시기는 서로 다르다. 주룽지 시절, 중국은 막 해방되어 진력을 다해 지식분자를 확대하여 중국 공산당 조직을 보강하려고 하였다. 그리하여 주룽지는 인물이 있으면 추천하고, 모든 방면에서 뛰어나면 바로 입당할 수 있도록 비준하라는 의견을 내놓는다. 그러나 원자바오 시절에는 과거와 많은 차이가 났다. 입당 신청서를 작성한 후, 조직의 조사와 검사를 받을 뿐만 아니라 그 기간 동안 신청한 자신도 계속해서 사상을 보고하고 표현해야 했다. 많은 학생이 입당을 원해 조직이 일련의 심사를 한 후에야 비로소 누군가가 선택돼 예비 당원이 되고, 다시 정식 당원이 되는 식이었다.

원자바오는 1965년 입당 후, 얼마 지나지 않아 학과 내의 학생 당지부 간부가 된다. 우리는 당시 그가 남겨둔 한 장의 사진 속에서, 스물세 살의 원자바오와 지금의 원자바오는 외모만 보면 아주 다른 모습이란 것을 발견했다. 그의 까무잡잡한 얼굴, 분명한 윤곽, 불거진 근육. 만일 원자바오라고 알려주지 않으면 절대로 알아볼 수가 없다. 얼핏 보면 오히려 주룽지를 닮았다.

원자바오는 학업성적이 우수하여 대학졸업 후 바로 대학원에 진학한다. 지질측량과 광산 탐색을 전공하고, 또 다시 지질구조를 연구했다. 1968년에 이르러서야 학교를 떠나 사회에 첫발을 내딛는다. 원자바오는 대학시절, 주룽지처럼 강연과 선동 능력을 기르지는 않았지만, 당 간부 경력은 그가 지도자의 역량과 구성능력을 배양하는데 많은 도움이 됐다. 이는 의심할 바 없는 사실이다.

주룽지는 1958년 [대명대방(大鳴大放)]운동 때 [우파]가 되었다고 당당히 말했고, 원자바오는 1968년 [비투대회(批鬪大會)]에서 조반파(造反派)가 사람을 때리지 못하게 했다는 이유로 농촌으로 보내져 1년간 고생을 한다. 1978년 원자바오는 일약 주룽지의 위치까지 올라 두 사람은 동일한 부처장급 간부가 된다.

주룽지는 1951년 칭화원[淸華園]에 작별을 고한 후, 학교 당 위원회의 명을 받들어 전교 3백여 명의 졸업생을 이끌고 동북[東北] 지방으로 가서 신중국의 공업건설에 참가한다. 주룽지는 어디를 가나 남보다 뛰어나 동북에서도 발탁되어 공업부 계획처 생산계획실 부주임의 직책을 맡게 된다. 1952년, 주룽지는 다시 명령을 받고 베이징으로 돌아와 국가 통계위원회에서 주임 판공실의 부처장직을 맡는다.

1957년, 중국에서 반우파 운동[대명대방(大鳴大放)운동─중국의 정풍(整風) 운동으로, 대명대방(大鳴大放)은 당 간부와 대중의 단결을 강화하기 위해 자신의 견해를 자유롭게 밝힐 수 있도록 내건 슬로건의 하나]이 일어났을 때, 주룽지는 직언으로 1958년 4월 우파로 규정되어 당에서 축출된다. 주룽지가 도대체 무슨 말을 했는지 알 수 없다. 들리는 바에 의하면 그는 「국공(國共) 양당이 돌아가며 집정한다」, 「공산당 천지다」라는 반동적 발언은 한 적이 없다고 한다. 그가 「프라하의 봄」을 분석한 적이 있다거나, 또는 「재능을 과시하였기」 때문에 사람들로부터 배척당했다는 등의 말이 있다.

어느덧 삼십이립(三十而立)의 주룽지는 우파의 모자를 쓰고 농장으로 쫓겨난다. 「젊고 전도유망했던 관리에서 엔지니어로, 그리고 다시 단번에 정치 천민이 된다.」

주룽지는 가장 열악한 상황에서도 허송세월을 하지 않았다. 그는 영어 기초가 튼실하여 중학교 영어교사로 파견된다. 학생을 가르치면서도 기회를 잡아 자신의 외국어 실력을 향상시킨다. 그 결과 총리가 된 후, 그의 영어 실력은 빛을 발하게 된다.

1958년에서 1978년까지 20년의 시간, 즉 주룽지에게 있어 서른 살에서 쉰 살까지 가장 좋은 나이에 부득이 중국의 빈번한 정치운동에 의해 세월을 헛되이 보내게 되었다. 그는 처장급에서 국장급으로 승진하는데 20여 년이란 긴 세월을 보내야 했다. 그 기간 동안 그는 석유 부문, 사회과학원, 국가경제위원회를 거쳤고, 1987년 상하이를 관리하면서부터 비로소 정치계의 새로운 별로 떠오르기 시작했다.

원자바오는 문화혁명의 기세가 등등했던 1968년 시비의 중심에 있던 베이징과 모교를 등지고 떠난다. 베이징 지질학원과 베이징 항공학원은 모두 베이징 서북부의 대학이 운집해 있는 일대에 있다. 문화혁명이 격렬히 진행되던 시기, 베이징 대학로 지역 내의 대학 조반파(造反派)는 분열되기 시작하여 이 일대는 「천파(天派)」와 「지파(地派)」로 나누어진다. 천파(天派)는 베이징 항공학원의 [홍기(紅旗─중국 본토의 공산화에 성공한 중화인민공화국에서 붉은 기를 부르는 말로, 정부 기관지도 〈홍기〉라 하였고, 국기를 오성홍기(五星紅旗)라 부른다)]인 조반파 위주였고, 지파(地派)는 베이징 지질학원의 [동방홍(東方紅─원래 샨시성 북부의 민요. 공산혁명 후 토지개혁이 이루어지고 농지를 받은 늙은 농부가 그 기쁨을 즉흥적인 가사를 붙여 부른 것이 널리 퍼짐. 모택동 찬양가. 동방의 태양이라는 뜻)]인 조반파가 앞장섰는데, 이 둘은 서로 왕래를 하지 못할 만큼 다투었다.

파벌끼리 소란스럽게 싸우고 있었지만 원자바오는 그 소용돌이 속에 휩싸이지 않았다. 그는 결코 정치 감각이 무디거나, 남들이 도취해 있을 때 혼자만 깨어 있었던 것은 아니었다. 그는 착하고 순박해, 존경받던 총장이나 원로 교수가 끌려나와 비판을 받으며 일말의 존중도 받지 못하는 것을 목격하고는 도저히 참을 수가 없었다. 그를 사람됨의 표준으로 삼는 것은, 설령 누군가 잘못을 저지르더라도 이렇게 마구 대하는 것은 옳지 않은데, 하물며 수십 년간 성심을 다해 교직에 몸담았던 은사가 무슨 잘못이 있다는 것인가! 그는 이런 정의로운 일을 위해 싸우기 싫어 소요파(逍遙派)가 된 것이다.

그가 소용돌이를 벗어나자 때마침 마오쩌둥은 홍위병에 대한 태도에 급반전의 태도를 보이기 시작한다. 1968년 7월, 전국에서 가장 유명한 대학 홍위병 조직인 칭화 대학의 [징깡산(井岡山-중국 중남부의 장시[江西]와 후난[湖南] 접경지에 위치한 산) 병단]이, 포우따푸[蒯大富]의 지휘 아래 칭화 대학에 주둔하고 있던 노동자 선전부대와 무력 충돌하는 일이 발생한다. 이 일로 마오쩌둥은 대노했고, 베이징 대학과 칭화 대학 등 다섯 개 대학의 홍위병 지도자를 만나 홍위병에 대한 지원을 끊기로 결정한다.

원자바오는 가난한 오지인 깐쑤에서는 조용히 전공에 몰두할 수 있을 것이라 여겼는데, 그곳 역시 다를 바 없이 「문투」와 「무투」로 얼룩져 파벌성이 짙었다. 원자바오는 비투대회(批鬪大會-비판투쟁대회의(批判鬪爭大會議)의 줄임말로, 문화대혁명 때의 비판·투쟁 집회)의 구타를 인정하지 않아 「독재정치[專政]」의 대상이 됐고, 농촌으로 보내져 1년간 고생을 한다. 다행히 [혁명파(革命派)]는 그를 사지로 몰아넣지 않아 나중에 그가 좋아하는 광산 탐색 작업을 할 수 있도록 하였다.

1968년에서 1978년까지 10년 동안, 원자바오는 결코 세월을 헛되이 보내지 않았다. 그는 대서북의 황량한 깊은 산인 고비에서 사방으로 광산을 찾아 헤매는 고생스러운 생활과 일을 반복하며, 때로는 생명의 위험에 직면하기도 했지만 그는 즐거이 일을 계속했다.

조물주가 만든 세상은 아주 공평하여, 땅 위의 식물이 풍부하면 땅 속의 광물은 빈약하였고, 대지에 풀 한 포기 자라지 않으면 지하의 자원은 풍부해진다. 깐쑤의 지하 광산자원은 매우 풍부하여, 원자바오라는 지질 전문가 입장에서는 이러한 작업환경의 풍부함에 만족을 느꼈으며, 자신의 물질적인 풍요로움에는 개의치 않았다.

원자바오가 있던 원취엔[溫泉] 지질역학대는 파벌성이 매우 심해, 막 부임한 서기는 필히 새로운 간부와 대장을 뽑아 맞서야만 했다. 이로 인해 원자바오는 엔지니어에서 행정 간부로 옮겨 한 차례 고통을 겪어야만 했고, 그 이후에는 정치처 간사에서 정치처 주임으로 한 발씩 나아가 1978년에는 부처장급의 부대장이 된다. 이때부터 그는 고속 승진을 하며 베이징에 입성해 중앙으로 들어간다. 1986년, 그가 중앙 판공청의 주임이 된 후 정치계의 주목받는 새로운 별이 된다.

주룽지의 부인 라오안[勞安]은 모두에게 잘 알려져 있지만 원자바오의 부인 장페이리[張培莉]는 지금까지 아는 사람이 별로 없다. 장페이리는 시원한 성격으로 말도 시원하게 하며 기세가 등등하여 별명이 [일진풍(一陣風)]이다. 그녀는 원자바오와 깐쑤의 옛 동료들 사이의 연락망이다. 그러나 그녀는 분명히 [남편은 나에게도 엄격해요] [나는 한 번도 그의 일에 관해 참견한 적이 없어요] 라고 말했다.

주룽지의 부인 라오안은 그의 친한 중학교 동창의 여동생으로, 주룽지는 총리가 된 후 자주 부인과 동행하여 사람들이 잘 알고 있다.

원자바오의 부인 장페이리는 지금까지 원자바오와 함께 텔레비전에 얼굴을 내민 적이 없어 사람들은 그녀에 대해 아직 낯설다.

장페이리는 란저우[蘭州] 대학 지질 지리학과를 졸업해 지우취엔에서 암석 감정에 종사했다. 원자바오는 베이징 지질학원 대학원 시절 여자친구를 사귄 적이 있다. 그와 여자친구는 모두 깐쑤로 파견되었는데, 그녀는 지우취엔이 아닌 위먼[玉門]으로 가게 됐다. 두 사람 사이의 거리가 너무 멀어서인지 아니면 다른 어떤 원인인지는 알 수 없으나 나중에 여자친구는 그에게 이별을 통보했다.

그 소식이 알려지자마자 동시에 여대를 졸업한 동료 3명이 원자바오를 쫓아다녔다. 그 중 장페이리가 제일 적극적이고 열정적이었다. 장페이리는 원자바오에게 당시 잘 팔리던 치엔먼[前門]이란 상표의 담배를 사주기도 하고, 원자바오의 숙소로 가서 밀린 빨래를 해주기도 한다. 마침내 원자바오의 마음을 얻어 부부의 연을 맺는다. 1970년대 그들이 결혼할 당시 문화혁명은 아직 끝나지 않았다. 두 사람을 다 잘 아는 동료들의 말에 따르면, 나머지 두 명의 여자가 장페이리보다 예뻤고, 장페이리는 원자바오보다 한 살 연상이라고 한다.

원자바오 부부가 결혼 후 아이가 없었을 때, 정치처의 고참 동료가 불행히 사망하여 열여섯 살짜리 딸이 혼자 남게 되었다. 돌봐줄 사람이 없는 그녀를 원자바오 부부가 수양딸로 삼았고, 장페이리는 매일 그녀를 불러 밥을 먹이고 일용품도 사주었으며, 나중에는 그녀의 일까지 처리해 주었다. 수양딸은 지금도 지우취엔에 있지만 기회가 있을 때마다 베이징의 원자바오 가족들과 함께 모여 시간을 보낸다.

장페이리가 임신 7—8개월 때, 지질역학대의 끊이지 않는 정치학습과 파벌투쟁을 피하기 위해 그들의 동료인 장쯔징[張子靖]은 그녀를 자전거에 태우고 후이닝[會寧] 농선대(農宣隊) 활동에 참여하여 농민들에게 정책을 선전하였다. 장쯔징은 만삭의 장페이리를 자전거에 태우고 가파른 길을 날듯이 올라갔다 내려갔다 했는데, 당시는 조금도 무섭지 않았지만 만약 지금이라면 겁이 나서라도 못 했을 것이라고 회상하였다.

장페이리는 직선적이고 하고 싶은 말은 다하며, 노래하고 춤추는 걸 좋아해 대오의 문화예술에 참여하는 적극적 인물이었다. 그녀는 말하는 것과 일하는 것이 다른 사람보다 반 박자는 빨라 별명이 「일진풍(一陣風)」이다.

원자바오의 동료들은 항상 그들 부부를 가지고 농담을 했는데, 「수래보(數來寶); 보물을 한 번 세어보자」라는 곡조로 자문자답하였다.

「십마풍(什麼風); 무슨 바람? 일진풍(一陣風); 획 부는 바람. 십마보(什麼寶); 무슨 보물? 온가보(溫家寶); 원자바오」.

그들 가정에는 두 개의 보물인 아들 바오바오[寶寶]와 딸 바오메이[寶妹]가 생겼다. 두 아이들의 진짜 이름은 아들은 원윈쑹[溫雲松], 딸의 이름은 원루춘[溫如春]으로 앞의 이름은 태명이다. 오랜 이웃과 동료들은 그 아이들의 태명만 알고 있다.

란저우에 있을 때 장페이리는 동료에게 불만스러워 하며 남편이 자신에게 너무 엄격하다고 말했었다. 퇴근 후, 그녀가 치마를 입고 물을 길으면 그녀를 나무랐다고 한다. 그것은 1980년대 초, 중국에는 치마 입은 여성이 많지 않아 원자바오는 장페이리에게 차림새를 주의하라고 하였다. 원자바오는 자신에게도 엄격하여 1년 내내 남색 인민복만을 입었고, 장페이리가 그에게 양복을 만들어줘도 입지 않았다. 원자바오와 장페이리는 성격이 각각 내향적과 외향적으로 다르지만, 두 사람의 생활은 아주 조화로웠다.

　장페이리도 자신의 빠른 말투가 좋지 않다는 것을 잘 알고 있어 원자바오의 동료들이 집을 방문해 업무 얘기를 나눌 때면 일부러 자리를 피하곤 했는데, 그녀는 「내가 입을 열까 봐 겁난다」고 하였다.

　최근 지우취엔시 가스회사의 고위 간부는 장쯔징과 원자바오가 유달리 친한 동료 사이라는 것을 알고 장쯔징에게 베이징의 원자바오에게 지우취엔시 도시 가스관 수리자금을 비준받을 수 있게 해달라고 부탁하였다. 장쯔징이 원자바오의 연락망인 장페이리를 찾았을 때, 장페이리는 옛날과 변함없는 빠른 말투로 「아이구! 장 선생! 내가 남편 일에 참견하는 것 봤어요!」라고 하였다.

　지우취엔에서 나간 장페이리는 부득이 지질역학대(현재명은 깐쑤성 지질 탐사국 제4 지질광산 탐사원)를 담당하였는데, 베이징 사무처 주임 같은 역할이었다. 원자바오가 바빠 사람들을 만날 수 없자 자연스레 장페이리가 원자바오의 연락망이 되어주었다. 가끔은 장페이리를 찾아 일을 처리하려는 사람이 너무 많아 천성적으로 열성적인 장페이리조차 감당하기가 힘겨웠다.

　장페이리의 성격이 털털하고 기세가 등등하여 많은 사람들이 그녀의 호탕함에 깊은 인상을 받는다. 한 번은 장페이리가 지우취엔의 동료들에게 「몹쓸 병에 걸려 깐쑤에서 치료를 할 수 없어 베이징의 나를 찾으면 기꺼이 도와주겠다. 그런데 ‘닭털과 마늘껍질(鷄毛蒜皮－하찮은 일이란 뜻)’ 같은 일까지 나를 찾는다. 기차표 한 장 사는 것조차 도와 달라고 하는데, 내가 피곤하지 않겠는가?」라며 하소연했다고 한다.

장페이리가 입으로는 투덜댔지만 사람은 역시 열성적이다. 장쯔징이 베이징에 갈 때면, 장페이리는 그를 국가보석검사감정센터[國家珠寶檢驗鑑定中心]의 초대소에서 묵게 했는데, 비용은 장페이리가 부담하였다. 샤오룬[沙侖]이 베이징 회의에 참석차 가면 원자바오를 귀찮게 하지 않으려 했지만, 동료가 장페이리에게 전화를 걸어 연락을 취하면 장페이리는 부리나케 달려왔고, 원자바오가 샤오룬과 점심 식사할 수 있도록 준비해준다. 하지만 운이 없어 중앙 서기처의 회의가 열리고 점심 식사 후에도 회의가 계속되면 원자바오 사무실의 팡 비서에게 거절당하기 일쑤였다.

주룽지는 중국 경제의 과열과 통화팽창의 위험한 국면을 만회하여 명성이 자자하였고, 원자바오는 1998년 여름, 장강 유역 대홍수의 위기를 넘겨 이름을 날렸다. 원자바오는 실패하면 죽겠다는 비장한 각오를, 주룽지 역시 죽음을 두려워하지 않는 용기를 갖고 있어 각자 특색이 있었다.

주룽지와 원자바오는 연이어 국무원 부총리를 지낸 바 있다. 주룽지는 7년, 원자바오는 5년간 부총리를 역임하였다. 두 사람은 부총리의 자리에서 위험한 국면을 만회하여 사람들을 놀라게 하였다. 그러나 원자바오는 주룽지처럼 떠들썩하게 일을 처리하지 않았고, 자신의 업적에 대해 많은 선전을 하지도 않았다.

1993년 봄과 여름, 중국 경제는 과열 현상과 통화 팽창이란 위험한 국면을 맞아 리펑[李鵬] 총리는 건강상의 문제로 잠시 요양을 하면서,

주룽지가 국무원의 전반적인 경제업무를 관리하였다. 당시 중국 경제라는 급행열차 앞머리에 위급한 빨간불이 빈번히 깜박였지만 열차를 멈출 수가 없었다. 주룽지는 위험에 처한 상황을 명쾌히 잘 처리함으로써 궤도를 이탈한 열차를 제자리에 돌려놓았다.

중국 경제는 1992년 13.2%의 초고속 성장을 보였고, 1993년 6월분 통화 팽창률은 21.6%에 달했다. 전국 도처에서 토지를 점거해 개발 구역을 만들었으며, 철강은 부족해 가격이 두 배 넘게 올랐다. 은행 자금은 개발 열기가 뜨거운 지역에 몰려 부동산 투기를 했고, 금고는 심각하게 비어있는 상태였다. 민중들이 소문을 듣고 예금을 찾으려고 은행에 몰린다면 중국 전역에 분명 심각한 금융 위기가 나타날 상황이었다.

주룽지가 부득이 직접 중앙은행장을 겸임하고, 즉시 거시적 조절을 강화하는 중앙 16호 문건을 지시하였는데, 7월 7일부터 어느 은행이든 대출 규모를 초과하여 마음대로 자금을 빌리면 은행장이 일률적으로 면직되며, 이전에 빌려준 돈은 만기 내에 반드시 찾아와야 했고, 그렇지 않으면 행장이 면직된다고 규정했다. 문건 내용이 발효되자 각 은행 창구는 대혼란이 일어났다. 은행들은 대책 마련에 정신이 없었지만, 다른 한편으론 주룽지를 저주하기 시작했다.

사실상 은행이 규정을 어기고 투자한 돈은 상당 부분 철근, 콘크리트가 되어 이미 회수할 방법이 없었다. 그러나 주룽지에게 겁을 먹어 부득이 유동자금을 회수해 벌충하였고, 최종 4백억 위안을 회수하였다. 주룽지는 혈을 집어내는 방법으로 은행의 비열한 행위를 제지시키며 코앞에 닥쳤던 금융 위기를 벗어날 수 있었다.

곤이어 주룽지는 박차를 가해 지금까지도 영향을 주는 일련의 개혁을 추진했다. 그 개혁들은 세수 개혁, 외환 개혁, 융자투자 체제개혁 등이다. 이러한 개혁은 모두 거대한 압력 하에 대대적으로 전개되었다. 1993년의 거시적 조절로 선전[深圳]과 상하이의 주식시장은 한꺼번에 종전의 '오름장세'에서 '내림장세'로 변해 버렸다. 1994년 1월 1일, 분세제(分稅制)는 주룽지의 의지로 실행되었다. 1999년 1월 1일, 외환 개혁 또한 주룽지의 강경한 태도 하에 정식으로 진행되었다.

주룽지가 욕을 먹은 정도는 아마도 전대미문의 것이었을 것이다. 그는 강제로 은행이 차관을 회수하게 하여 은행의 돈줄을 차단했고, 그 때문에 은행계 인사들로부터 크게 욕을 먹었다. 또한 주식시장을 정돈해 주식시장이 실속도 없이 터무니없이 높이 올라가는 것을 불허했으며, 국유기업의 관리와 주식 투자자들의 돈줄을 막아 각계각층의 사람들로부터 욕을 먹는다. 그가 추진한 분세제는 지방의 이익을 건드리고, 일부 기업을 위기에 빠뜨리는데, 이로 인해 지방관리와 기업주들에게도 크게 욕을 먹었다.

그 당시 나는 주룽지의 기자회견에 참석하였었다. 주룽지는 「누군가 나를 일깨웠다. 남방(南方)은 벌써 살인자를 보내 나를 제거하려고 한다」라고 말하여 사람들을 깜짝 놀라게 했다. 그러나 심각한 몰이해, 악독한 저주, 심지어 생명의 위협까지도 주룽지를 변화시킬 수는 없었다. 그는 하늘도 땅도 두려워하지 않았다.

총리 임기 5년 동안, 주룽지의 강인한 개성은 때에 맞춰 발휘되었는데, 「기껏해야 목숨 하나 던지면 되지!」「정 안되면 우파 되는 거지!」「정 안되면 칭화 대학에 돌아가서 교편이나 잡지!」라는 등의 목숨을 내던지는 식이었으니, 다른 사람이 그를 어떻게 할 수 있었겠는가.

주룽지의 거시 조정정책의 위세는 분명히 효과를 보았다. 중국이 무서워하는 [거품]이 꺼진 것이다. 1995년 이래로 과열된 성장률과 통화 팽창률이 모두 떨어지기 시작했고, 정상수준으로 돌아갔다. 외환 개혁 후 국가 외환 보유는 매년 증가했다. 분세제 실시는 중앙 재정을 해마다 커지게 했으며, 1996년 중국 경제는 [연착륙]에 성공한다. 주룽지는 국민들로부터 이해와 사랑을 받았을 뿐만 아니라 그의 거시 조정정책은 국제사회에서 높은 평가를 받았다.

이로 인해 주룽지 자신도 득의양양하게 여러 차례 반농담 삼아 노벨상 수상자도 중국 경제 문제를 해결하지 못할 것이라고 하였다. 우리가 취재했던 미국의 학자는 주룽지의 거시 조정정책의 성과를 논증한 자신의 책에서 주룽지는 노벨 경제학상을 받을 자격이 충분히 있다고 밝혔다.

1998년 여름, 장강, 쑹화강, 넌강 유역에 역사적으로도 보기 드문 대홍수가 발생했다. 당시 국가 재해방지대책 총지휘부를 담당했던 원자바오는 후베이, 장시, 후난, 헤이룽장(黑龍江)의 홍수 방어일선으로 달려가 연속해서 한 달간 매일 20시간씩 일을 했다.

원자바오로 말하자면 최대의 어려움은 징강(荊江)의 물을 언제 방류할 것인가 하는 문제였다. 당시 중국의 방류 [핵단추]는 바로 원자바오의 손 안에 있었다. 중앙의 결정은 이미 내려졌고, 단지 원자바오가 버튼을 누르는 것만 남아있었다. 그러나 긴박한 시기에 원자바오는 핵단추를 누르지 않았으며, 과단한 결단력으로 징강 유역을 구해 그의 용기와 담력은 새롭게 돋보였다.

1998년 8월 16일, 장강의 여섯 번째 물마루가 엄습하는 가운데, '아홉 구비 창자처럼 꼬불꼬불한' 징강의 수위는 계속 상승하고 있었고, 거의 방류 한계점에 가까워졌다. 밤 9시, 물이 놀라운 기세로 45미터를 넘어섰다. 원자바오는 저녁 10시 반 징저우[荊州]로 날아갔고, 현장부서는 결단을 내려야 했다.

도대체 방류를 해야 할까, 말아야 할까? 최종적인 결정을 내려야 하는 부담감은 원자바오의 몸을 짓눌렀다.

45미터의 방류 한계선과 관련해 두 가지 이야기가 전한다. 하나는 1985년 6월 큰 홍수가 발생했을 때, 중앙의 정책결정 집단은 파죽지세로 몰려오는 홍수에 대해 79호 문건을 하달했는데, 그 내용은 '샤시(沙市)의 수위가 44.67미터(한계 45미터 규정)에 이르러 수위가 계속적으로 상승할 것으로 보고, 징강 방류 지역의 북쪽 수문을 열어…」였다.

나머지 하나는 1998년 8월 6일, 원자바오가 단호한 결정을 내리기 열흘 전이었다. 당시 샤시(沙市)의 수위는 이미 44.75미터에 달했고, 45미터를 넘을 것이 분명했다. 이에 후베이성 위원회는 중앙으로 긴급히 전보를 보내 방류를 요청한다. 원자바오는 매우 냉정하게 후베이성 간부들에게 「함부로 방류를 거론하지 말라」고 말했다. 다음날 샤시의 수위 44.98미터로 형세가 더욱 위급해졌다. 그 후 주룽지는 징저우에 급히 도착해 원자바오에게 정중히 「정치국 상임위원회는 이미 방류의 핵단추를 국가 재해방지대책 총지휘부에 넘기기로 결정했고, 당신이 지휘관이니 당신에게 핵단추를 넘기겠소」라고 말했다.

핵단추를 쥐고 있는 원자바오는 계속적으로 상승하고 있는 수위를 눈앞에 두고서도 당황하지 않고 냉정함을 유지했으며, 마지막에 취할 방법을 차근히 준비하였고, 전문가의 의견을 수렴했다(하지만 전문가들의 의견도 일치하지 않아 방류를 찬성하는 쪽과 반대하는 쪽으로 나뉘었다). 원자바오는 자신만의 판단으로 제때에 즉시 결정을 내려야만 했다.

1954년 8월 8일, 후베이에서는 제방이 무너지자 할 수 없이 방류를 결정, 젠리(監利)와 홍후(洪湖) 농작지가 수몰됐으며, 수백만 명의 이재민들이 고향을 등지고 떠났고, 수몰되었던 토지는 몇 년간 복구되지 못했다.

원자바오는 이런 불행이 다시 자초되는 것을 볼 수 없었다. 전문지식을 갖춘 그는 기상, 강우량, 수위 상황, 지질구조 등 일련의 상황을 종합 분석한 후 결정을 내렸다. 「제방을 사수하며 이 난관을 극복한다.」

그는 장쩌민과 주룽지에게 자신의 결정을 보고하여 베이징의 수긍을 얻어낸다.

8월 17일 정오, 지금까지 샤시의 수위가 역사상 올라간 적이 없는 45.22미터까지 상승하여 지역 주민을 공포에 떨게 했다. 큰 농업용 트랙터까지 물에 잠기게 하고 말았다. 원자바오는 큰 비가 세차게 내리는 가운데 직접 제방으로 가서 확성기를 잡고 제방을 지키는 군인들에게 「조금만 더 견디어 내길 바랍니다! 수위는 곧 내려갈 겁니다! 이틀만 더 버팁시다!」라며 용기를 북돋아 주었으며, 당시 수많은 사람들은 원자바오를 걱정하며 손에 땀을 쥐었다.

원자바오가 위험에 처해서도 당황하지 않는 모습은 당시 현장에서 직접 목격한 사람들에게 깊은 인상을 남겼다. 만약 눈으로 직접 보지 않았다면 상상조차 할 수 없었을 것이다. 평소 온화하던 원자바오가 중요한 결정을 내릴 때가 되어서는 늠름하게 대군을 지휘하는 대장군과 같은 위풍이었다!

이 일이 끝난 뒤, 그는 자신을 발탁해 베이징으로 입성시키고, 또한 중앙에 추천해준 쑨따꽝에게 당시 막중한 부담감으로 제방이 터지면 출렁이는 물에 뛰어들 각오였다고 말했다. 자신의 결정이 잘못된다면 죽음으로써 죄 값을 치르려 했다는 것이다.

원자바오는 성공하지 못한다면 자기를 희생한다는 비장함을 갖고 있었으며, 주룽지는 죽음도 사람이 거쳐야 하는 한 과정으로 보아 죽음을 두려워하지 않았다. 비록 각자의 특색이 있지만 이들 두 사람은 모두 자신을 희생하는 정신을 갖고 있으며, 이것이 바로 일맥상통하는 부분이다.

주룽지는 애증(愛憎)이 분명하여 좋고 싫음이 얼굴에 그대로 나타난다. 원자바오는 온화한 모습으로 어떠한 감정도 얼굴에 표현하지 않는다. 주룽지는 자기 과시형의 사람으로 아랫사람의 허물을 들추기 좋아했다. 원자바오는 내적으로 차분하여 그의 엄격함은 일을 집행함에 있어 잘 나타난다. 주룽지는 서둘러 성공을 뒤좇고 남의 말을 듣지 않았으며, 원자바오는 타인의 의견을 수렴하여 함께 일을 도모하려고 한다.

주룽지는 애증(愛憎)이 분명하여 좋고 싫음이 얼굴에 그대로 나타난다. 그가 근엄해져 냉혹하고 무자비해지면 사람들은 보기만 해도 두려워 떨었으며, 그가 즐거워하여 웃음이 만발하면 무엇과도 비교할 수 없었다. 주룽지는 성격이 보통사람과 같으며, 성공을 좇는데 급하고, 남의 말을 듣는 것을 그다지 좋아하지 않았다.

원자바오는 온화한 모습으로 어떠한 감정도 얼굴에 표현하지 않는다. 언제나 그를 보면 항상 입가에 웃음을 띤 모습으로 마치 평생 화라고는 내본 적이 없는 듯한 얼굴이다. 원자바오의 이런 미소가 천성적인 것인지 후천적인 것인지는 알 수 없다.

주룽지의 업무 형태가 명령 하달식이라면, 원자바오는 경청 스타일이다. 그들 둘은 성격에서도 큰 차이를 보이는데 주룽지는 자기 과시형이고, 원자바오는 내적으로 차분한 형이었다.

주룽지가 대노하여 목청을 한껏 높이고 눈을 부라리는 것은 일상적인 일로, 책상을 두드리고 의자를 치는 분노 표출의 행위가 가라앉은 후에는 손이 아팠었다고 밝힌 적이 있다. 그는 또 「빌어먹을 공사 같으니! 완전 콩비지 공사야!」(지우강 제방의 부실 공사로 둑이 터졌을 때), 「오염이 이렇게 심각한데 수명단축은 당연지사야!」(베이징에서 과학자들이 오염 문제를 보고할 당시), 「좋기는 개뿔이! 사기꾼이나 지껄이는 소리야!」(지방에서 보고한 가짜 데이터를 보고 난 후) 라며 거침없이 욕을 내뱉기도 했다.

원자바오는 이렇게 화를 내는 사람은 아니었다. 당연히 업무 중에 별별 일을 다 겪어도 거친 말투나 태도로 분노를 표출하지 않았고, 기껏해야 심각함을 내보일 정도였으며, 정제되고 논리적인 말로 문제의 핵심을 짚어내곤 했다. 예를 들어, 농촌 지역에서 일하는 사람들에게 「농촌의 발전은 직접 뛰며 만들어가는 것이지 앉아 입으로 하는 것이 아니다」, 남수북조개발계획(南水北調開發計劃－양쯔강[揚子江]의 물을 물이 부족한 화베이[華北] 지방으로 끌어들이려는 계획)을 추진하는 직원들에게는 「먼저 물을 아낄 줄 알아야 계획의 실현이 가능하다」라고 했으며, 또한 서부 대개발(西部大開發－동부 연해지역의 개발과 발전에 비해 상대적으로 소외되었던 서부, 중상류 지역의 대대적인 개발정책. 즉 동부 연해지역의 발전을 서부지역 개발에 접목시켜 발전시키는 것을 목표로 함)의 생태보호에 관한 그의 시각을 밝힐 때는 「생태환경 건설은 기존의 자연상태에서 벗어나 맹목적으로 새로운 생태시스템을 짓는 것이 아니다」라고 말했다.

원자바오는 업무에서 서로 돕고 협조하는 것을 중시하였다. 사람의 무리 사이에서 모순이 없을 수는 없다. 업무를 진행함에 있어 종종 타인과의 다른 의견이나 방법으로 인해 간혹 모순이 나타나기도 하는데, 하물며 중국처럼 빨리 발전하고 있는 나라는 어떠하겠는가? 원자바오는 그러한 모순을 푸는 묘수를 갖고 있으며 그 정수는 외유내강으로, 부드러움으로 강인함을 이겨내는 것이다. 사실 국무원 총리라는 역할은 지휘자인 동시에 조력자이기도 하며, 가끔은 조력자로서 지휘자의 역할을 뛰어 넘기도 해야 한다.

원자바오는 골치 아픈 문제와 난관에 봉착하면 강제적이거나 위협적인 방법을 택하기보다는 먼저 그 문제를 정확히 파악하고 이해하는 동시에 법규와 제도의 역할을 강조하면서 민주적인 방식을 통해 일정한 규제를 만들어 사람들로 하여금 따르도록 하였다.

주룽지와 원자바오의 외모, 성격, 업무처리 스타일 등은 완연히 다르지만 주룽지를 잘 아는 측근들이나 원자바오를 잘 아는 측근들은 각각 모두 다 좋은 사람이라고들 말한다. 차이가 이렇게 큰 두 사람이지만, 똑같이 '좋은 사람(好人)'이란 평가가 내려졌다.

원자바오는 가히 「철의 인물(강인한 인물)」이라고 말할 수 있다. 단지 표현방식에서 주룽지와 다를 뿐이며, 아직 그의 역량을 충분히 발휘할 때가 오지 않았을 뿐이다. 원자바오의 강인함이 밖으로 표현되지는 않지만 내면에 잠재되어 있으며, 그런 강인함은 일을 처리할 때 잘 나타난다.

사실 주룽지는 매우 단순하며 마음이 투명한 사람이다. 그가 생각하고 있는 것은 바로 입으로 내뱉어지고 실행으로 옮겨지며, 시간 낭비하며 에둘러 가는 것을 좋아하지 않는다. 그는 성깔 있는 사람으로, 감정적으로 일처리를 하기 때문에 일단 조급해지면 화를 낼 뿐만 아니라 빨리 결정을 내려야만 한다. 예를 들어, 어떤 일은 혹독하게 처리한다든지 어느 관리를 쉽게 자르는 등이 그러하다. 이렇게 급히 일을 처리한 후, 자신의 결정이 오판이란 것이 확인되면 잘못을 인정하고 다시 시정하였다. 그러나 일부 큰 문제, 즉 그가 생각하기에 원칙적인 문제라고 여기면 자신의 의견을 굽히지 않았고, 다시는 말을 꺼내지 못하게 했을 뿐더러 완고하여 자기 의견만 옳다고 생각해 남의 의견을 듣지 않았다.

소위 큰 문제라는 것은 정부가 정책을 결정짓는 경제 사무이다. 1994년 주룽지가 주도한 거시적 조절은 확실히 비범하고도 탁월하였으며, 모든 일이 끝난 후에도 그의 판단이 정확했다는 것이 여실히 증명되어 사람들의 존경을 받았다. 아마도 사람의 업적이 빛날수록 느낌도 점점 좋아지는가 보다. 이성과 지혜 외에 풍부한 감정과 고집스러움은 쉽게 생겨나는 것이다. 인간의 본성으로 보면 이런 것들은 저절로 만들어지는 것으로써 억제한다고 하여 그런 감정이 생기지 않는 것은 아니다. 주룽지 역시 예외일 수는 없다.

정부 관계자는 주룽지의 정책결정이 너무 바삐 진행된다고 하였다. 고려해 보지도 않은 채 바로 명령을 하달할 뿐만 아니라 다른 의견은 귀 밖으로 듣는다는 것이다. 심지어 그의 아랫사람들은 그를 두고 중국 최고의 고집쟁이 계획경제학자라는 말도 서슴지 않았다. 예를 들어, 국무원은 강압적으로 추진 중인 식량정책에 많은 노력을 기울였지만, 하부에서 정책을 관철하고 집행할 방법이 없었다. 경제학자, 지방 정부, 작은 마을의 원로들, 농민들 모두가 반대하였고, 단지 국가계획위원회와 식량관리 부서만이 찬성하였다. 하지만 주룽지는 한사코 이를 고집하며 일 년 동안 많은 문건을 발행해 집행했다. 이러한 정책으로 인해 도처에서는 원성이 자자했으며 위화감이 조성됐고, 어떤 곳은 단 하루도 집행한 적이 없었다. 주룽지는 식량의 통일된 관리를 통해 중국인의 생명줄을 움켜쥐려고 했지만 이런 「계획경제」 방식은 이미 중국에서 실패하고 작별을 고하였다. 예컨대 그가 고집하던 국유 주식 축소정책은 중도에 할 수 없이 계획을 수정하였다.

전문가들은 주룽지가 점점 자신을 만능 경제학자로 자처하고 있다며 거시 조정정책의 성공이 그에게 자신감을 안겨주었다고 했다. 그는 이미 1994년 당시와 마찬가지로 경제학자의 의견에 귀 기울이던 주룽지가 아니었으므로 당연히 많은 경제학자들과 의견이 엇갈리게 되어 골머리를 앓는다. 그가 경제학자들과 마찰을 일으켰고, 그럴 수도 있다고 치자. 그런데 그가 또 다른 저명한 경제학자들과 싸워 말도 하지 않는다면 그건 도를 넘는 행위이다. 모두가 나라를 위한다는 일념으로 출발했으니 서로가 아량을 베풀어야만 한다.

주룽지가 성공을 바라는 것도 좋고, 말을 들어주지 않아도 상관없다. 비록 주룽지에게 이러저러한 단점들이 있고, 그를 아는 모든 사람들이 그의 단점을 잘 안다고 해서, 주룽지에 대해 하고 싶은 말이 없는 것은 결코 아니다. 사람들이 그를 좋은 사람이라고 여긴 것은, 그가 무슨 일이든 열심히 하고, 어떤 결정을 내릴 때면 언제나 공정하게 처리했고, 모두 중국과 중국인을 위해 힘을 썼기 때문이다.

다시 말해, 주룽지의 몸에 배인 청렴결백 역시 그의 특색 중의 하나이다. 이런 점이 스스로 자부심을 갖게 했고, 중국인들이 그를 사랑하게 만들었다. 그는 공개적으로 외신 기자들 앞에서 퇴직 후 국민들이 자신을 청렴결백했던 정치가로 평가해주면 만족한다고 밝힌 적이 있다. 돈과 재산을 밝히지 않는 것은 지금의 중국 관계에서는 매우 찾아보기 어려운 일이다.

주룽지의 강렬한 성격은 때때로 기이한 모습으로 다가온다. 항간에 떠도는 말로는 주룽지가 명나라를 세운 황제 주원장[朱元璋]의 후예이며, 그와 원수진 사람들이 그의 가족묘를 폭파시켰다고 하는데, 모두 신빙성이 없는 소문에 불과하다. 하지만 중국인들은 그에 관한 얘기에 꾸미고 덧붙인 과장된 얘기를 좋아한다.

우리는 최근 허베이 지역에서 전해 내려오는 "진짜 이야기"를 들은 적이 있다. 하루는 주룽지가 봉고차를 타고 허베이성 창저우를 시찰했는데 길에서 교통사고가 난 것을 보게 됐다. 쌍방이 싸우고 양보하지 않아 교통경찰이 현장에 나타났는데, 이것을 본 주룽지가 참지 못하고 큰 소리로 「더러운 도시! 야만스런 인간들! 무능한 시장!」이라고 고래고래 소리쳤다고 한다.

주룽지에게 가끔은 삼국지의 장비 같은 면모가 보이기는 하지만, 아무도 그가 용기만 있고 지모가 없다고 하지 않았다. 중국의 개혁개방 이래 나타난 무질서와 사회구조 변화는 주룽지 같은 배포 있고 식견도 갖춘 권위주의적 리더십을 한 번 정도는 필요로 한다. 그의 드셈과 사나움이 오합지졸이었던 중국 경제 사회를 다스릴 수 있었으며, 아무도 할 수 없었던 일을 가능하게 했다.

원자바오는 유순하여 생활 자체도 평범하였다. 2002년 8월 말, 그는 기회가 생겨 지우취엔을 한 번 방문하게 되었다. 도착한 날 저녁, 그는 참지 못하고 비서와 운전기사를 재촉해 옛집을 찾아갔다. 원자바오는 현재 살고 있는 집주인에게 부탁하여 집을 배경으로 사진을 찍게 해달라고 부탁했지만 집주인이 거절하고 말았다. 그의 말인즉, 내 돈 주고 산 집이니 함부로 사진을 찍게 할 수 없다는 것이었다. 분명히 집주인은 원자바오를 못 알아봤고, 비서와 운전기사가 그의 신분을 밝히려 했지만 원자바오는 그렇게 하지 못하게 했다. 다음날 그는 옛 상사, 동료, 친구들과 정원에 모여 담소를 나누며 전날 있었던 이야기를 하면서 폭소를 금치 못했다고 한다.

원자바오는 「지우취엔에 가면 먼저 하고 싶은 것이 모두를 빨리 만나 보는 것이다. 이전에 살았던 집과 일했던 곳도 보고 싶다. 내가 베이징에 온 후 이사를 몇 군데 다녀봤지만 찾아가고 싶은 곳은 없었다. 하지만 여기는 다른 곳과 다르게 유달리 친밀감이 느껴진다. 이전의 눈에 익은 물건을 보면 금방 수많은 추억들이 떠오른다」고 말하였다.

80세의 바이즈룽은 그날 원자바오가 그의 손을 잡고 많은 질문을 하며 그의 건강, 퇴직금, 어려운 점, 자녀들의 직업, 부인의 건강에 대해 물은 것을 회상하였다. 바이즈룽은 원자바오가 속했던 지질역학대의 전임 정치처 주임으로 백전용사의 군인 출신이었는데, 얼마 전 뇌수술을 받았다고 했다. 원자바오는 머리의 수술 자국을 보며 「당신은 저의 수장이며, 지도자입니다. 도량이 넓으셔서 백 살까지는 거뜬히 장수하실 겁니다」라고 말했다고 한다.

목수였던 왕디엔슈[王殿修]는 과거 원자바오 집안의 귀한 손님이었다. 원자바오가 방문했을 때 왕디엔슈 역시 함께 이야기를 나눈 사람 중의 하나다. 원자바오는 그가 만들어준 책장을 아직도 갖고 있다고 했지만, 정작 책장을 만든 왕디엔슈는 기억조차 못했다.

그는 나에게 「원자바오와 장페이리는 지식인이었지만 나 같은 무지랭이와도 잘 지냈어요. 잘난 척이라는 건 눈 씻고도 볼 수가 없었죠. 그 때 마누라가 집에 없어서 가끔은 장페이리가 밥을 차려놓고 부르기도 했고, 또 내가 깔끔함을 떠는 편이라 집안 청소를 해주기도 했고요. 1981년도에는 우리 딸이 일하다가 다쳐 란저우의 병원에 입원했는데, 그 때는 원자바오의 가족들이 벌써 란저우로 이사를 가 있었어요. 내가 딸아이를 돌보느라 란저우에 있는 동안 숙식비가 많이 나갈까봐 원자바오와 장페이리는 나를 집으로 불러 밥해 먹이고 사무실에서 지낼 수 있도록 해줬어요. 그 때만 해도 막 이사 갔을 때라 그 집 식구들도 단칸방이 전부였어요」라고 말했다.

원자바오는 란저우로 옮겨 간부가 되고도 줄곧 이전과 같은 편안한 태도를 유지하였다. 그는 말단 부서에 검사 작업을 시키되 절대 민폐를 끼치지 않았으며, 먹고 자는 것은 가장 기본적인 사항만 요구해 배불리 먹고 잠만 잘 수 있으면 된다고 하였다. 국가에서는 국장급 간부가 출장을 가면 일등 침대칸을 타고, 호텔도 1인용을 쓸 수 있다고 규정짓고 있지만 원자바오는 작업자들과 마찬가지로 동일한 좌석을 이용하고, 같은 방을 사용하여 단 한 번도 특별대우를 받은 적이 없었다.

원자바오의 투철한 직업정신은 그가 가는 곳마다 입소문이 자자했다. 지우취엔, 란저우, 지질 광산부, 국무원 등의 동료들은 그가 매우 근면한 사람으로 매일 아침 일찍 출근해 밤늦게 퇴근했고, 오랜 세월 동안 쉬는 날도 없이 그렇게 열심히 일했다고 입을 모았다. 원자바오는 말수가 적은 편이지만 그가 하는 말은 모두 이치에 맞는다. 그의 문장이 날카로워 비서가 대신하여 원고를 대필해 주는 것은 드문 일로, 원자바오가 글을 잘 쓴다는 것은 모두들 잘 아는 사실이다.

원자바오는 「철의 인물」로 그의 표현 방식은 주룽지와 다를 뿐이며, 단지 그의 능력을 발휘할 때가 아직 오지 않았을 뿐이다. 원자바오의 강인함이 밖으로 표현되지는 않지만 내면에 잠재되어 있으며, 그런 강인함은 일을 처리할 때 잘 나타난다. 원자바오가 항상 온화하고 조급해 하지도 않고 화도 내지 않는 사람으로 봐서는 안 된다. 그는 실제로 매우 강인하고 수완 좋은 사람이다. 그는 일을 벌이면 중도에 결코 포기하지 않았고, 일을 마치기 전까지 쉰다는 것은 생각지도 못했다. 그는 일에 몰입하고 각 방면의 의견을 수렴하여 최대한 민주적인 방법으로 결판을 지으며, 주도면밀히 살피고 충분히 고려해 결정을 내린다. 일단 결정된 일은 잘 마무리 짓도록 최선을 다했으며, 중도포기란 절대 없었다. 그가 목소리를 높이고 눈을 부라리며 권위를 행사하지 않아도 그의 성실함은 사람들로 하여금 자연스레 존경심이 우러나도록 만든다.

원자바오의 사람됨과 일처리 방식을 보면 그가 온화하지만 엄하고, 해야 할 일과 하지 말아야 할 일을 분명히 구분할 줄 안다는 것을 쉽게 발견할 수 있다.

지우취엔에서 우리가 탔던 택시 기사는 원자바오에 관한 이야기를 하자 그를 원망하며 지우취엔의 제당 공장 도산은 원자바오가 자초한 일이라고 했다. 2년 전, 지우취엔의 제당 공장은 외국에서 원료를 수입했는데, 수속 절차가 규정에 맞지 않아 처벌을 받게 되었다. 시에서는 급히 베이징으로 사람을 보내어 당시 국무원 부총리였던 원자바오에게 부탁을 하려고 했으나, 그는 도움은커녕 도리어 가중처벌토록 하여 지우취엔이 큰 낭패를 보게 했고, 종국에는 국유기업 하나가 도산하는 것을 두 눈을 뜨고 지켜봐야 했다는 것이다.

만약 택시 기사의 이야기가 사실이라면 최소한 원자바오가 원칙적인 문제에서는 사사로운 정을 개입시키지 않는다는 말이 된다. 그의 고향 이싱항 사람들도 이와 같은 원망을 한 적이 있었는데, 그것은 원자바오가 고향을 돕지 않는다는 것이었다.

분명한 것은 원자바오가 이런 문제로 자신의 정치적 업적에 오점을 남기려 하지 않는다는 것이다. 명철보신(明哲保身 – 원래 현명한 사람이 자신에게 위험을 가져올 수 있는 일에 참여치 않는 것을 일컬었으나, 현재에는 잘못이나 자신의 이익에 손해될 것이 두려워 원칙적[근본적]인 문제에도 가부(可否)를 표시하지 않는 태도를 일컬음)도 좋고, 원칙고수도 좋다. 만약 그가 앞으로도 계속 이러한 태도를 지켜 나간다면 중국 정계에서 성행하는 낙하산 인사 등의 비뚤어진 행태가 조금이나마 개선될 것이다.

주룽지의 진솔함과 박력은 매년 3월 거행하는 양회(兩會) 외신 기자 간담회에서 충분히 발산된다. 원자바오는 지금 총리 자리에 앉아있고, 그의 개성도 이러한 모임에서 나타날 필요가 있다. 스타 연예인이 자신만의 개성으로 수입을 올리듯 스타 정치인은 자신만의 개성으로 민심을 끌어들여야 한다.

주룽지는 상당한 매력을 갖춘 인물로서 중국 정계라는 큰 무대에서 주목받는 스타였다. 어떤 면에서는 그 능력이 이미 작고한 저우언라이(周恩來)의 매력과 비교되기도 했다.

지금까지도 원자바오의 매력은 발견할 수가 없다. 도대체 그는 매력적인 인물이기는 한 것일까? 앞으로 저우언라이나 주룽지 같은 정치적인 대스타가 될 수 있을까?

저우언라이는 1950년대에서 1970년대까지 정치계의 매력적인 인물이었다. 그의 호방함과 풍류는 주로 외교 모임을 통해 공개적으로 표현됐다. 비록 그의 인격과 매력이 수많은 측면에서 표현되기도 했지만, 일반 민중들은 직접 얼굴을 보고 목소리를 들어야만 그 매력을 실감할 수 있다. 당시 텔레비전을 갖고 있는 일반 가정집은 거의 찾아볼 수 없어 대부분이 극장에서 저우언라이의 외교 활동 내용을 접할 수 있었다.

　　주룽지의 진솔함과 박력은 매년 3월의 양회(兩會－전국인민대표대회와 전국인민정치협상회의)를 마친 후의 외신 기자 간담회에서 충분히 발산된다. 평소 주룽지에게 이런 개성과 특성이 있다고 해도 대중들은 신화사(新華社－중국 관영 통신사)와 중앙 텔레비전방송(CC-TV)을 통한 딱딱한 뉴스에서 그런 특징을 볼 수는 없다. 양회 후 텔레비전으로 생방송된 기자 회견은 대중들로 하여금 주룽지를 직접 느낄 수 있도록 해줬다. 그가 경제문제에 있어서는 과감하고 결단력 있는 사람이라는 것, 원래 다정다감하며 자유분방한 사람이라는 것도 알게 되었다.

　　1998년 총리에 선출된 당일 기자 회견에서 주룽지는 텔레비전 화면을 통해 국민들에게 비장한 모습으로 「앞길이 지뢰밭으로 되어 있든 수만 길 낭떠러지든 간에 뒤돌아보지 않고 계속 전진해 나아가며 죽는 그 날까지 나라를 위해 온몸을 바쳐 일하겠습니다」라며 자신의 감정을 토로했다. 사람들은 아마도 이전에 주룽지 주변에서 흘러나오는 안 좋은 얘기를 많이 들었을 것이다. 하지만 이번 생방송을 통해 들은 그의 연설은 중국 대류 전체를 뒤흔들어 놓았다. 주룽지의 그 연설이 얼마나 많은 국민들의 마음을 울렸는지는 헤아리기조차 어렵다.

　주룽지의 입당을 소개했던 동창 리슈핑[李淑平]은 주룽지의 이번 연설을 듣고 난 후 편지 한 통을 보냈다고 한다. 편지의 내용은 「절대 잊으면 안 될 다섯 가지」로 실사구시(實事求是), 국민의 고통과 괴로움, 국민들을 이끄는 지혜, 사상정치 공작, 항상 배움을 중시할 것 등이었다. 편지 말미에 특별히 「답장은 안 해줘도 괜찮아요. 옛 친구의 마음만 알아주면 돼요」라고 썼지만 주룽지는 그 편지를 받고 바로 답장을 보냈다. 그의 답장 내용은 「리슈핑 동지! 말씀이 간곡하고 그 뜻이 깊군요. 제가 한 말에 대해서는 몸소 실천해 나갈 것입니다. 고마워요!」였다.

　주룽지의 개인적 매력은 상당 부분 그가 관료사회의 전통을 거리낌 없이 깨뜨리는 데서 나오는 것으로, 이러한 그의 행동은 더욱 개성을 돋보이게 만들었으며, 새로운 눈으로 그를 다시 보게 했다.

　그의 붙임성 있는 태도도 주목을 받았다. 예를 들어, 리슈핑은 주룽지가 상하이 시장으로 재직하고 있을 때, 그에게 「일부 사람들은 당신이 간부 비판을 너무 심하게 한다고 해요」라고 말하자, 주룽지는 고개를 끄덕이며 「그게 바로 내 문제요. 고쳐보겠소」라고 답했다. 지금까지도 주룽지는 아직 자신의 문제를 고치지는 못했지만 최소한 그가 보여준 태도는 겸허하였다. 주룽지 자신이 갖고 있는 「딱딱함」과 「부드러움」은 사람들에게 인정 없어 보이는 매몰참과 친절하고 상냥함을 동시에 보여주는 두 얼굴의 인상을 갖고 있어, 그 자신만의 매력을 만드는 것이다.

원자바오는 지금 한 나라의 총리 자리에 앉아 사람들에게 필히 새로운 이미지를 심어주어야 한다. 단지 부지런하고 성실히 일하는 것만으로는 역부족이다. 성공한 정치가는 연예인의 인기처럼 사람의 마음을 움직이는 절대적 카리스마가 반드시 필요한 요건이지만, 정치가는 그의 절대적 카리스마를 정치 행위를 통해 피력하여 사람들의 마음을 움직일 수 있어야 한다. 이런 역량이 발휘되기만 하면 정책은 사회 대중의 반응과 참여가 이루어지는 과정에서 자연히 적은 노력으로도 큰 효과를 누리게 되는 것이다.

저우언라이는 원자바오가 다녔던 난카이 중학교의 교우이면서 전임자이기도 하다. 이 두 가지 요소가 원자바오에게 많든 적든 후광이 되어 주었고, 선택의 기로에 섰을 때 본보기로 삼기도 했다. 주룽지는 원자바오를 마음에 두고 있었는데, 그를 먼저 사로잡은 것은 원자바오의 인격적인 매력 때문이었다. 인격적인 매력에는 많은 것들을 내포한다.

한 정치가의 매력은 적어도 세 가지 내용을 포함해야 한다. 첫째는 좋은 사람, 그 다음은 능력 있는 사람, 마지막으로 감화력(感化力) 있는 사람이다. 원자바오는 좋은 사람이고, 능력 있는 사람이다. 여기에 만약 감화력까지 더해진다면 미래에는 아마도 좋은 두뇌에 절대적 카리스마까지 겸비한 스타로서 저우언라이-주룽지와는 또 다른 스타 정치인으로 재탄생하게 될 것이다.

그러나 정치 문제를 연구하는 학자들은 전환기 사회 대중들이 과거처럼 권위를 인정하는 심리가 점점 약화되기 시작했고, 일종의 새로운 권위 인정에 대한 심리가 확립되기를 기대하고 있다고 지적한다. 중국 민중은 사회 전환기 속에서 민주의식을 각성하고 있으며, 그리하여 전통적인 카리스마적 권위가 계속 지속되기 어렵기 때문에, 전통적인 카리스마적 권위는 합리적, 법적 권위로 전환되어야 할 필요가 있다.

원자바오에게는 합법적인 정치 권위가 더 편해 보인다. 어찌됐든 간에 정치인이 된다는 것은 그 개인적 카리스마 역시 부족하면 안 된다는 것을 뜻한다. 서양 국가들이 일찍 전환기를 지났다고는 하지만 정치인의 개인적인 카리스마는 마찬가지로 꾸준히 추구되고 있다.

국무원 경제발전연구센터가 주관하는 《중국경제시보》는 2003년 1월 22일, 지나치게 〈성내고 책망하는 것이 많으면 곧 쇼다〉라는 글을 발표한다. 필자인 위에젠 꿰[岳建國]는 이 글에서 근래 2개월 동안 「성내고 책망하는」이란 글이 매체에 출현한 빈도가 매우 높다면서, 계속 읽다보면 의문이 생긴다고 하였다. 상사는 자신의 부하에게 가장 직접적이고, 가장 편리하고, 가장 효과적이며, 전가할 수 없는 감독권과 처벌권을 갖는다. 상사는 매우 품위 있게 감정을 드러내지 않으며 결석, 임면권, 혹은 사법부서의 처리 등을 이용한 최상의 상책으로 부하를 처리하려고 한다. 무엇 때문에 대중 앞에서 눈을 부릅뜨며 소리치는 이러한 교양 없는 서투른 방법을 쓰겠는가?

이 작가는 나중에는 「성내고 비난하는」의 참뜻을 이해했다면서 성내고 비난하는 것은 엄벌 처리를 대신할 수 있는 것이며, 자신의 심복을 보호할 수 있는 것이며, 자기 관리가 엄격함을 나타내는 것으로 일거양득도 아닌 일거다득의 최상책 중의 최상인 것이다. 그는 또 가끔 성내고 비난하는 것은 아마도 정말 지도자 동지들이 부정 현상에 대해 반응하며 「책상을 치며 일어서는」 것이라고 하지만, 거기서 더 하면 곧 쇼인 것이다.

이러한 문장이 이런 때, 이러한 배경의 신문에 발표된 것은 아마도 정말로 뭘 지적하려고 한 것은 아니겠지만, 사람들로 하여금 무엇인가를 연상하게 만든다. 부하에게 성내고 비난하는 것으로 쇼를 하지 말아야 한다. 반드시 상사의 각종 합리적 권리로 문제 있는 부하를 처리해야 한다. 이것 자체가 바로 원자바오의 방법이다. 이때에 《중국경제시보》가 이런 문장을 크게 소개한 것은 아마도 앞으로 국무원의 상부에서 하부까지의 지도방향을 예고한 것일 것이다.

외국 방문 시에 장쩌민은 《인민일보》와 중앙 텔레비전방송(CC-TV)의 보도에, 주룽지는 국외와 홍콩의 매스미디어 평론에 가장 관심을 갖지만, 리펑은 국내외의 보도와 평론 모두에 관심이 없었다. 후진타오는 아직 자기 스타일을 갖추지 않았다. 원자바오가 앞으로 외국 방문을 하게 되면 어떤 스타일의 모습을 보일까?

그동안 내가 이해하고 관찰한 바에 의하면 장쩌민, 리펑과 주룽지는 외국 방문 시 매체에 대한 태도와 반응이 뚜렷이 다른 세 가지 양상을 띤다는 것이다.

장쩌민은 외국 방문 때마다 수행 취재하는 중앙 매체 중에 반드시 컴퓨터에 정통한 《인민일보》의 고급 엔지니어를 동행시켰다. 이 엔지니어의 임무는 매일 저녁 다음날 게재할 《인민일보》 교정쇄를 컴퓨터를 통해 받은 후, 총서기 및 그 관련 수행원에게 검열을 받는 것이었다. 어떤 때는《인민일보》관련 제목의 글자 모양과 크기도 반드시 그들의 결정을 거쳐야 했다. 여기서 볼 수 있듯 장쩌민은 중앙기관 신문을 중시했다.

주룽지가 외국 방문을 할 때는 매번 중앙 매체가 특파원 취재를 해도《인민일보》의 고위 간부는 한 번도 수행하지 않았다. 왜냐하면 주룽지는 다음날 게재할《인민일보》교정쇄를 검열할 생각이 없었기 때문이다. 주룽지가 중시한 것은 홍콩 신문과 방문국의 현지 신문 반응이었다. 주룽지가 처음 총리로서 외국 방문에 나섰을 때 중앙 매체의 수행 기자수를 크게 줄이려 했지만, 결국 다시 많아져서 보내오는 뉴스도 기본적으로 비슷하였다. 반대로 주룽지는 매번 홍콩 혹은 외국 기자들이 운집해 있는 것을 볼 때면 흥분했다. 방문 기간 동안의 매일 아침 식사 전, 주룽지는 매일 자신의 언행을 보도하고 평가한 홍콩과 해외 매체들을 작업자들이 모두 준비해두면 훑어본 후 상황에 근거하여 조정하거나 대응하였다.

리펑은 외국 방문 때, 중앙매체 기자 혹은 해외 기자의 다수와는 거의 무관한 듯 보였다. 그는《인민일보》및 중앙 텔레비전의 보도에 대해 별 관심이 없었으며, 또한 홍콩 및 해외의 보도에도 그다지 관심을 두지 않았다. 모든 것을 순리에 맡기려는 듯했다.

후진타오가 예전에 외국을 방문할 때에는 스스로를 낮춰야 할 조수 위치에 있었기 때문에 아직 자신의 스타일을 갖추지 못했다. 앞으로 그의 스타일을 주시할 만하다.

원자바오는 현재(2003년 초)까지 국무원 총리 신분으로서 외국 방문을 한 적이 없다. 자연히 국내외 매체 보도에 대한 그의 태도에 대해 말할 수 없다. 그러나 원자바오가 총리 신분으로 외국을 방문하게 되면 국내외 기자들은 분명히 떼지어 모여들 것이다. 원자바오의 입장에서, 매체를 어떻게 이용해 국제 사회에 자신의 새로운 이미지를 만들 것인가는 진지하게 연구하고 대처해야 할 과제이다.

총리에 선출된 후의 기자회견은 원자바오가 국내 무대에 모습을 드러내는 것이다. 총리 신분으로 외국을 방문하는 것은 원자바오가 국제 외교 무대에 등장하는 것이다. 두 개의 「첫인상」은 모두 중요한 일이라고 할 수 있다. 왜냐하면 원자바오를 앞으로 스타 효과를 가진 정치인물이라고 부를 수 있는가는 상당 부분 「첫 방망이」가 다진 건실한 기초에서 결정되기 때문이다.

원자바오를 그냥 몸이 깡마른 사람으로 보지 말라. 그를 잘 아는 사람들은 비록 원자바오가 오랫동안 위험을 무릅쓰고 일했지만 매우 건강하다고 한다. 예전에 그는 깐수에서 그렇게 힘든 생활을 했지만 병이 난 적이 없었고, 중난하이에 들어간 후에도 병이 난 걸 본 적이 없다고 한다.

원자바오의 신체는 안으로 다져진 강인하고 힘 있는 체력을 지녔다. 아마도 우리들이 상상하는 이상으로 건강할 것이다.

원자바오는 앞으로 어떻게
홍콩을 밀어줄 것인가?

제6장

       홍콩과 광둥의 전점후창[前店後廠]의 합작형태는 새로운 시대에 부합하도록 변해야 원원 전략을 촉진시킬 수 있다. 그러나 광둥과 홍콩·마카오의 완벽한 경제통합은 불가능한 일이며, 단지 그 차이를 최소화하기 위하여 노력하는 것만이 장벽을 낮추어 실현 가능성의 기회가 창출될 수 있다.

과거 더욱 강조되었던 것들은 「일국양제(一國兩制)」중의 「양제(兩制)」이며, 앞으로 WTO 원칙을 위반하지 않는 상황 하에서 일국(一國) 체제 속의 지역합작이 강화되어야 광둥·홍콩의 경제가 공동 번영할 수 있다.

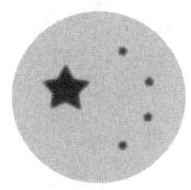

2002년 유명 인사들이 참석한 중국의 한 경제 포럼에서 상하이에서 온 경제학자 한 명이 홍콩 정부에 「적극적 불간섭 정책」을 바꿀 것을 건의하는 논문을 발표하고자 했다. 중국의 원로 경제학자인 우징롄[吳敬璉]은 우연히 이 학자의 원고를 읽은 후 그에게 발표하지 말 것을 요청했다.

최근 몇 년간, 상하이는 정부의 「적극적 간섭 정책」을 유지하여 비약적인 경제발전을 이루어냄으로써 세계의 주목을 받게 되었다.

상하이가 한참 물오른 어여쁜 아가씨라면 홍콩은 나이 들어 볼품없어지는 늙은 여인이 되어가고 있어, 이제 곧 상하이가 홍콩의 화려했던 옛 황후의 지위를 대신할 날이 점점 다가오고 있는 것이었다.

홍콩인들이 근심할 때 상하이 인들은 조금씩 자신들만의 자부심을 드러내기 시작했다. 그 자부심은 경제학자까지 나서서, 마치 칼을 쥐고 적의 진지로 나아가 '구세주'가 되듯이, 「적극적 불간섭 정책」을 「적극적 간섭 정책」으로 바꾸게 함으로써 홍콩 정부와 둥젠화(董建華)를 구하는 역할을 자처하게 하였다.

그 경제학자는 이러한 정책전환이 둥젠화가 경제난국을 극복하고 새로운 이미지를 만들어나가는데 도움이 될 것이라고 여겼다.

홍콩은 매우 민감한 지역으로 경제학자 한 사람의 정책 건의가 이 지역에서 어떠한 파란을 일으킬지는 아무도 예측할 수 없다. 그래서 우징롄은 상하이 경제학자가 마음대로 지껄이지 못하게 입을 막아야만 했던 것이다.

과거, 홍콩 정부는 줄곧 '적극적 불간섭 정책'을 유지해왔으며, 홍콩 경제는 시장이라는 보이지 않는 손에 의한 조정 하에 상당 기간 안정적 성장을 유지해 왔다. 그러나 아시아에 금융위기가 폭발한 이후, 홍콩 경제는 줄곧 악화일로에 서 있었으며, 지금까지 회복할 여력을 보이지 않고 있다. 홍콩 정부의 수장인 둥젠화는 홍콩인들이 그들의 불만을 해소시키는 첫 번째 공격대상이 되었다.

반면 중국 경제는 오히려 정부의 보이는 손에 의한 조절 하에 있었다. 아시아의 금융위기 이후, 중국 정부는 더욱 적극적으로 보이는 손의 역할을 가중시켰고, 「적극적 재정정책」과 「안정적 화폐정책」과 같은 적극적 간섭 정책들을 통해 경제상황을 역전시켰으며, 한편의 찬란한 업적을 창출했다.

홍콩의 경우, 도대체「적극적 불간섭」이 좋은가, 아니면「적당한 간섭」이 좋은가? 또는「적극적 간섭」이 좋은가? 이것은 아마도 외부인이 이래라 저래라 할 문제가 아니라, 반드시 홍콩인 자신들이 판단해서 결정해야 하는 사안일 것이다.

주룽지의 후임이 된 원자바오가 중앙 정부의 홍콩에 대한 일관된 정책을
지속적으로 유지할 것이라는 것은 의심의 여지가 없으며, 여전히 홍콩 정
부에 대한 지원, 홍콩 경제발전에 대한 지원을 아끼지 않을 것이다.

주룽지 총리는 임기가 끝나기 직전인 2002년 11월 19일, 세계 회계
사총회(CPA)에 참석차 홍콩을 한 번 더 방문하였다. 이 시기 홍콩은
아시아 금융위기의 충격으로 5년간의 경제 침체를 겪었으며, 여전히
허덕이고 있었다. 항생지수에서 부동산 가격, 심지어 홍콩인들의 자
신감에 이르기까지 몇 년간 볼 수 없었던 최악의 상태까지 이르렀다.
둥젠화를 수장으로 한 홍콩 정부도 전에 없었던 집권위기를 맞았다
(1997년 홍콩 반환 이후 홍콩 행정특구 장관을 맡았던 둥젠화는 2005년 3
월 퇴임했다. 그의 후임은 도날드 창이다).

주룽지의 이번 홍콩 방문을 두고 여론에서는 「둥젠화 유지시키
기」, 「홍콩 북돋우기」라는 타이틀을 내세웠다. 그는 연설 중에서 「홍
콩은 중국 내륙으로부터 더 강력한 지원과 더 넓은 발전공간을 얻을
수 있다.」 「중앙 정부는 홍콩의 발전을 위해 예전과 변함없는 전면적
지원을 할 것이며, 계속 홍콩과 내륙의 우수한 점이 상호 보완할 수
있도록 촉진하여 공동발전을 이룰 것이다」라고 재차 강조하였다. 주
룽지는 연설 중 미래의 홍콩 발전에 대해 자신감이 충만했으며, 심지
어 그는 만일 홍콩 채권이 발행된다면 자신이 그 첫 번째 구매자가
될 것이라고 공언했다.

주룽지의 후임이 된 원자바오가 중앙 정부의 홍콩에 대한 일관된 정책을 지속적으로 유지할 것이라는 것은 의심의 여지가 없다. 여전히 홍콩 정부에 대한 지원, 홍콩 경제발전에 대한 지원을 아끼지 않을 것이다. 만일 예측을 벗어나지 않는다면 그는 신임총리의 자격으로 홍콩을 방문해 「홍콩은 중국 내륙으로부터 더욱 힘 있고 더욱 넓은 발전공간을 지원받을 수 있다」는 주룽지가 강조한 정책을 지속함으로써 홍콩 경제에 활력을 불어넣을 것이다.

홍콩이 중국으로부터 더욱 강한 지원과 더욱 넓은 발전공간을 받을 수 있다는 것은, 조금도 의심할 여지없이 중국 내륙이라는 커다란 나무그늘의 덕을 볼 수 있다는 뜻이다. 중앙 정부의 지원과 내륙의 방대한 시장, 거대한 경제발전의 잠재력이 있는 홍콩이 무엇을 두려워하겠는가? 홍콩이 고려하는 것은 어떻게 내륙과의 합작을 모색할 수 있는가이다. 구체적으로 얘기하면, 어떻게 광둥과 홍콩의 합작을 강화하여 공동발전을 이루어내는가이다.

주강[珠江] 삼각주와의 전반적 합작은 아마도 홍콩 정부가 경제적 난제를 해결하는 좋은 방안일 것이다. 현재 급박한 것은 정부의 도움을 통해 광둥-홍콩 경제의 공동발전을 추진하는 것이다.

중국 경제는 근래 들어 줄곧 고속 성장을 거듭했으며, 광둥에서의 성과가 가장 두드러진다. 2001년, 전 세계의 경제성장률이 3%, 세계 무역량이 겨우 1% 증가한 상황에서 광둥의 GDP 증가율은 9.5%로 처음 인민폐 1조 위안을 초과했고, 이는 중국 전체 GDP의 약 11%를 차지하는 것이다. 그리고 2002년 광둥의 수출액은 954억 달러로 러시아나 인도 수출액의 두 배에 달한다. 500대 글로벌 기업 중 300여 개의 회사가 이미 광둥에 진출해 있으며, 특히 주강 삼각주[중국 광둥성[廣東省] 중부를 흐르는 주강(珠江)의 강물이 바다로 들어가는 곳에 형성된 삼각주] 는 이미 세계 각 대기업의 원자재 공급지, 조립센터, 생산기지, 시장 확대의 최전방 진지와 연구개발센터의 소재지가 됐다.

광둥 경제의 성장력의 75~80%가 주강 삼각주에서 나온다. 주강 삼각주의 GDP는 광둥 전체의 79%를 차지하며, 수출입은 80%를 차지한다. 2000년 광둥성 재세수입은 인민폐 2,400억 위안에 달하여, 2000년 홍콩 정부의 2,500억 홍콩달러의 재정수입 수준에 육박한다. 뿐만 아니라 매년 15~20% 속도로 증가 추세이다.

비교해 보면 아시아의 금융위기 이후 홍콩 경제는 침체되었고, 시장거래가 쇠퇴하였다. 홍콩 정부가 우려하는 것은 상황을 반전할 좋은 방책이 없다는 것이다. 매스컴과 시민의 질책에 직면한 홍콩 정부는 새로운 방안을 내놓아 경제난국을 해결해야만 한다. 중국 내륙 경제의 일대 번영을 보면서 홍콩 정부는 내륙과 긴밀한 합작의 절박성을 인식하게 되었다. 정부의 경제에 대한 적극적 불간섭 정책에 대해 어느 정도의 새로운 인식이 생겨났다. 결국 치열한 세계의 경쟁 속에서 홍콩 경제 스스로가 난관을 극복하는 것은 어려운 일이다. 점점 더 많은 정부 관료들이 중국 내륙과의 협력, 즉 주강 삼각주와의 전반적 합작이 정부가 경제적 난제를 해결하는 좋은 방안이라는 것을 인식하게 되었고, 현재의 급선무는 정부의 힘을 빌어 광둥 · 홍콩 경제의 공동발전을 이룩하는 것이다.

홍콩 특구의 수장인 둥젠화도 시정보고 및 기타 모임장소에서 홍콩은 중국 내륙, 특히 광둥과의 교류협력을 강화해야 한다고 피력한 바 있다. 2003년 1월 8일, 둥젠화는 더욱이 그의 제2대 홍콩 특구 행정장관을 연임하면서 발표한 첫 보고회에서 특별히 홍콩과 주강 삼각주와의 합작을 강조하였으며, 정식으로 홍콩 미래의 발전방향인「북진 전략」을 제시하였다. 둥젠화는 그의 「시정보고」 중 홍콩은 주강 삼각주 전체가 홍콩 경제발전의 중심이 되길 희망하며, 나아가 전국적으로 그 파급효과가 퍼져나가길 희망한다고 명확히 표명했다. 그는「홍콩ㆍ광둥 지역의 합작으로 더욱 분발하여 새로운 발전과 새로운 돌파구를 이루어내야 한다」고 했다.

이전과 비교해보면, 둥젠화가 발표한 오렌지색 커버의 2002년 시정보고서는 간결한 편이었으며, 대략 1만자 정도 분량이었다. 소식에 따르면, 둥젠화는 이 시정보고를 준비하면서 중앙정책위원과 내용 논의를 지속적으로 했으며, 총 아홉 차례의 수정을 거쳐 중국 내륙과 홍콩의 합작을 특별히 강조하였다. 둥젠화는 홍콩과 광둥성, 특히 주강 삼각주의 특수한 지리와 문화 인류적 관계에 있어 사실상 이미 상호 의존적이고 기능이 완벽한 대형 경제구로 형성되었다고 지적하였다. 그는 「두 지역은 더욱 높은 출발점에서부터 가속화돼야 하며, 현대화된 대형 경제구역을 건설한다는 총체적 목표 하에 새롭고도 특별히 강화된 합작 영역을 연구하고 개척해야 한다. 광둥ㆍ홍콩 지역의 경제 합작의 전망은 매우 밝다」고 했다.

광둥 역시 홍콩과 똑같은 정도로 이 문제에 관심을 보이며 중시하는 태도를 보였다. 1월 13일 당시의 광둥 성장 루루이화[盧瑞華]가 성

(省) 제10회 인민대회 1차 회의 개막 시 〈정부 업무보고〉에서 광둥과 홍콩의 경제 합작 수준을 제고시켜야 한다고 표명했다. 광둥의 제조 능력과 자원적 우위를 홍콩, 마카오, 타이완의 금융 물류의 우위, 자금기술의 우위, 그리고 관광자원의 우위와 융합시켜 제조·서비스·물류·금융·여행 등의 영역에서 전방위적으로 합작을 해야 한다고 말했다. 신임 광둥성 위원회 서기 장더장[張德江]은 부서의 3가지 향후 사업 중 한 가지가 바로 광둥·홍콩 경제 합작을 지속적으로 강화하고, 마카오를 포함한 지역의 산업과 기초건설을 연계하여 대외적으로 대(大) 주강 삼각주를 널리 알리는 것이라 한다.

마카오 특구 행정장관 허허우화[何厚鏵]도 어떠한 합작 방안이라도 만일 대(大) 주강 삼각주 전체의 발전과 융합될 수 있고, 홍콩의 우세를 충분히 이용할 수 있다면 마카오는 전적으로 지원하고 협력할 수 있을 것이라고 말했다.

광둥·홍콩 지역 정부 수뇌의 시정보고와 양측의 고위층이 상호 호응하는 담화내용을 볼 때, 양측의 합작문제에 대한 관점은 이미 일치를 보았다고 할 수 있으며, 이제 실제상황이 되어야 할 듯 보인다.

홍콩은 지금까지 경제에 적극적 불간섭 정책을 이행해왔다. 그러나 험난한 현실에 직면한 정부는 자신의 역할에 대해 반드시 새롭게 생각해야 한다.

지금까지 홍콩과 주강 삼각주의 합작은 다년간 논의되어 왔지만 어떠한 진전도 없었다. 그 원인은 홍콩 사회가 이 문제에 대해 줄곧 의견의 불일치를 보여 왔다는 데 있다. 어떤 사람들은 '홍콩 정부가 입으로는 합작을 논의했지만 사실상 큰 천둥소리에 비해 작은 빗방울만 떨어지는 듯, 실질적 성과가 없는 상황이 되었다. 만일 좀 더 일찍이 합작했더라면 형세는 지금과 완연히 달랐을 것이다' 라고 여긴다. 한편, 반대의 의견도 있다. 홍콩이 만일 중국 내륙과의 합작에 이렇게 편중된다면 자아상실을 하게 될 것이며 제조업, 서비스업이 모두 북상하게 된다면 홍콩이 할 수 있는 것이 과연 무엇이겠는가? 광둥·홍콩 합작은 곧 서서히 자살하는 것과 다를 바 없다는 것이다.

어떤 학자는 「1997년 주권 반환」이후 홍콩 정부가 광둥·홍콩 합작에 대해 결코 적극적이지 않았는데, 이것은 홍콩의 첫 번째 정무국장인 첸팡안성[陳方安生]의 관점과 무관하지 않다고 지적했다. 첸팡안성은 줄곧 홍콩의 우위는 「일국양제」에 있으며, 만일 중국 내륙과의 관계가 너무 긴밀해질 경우 쉽게 내륙에 영향을 끼쳐 「일국양제」를 유지하는데 불리하며, 이로 인해 홍콩이 우위를 잃게 될 것이라고 여겼다. 광둥·홍콩의 융합은 홍콩이 국제도시로서의 특수성을 잃게 하며, 홍콩을 내륙화시킨다는 것이다.

홍콩 정부가 이런 점을 고려한다면 광둥·홍콩 합작에 대해 적극적인 편은 아닐 것이다. 광둥·홍콩이 비록 1998년에 고위층 연석회의를 마련하였으나 구체적 합작은 홍콩의 적극성 결여로 실질적 진전이 없었다.

아시아 금융위기 이전, 홍콩 제조업이 주강 삼각주 일대로 북상함으로 인해 홍콩에는 「산업공동화」 현상이 나타났으며, 홍콩 경제를 지탱하던 주요 산업이 부동산과 금융업, 그리고 운수업과 무역 서비스로 변화되었다. 금융위기는 홍콩의 양대 지주산업인 부동산업과 금융업에 심각한 타격을 주어, 다시는 이전 상태로 회복되지 못하게 하였다. 아시아 금융위기 이후 홍콩은 IT 산업을 경제의 발전 방향으로 삼았으며, 이를 기반으로 경제회복을 기대하였다. 홍콩의 IT 산업의 방향은 광둥과의 합작 필요성이 절박하지 않았기에 양측의 합작이 이루지기 어려웠다.

인터넷 주가의 거품이 제거되면서 홍콩은 자신의 위치 확립에 총체적 관심을 기울여야만 했고, 금융 무역 등 서비스업을 통해 홍콩 경제를 다시 일으키자는 의견이 분분해졌다.

이밖에 상하이와 장강 삼각주 및 발해 경제권이 기지개를 펴면서 홍콩의 중개적 지위는 대폭 축소되었고, 많은 화물이 상하이, 베이징, 톈진으로부터 직접적으로 해외로 운송된다. 이런 상황에서 홍콩이 경제적 어려움에서 벗어나 안정적 발전을 지속하고자 한다면 중국 내륙과의 합작은 피할 수 없는 일이다.

광둥·홍콩 합작의 실질적 진전은 민간의 자발적 요구에서 비롯된 것이지만, 정부의 「보이는 손」의 조절작용도 역할을 했다. 광둥·홍콩의 합작은 원래 민간위주의 산발적이고 자발적 합작이었는데 점차 정부 협조와 시장의 주도가 상호 결합하는 고차원적이고 전방위적인 합작관계로 변모하였다.

2001년, 중국 내륙과의 합작에 치중하던 쩡인취엔[曾蔭權]이 첸광안성이 맡고 있던 홍콩 정무국장 자리를 이어받았는데, 그는 「홍콩이 주강 삼각주와의 합작을 진행하지 않는다면 고립된 섬이 되고 말 것이다」라고 하였다. 2002년 3월, 쩡인취엔이 광둥을 방문했을 때 「주강 삼각주가 나에게 준 인상은 경제발전의 기회가 충만하다는 것이다. 모두 알다시피 주강 삼각주는 세계적으로 가장 큰 제조업 중심지이고, 홍콩은 국제 금융, 상업과 서비스업의 중심지이므로 두 지역은 필연적인 합작 파트너이다」라고 했다.

「현재 홍콩은 매우 치열한 경쟁에 직면해 있다. 국내에는 상하이가 소재한 장강 삼각주가 있고, 또 국외에는 싱가포르와 한국 등 많은 경쟁 상대들이 있다. 만일 홍콩이 주강 삼각주와 함께 하려 하지 않는다면 대(大) 주강 삼각주를 건설하는 일은 불가능한 일이다.」광둥·홍콩 합작준비조직 부조장 류자치[劉家麒]는 광둥·홍콩 연합이야말로 경쟁력을 유지할 수 있는 유일한 출로라고 생각했다.「쩡 국장이 취임한 뒤, 모든 광둥·홍콩 합작 사업은 반드시 신속하게 진행돼야 하고, 또한 내륙과 조화를 이루어야 한다는 점을 제기했다.」

홍콩 특구 수장 둥젠화도 2001년 시정보고에서 주강 삼각주와의 합작을 특별히 강조하였는데, 그는「현재 국가가 글로벌화 되는 시점에서 광둥·홍콩 합작은 새로운 단계로 진입할 수 있다. 특구 정부는 적극적인 태도로 홍콩과 주강 삼각주의 경제 합작을 추진하여 상호 이익을 낼 수 있는 윈윈 전략을 취해야 한다. 이것이 우리가 국제 금융무역센터, 운송과 물류의 중추, 그리고 주요 여행도시의 중요 부서로서 입지를 공고히 하고 강화시켜야 하는 일이다.」그가 주강 삼각주 합작을 이렇게 고취시킨 것은 과거 역대 시정보고에서 볼 수 없었던 일이다.

둥젠화 역시 버블 경제의 파멸, 글로벌 경제의 대세, 내륙의 전면적 시장개방의 가시화 및 주변도시의 격렬한 경쟁으로 인해 홍콩은 경제변혁을 성공적으로 완성하고, 장기적으로 경제성상의 긍정직 국면을 유지하려면 반드시 전략적 부서를 만들어야 한다고 인식했다. 「낡은 사고를 타파하고, 내륙 특히 광둥성 주강 삼각주와의 경제협력을 강화하고 가속화하는 것은 우리들이 국제 금융 중심, 물류운송 중심 그리고 정보통신 중심으로서의 지위를 공고히 하는 관건이다.」

2002년 1월, 홍콩 정부와 중앙 정부는 「내륙과 홍콩의 경제무역 관계를 더욱 긴밀히 하는」 교섭을 시작하였고, 긴밀한 합작 프레임을 만들었다. 동시에 홍콩 정부는 또 중앙 정부의 관련부서와 광둥성 정부가 연합하여 「내륙·홍콩 대형 인프라 협의회의」를 창설했으며, 홍콩과 내륙 특히 주강 삼각주의 대형 인프라 전문 방안의 협력을 강화하였다.

중산대학 광둥·홍콩·주강 삼각주 연구센터의 쩡페이위[鄭佩玉] 교수는 「홍콩은 지금까지 경제에 대해 적극적 불간섭 정책을 시행해 왔으며, 내륙 정부와 경제활동에서의 역할이 확연히 달랐다. 이러한 관행은 또한 광둥·홍콩 합작의 깊은 개입을 제약하였다. 그러나 현재 홍콩은 사실 정부의 경제영역에 대한 일정한 정도의 역할이 제고되어야 한다고 여긴다」고 말했다.

홍콩과 광둥의 「전점후창(前店後廠)」이라는 모델은 제1차 광둥-홍콩 합작의 붐을 일으켰었고, 현재는 전점후창이라는 이 낡은 병에 반드시 시대의 발전에 부합하는 새로운 술을 담아야만 더욱 효과적으로 양쪽 모두 이기는(윈윈) 결과를 촉진할 수 있을 것이다.

20년 전, 홍콩과 마카오에 인접해 있다는 지리적 이점으로 개혁 개방 초기의 광둥성은 이익이 적지 않았다. 대량의 글로벌 자본이 홍콩이라는 루트를 통해 광둥 및 내륙의 기타 성으로 유입되었고, 더 많은 홍콩 자본 기업이 직접적으로 광둥에 공장을 설립하였으며, 또한 전점후창(前店後廠－상점을 앞에 두고, 공장을 뒤에 짓는 방식으로 빠른 생산과 빠른 유통을 일컬음)이라는 경영방식은 광둥 경제의 비약적 발전을 가져다 주었으며, 홍콩이 가공형 경제로부터 서비스형 경제로 구조를 바꿀 수 있게 하였다. 20년 후, 중국이 WTO(세계무역기구)에 가입하면서 점차 세계 제조업의 기지로 변모하자 홍콩은 광둥 · 홍콩의 합작단계를 어떻게 제고할 것인가 하는 새로운 문제에 직면하게 되었다.

주강 삼각주가 1980년대 이래 성취한 경제적 업적은 상당 부분 홍콩의 자본투입, 산업전이(轉移) 그리고 대외 중계무역에서 이룬 것이다. 홍콩과 인접한 선전은 더욱이 홍콩에 의탁해 이름 없는 어촌에서 일약 새로 나타난 경제특구 도시가 되었다. 1980－1990년대의 이러한 광둥 · 홍콩 경제의 상호작용 모델은 기본적으로 홍콩이 주도하고 광둥이 보조하는 협력체제이다. 이러한 협력 모델의 탄생은 한편으로는 당시의 광둥 · 홍콩 지역 경제 산업의 발전 차이에 기인하기도 했지만, 다른 한편으로는 「해외수출」 전략의 산물이기도 하였다.

그러나 이러한 광둥 · 홍콩 경제의 「협력」 모델은 이미 현재의 광둥 · 홍콩 지역 경제 산업의 발전수준에 적용될 수 없으며, 더욱이 홍콩 정부의 「북진 전략」에 부합하기 힘들다. 20여 년간의 발전을 거치며 홍콩은 이미 기본적으로 산업 전이를 이루었고, 심지어 일찌감치 산업공동화 현상까지 출현하였다. 이와 동시에 주강 삼각주는 오히려 제조업의 성장과 자본축적의 과정을 완성시켰는데, 대외무역 수출에서 이미 우수한 업적을 이루었을 뿐만 아니라, 기본적으로 광활한 중국 내륙시장을 향한 영향력도 갖추었다. 이러한 상황 하에서 홍콩 자체의 새로운 경제구조 확립을 위한 시도가 필요하게 되었고, 광둥·홍콩 경제의 상호협력 체제 역시 마찬가지로 가장 뛰어난 효용성을 발휘하도록 재정립해야 할 필요성이 있게 되었다.

전 세계적으로 봤을 때, 한 도시의 경쟁력은 확실히 한 지역의 경쟁력과 비교할 수는 없다. 세계적 추세로 봤을 때, 구역 경쟁의 세태가 날로 격렬해짐에 따라 어떠한 경제 발달 도시라도 반드시 하나의 광활한 경제 근원지에 의탁하여 발전해야 한다. 싱가포르는 말레이시아를 주요 배후지로 삼고 있으며, 광활한 옥토 장저[江浙―장쑤성[江蘇省]과 저지앙성[浙江省]] 역시 대 상하이의 경제 근원지이다. 즉 천연자원이 부족한 홍콩의 경우 주강 삼각주와의 긴밀한 연계가 필요하다.

2002년 주강 삼각주의 수출 총액은 2,900억 위안에 달한다. 그 중 80%가 홍콩을 경유해 수출되었다. 그리고 홍콩은 2002년 제3분기에 3.3%의 실질적 성장을 이루었는데, 상당 부분 중계무역에 의탁해 이루어낸 것이다.

홍콩 정부의 상공 및 과학기술국 상임비서장 위쫑이[兪宗怡]가 제공한 자료에 의하면, 현재 광둥에는 6만여 개의 홍콩 자본 기업이 있는데, 홍콩 기업의 실질투자 누계 총액이 789억 달러를 차지하며, 광둥성 전체의 외자유치총액의 70%를 차지한다. 홍콩 기업이 광둥성에 투자한 업종 역시 과거에 치중했던 외주가공 업무에서 여행, 부동산, 소매업 및 상업, 그리고 통신 서비스 업무 등으로 확대되었다.

광둥성 대외무역청의 자료를 보면, 1997년 이래 광둥성·홍콩 두 지역의 상호투자가 계속 증가하였으며 5년 동안 광둥이 유치한 홍콩의 직접투자 안건의 누계가 1만 3,020여 건에 이르고, 실질적으로 흡수한 직접투자 누계는 384억 4천만 달러에 달한다. 광둥성·홍콩의 무역합작 역시 계속 확대되었으며 5년간 337억 7천만 달러에서 387억 7천만 달러로 증가해 연평균 7.5%의 성장률을 보였다. 현재 광둥성이 홍콩에 설립한 각종 기업은 650여 개이며, 광둥성 전체 외주업무의 50% 이상이 홍콩 지역에 집중되어 있다.

2002년 5월, 광둥·홍콩 경제기술 무역합작 교류회의에서 홍콩 주재 중앙인민정부 연락사무소 부주임 류샨(劉山)은 아시아가 경제공동체를 발전시키는 것은 필연적인 추세로, 광둥·홍콩 두 지역은 응당 협력해야 하며, 아시아 지역경제의 핵심으로 발전되어야 한다고 했다. 그는 광둥·홍콩 두 지역이 우선 발전된 후 「눈덩이 굴리기」식으로 합작 범위를 점차 푸젠, 상하이, 마카오, 타이완 등지로 확대시키고, 나아가 한국, 싱가포르, 말레이시아 등지로까지 확대해야 한다고 했다.

전문가들은 이러한 관점은 사실 광둥·홍콩 두 지역의 향후 발전방향에 새로운 위치를 정립한 것이며, 광둥·홍콩 합작의 범위를 양측의 합작으로부터 「광둥·홍콩과 주변지역」의 합작으로 확대시켜, 경제적 상호 보완관계의 다변화를 강화하는 것이라고 지적했다.

2002년 5월, 《월스트리트 저널》은 제1면에 〈중국의 수요증가가 아시아의 수출회복을 촉진한다〉라는 제목의 기사에서 「아시아 지역의 수출은 지금 회복되고 있는 중이다. 그러나 현재까지는 중국에 의한 것이지 미국이 이러한 회생을 촉진한 것은 아니다」라고 지적했다. 이 기사는 또 「더 심층적 차원으로 얘기하면 경제학자들은 이러한 수치는 더욱이 지금 중국이 아시아 주변국의 경제성장의 동력이라는 사실을 증명하는 것이다」라고 강조하였다.

또한 기사에서는 광둥·홍콩·마카오 세 지역은 협력하여 주강 삼각주 경제를 건설해야 하며, 더불어 신속하게 아시아 지역경제 발전의 핵심이 되어야 한다고 했다. 확실히 경제의 글로벌화 상황에서는 규모와 효과는 지극히 주요한 요소가 되었으며, 만일 광둥·홍콩·마카오 간의 경제 협력이 진일보 강화된다면 매년 평균 약 3,500억 달러의 생산액에 해당하는 경제규모로서, 「지역경제의 중심」이라는 배역을 해낼 조건을 완전히 갖추게 된다.

홍콩 아태연구소 소장 양루완[楊汝萬]은 2003년 초〈주강 삼각주의 새 시대, 세계 경제 체제로 진일보하여 나가다〉라는 주제의 포럼에 참석해 주강 삼각주는 세계에서 엄청난 영향력을 끼칠 것이라고 하였다. 그 영향력은 세 가지 측면에서 오는데 첫째, 2001년 「주강 삼각주」수출이 중국의 34%를 차지하여 중국 최대의 수출기지가 되었다는 것 둘째, 홍콩 기업이 1980년대에 이미 「주강 삼각주」에 먼저 진입하여 현재까지 3-400만 명의 근로자를 채용함으로써 홍콩에 부를 가져왔고, 「주강 삼각주」에는 취업의 기회를 가져왔다. 이러한 투자는 미래에도 계속 똑같은 작용을 할 것이다. 셋째, 세계 시장에서 「주강 삼각주」의 제품은 품질 좋고 값은 싸다는 인식이 보편화되어 「주강 삼각주의 제품」을 대량으로 채택한다. 전등 장식을 예로 들면, 세계의 전등 장식 대부분은 바로 중산 구쩐(古鎭)에서 나온다. 양루완 소장은 홍콩이 주강 삼각주 합작을 적극 추진하는 것은 옳은 생각이라고 평가했다.

　중산대학의 홍콩·마카오·주강 삼각주 연구센터 쩡페이위 교수의 자료가 보여주듯이, 홍콩 제조업의 93%가 광둥에 투자를 했으며, 원래 「전점후창(前店後廠)」이라는 형식의 전제 하에서 양측 합작의 범위가 진일보 확대됐다. 현재 주강 삼각주는 이미 홍콩 최대의 국경 밖 제조기지가 되었고, 제조업을 위주로 하던 합작에 서비스업을 이끌어냈으며 홍콩에 거대한 서비스업 시장을 제공하였다. 쩡페이위는 「대(大) 주강 삼각주」 발전 전략을 세워야 한다고 했다. 왜냐하면 지역 간 협력은 산업의 합작을 필요로 할 뿐만 아니라, 하나의 전략을 가지고 인도함으로써 불필요한 이익충돌이나 자원낭비를 피하는 것이 필요하기 때문이다.

　광둥성 전임 성장 루루이화도 역시, 이전에는 홍콩과 광둥의 「전점후창」 모델이 광둥과 홍콩 간의 첫 번째 합작의 대성공을 가져왔지만, 현재는 이러한 모델이 범위가 매우 협소해져 「전점후창」이라는 낡은 병에 시대에 부합하는 새 술을 담아야 비로소 윈윈 전략을 촉진시킬 수 있다는 의견을 제기했다. 홍콩은 국제 금융, 물류, 정보의 중심으로서, 「전점(前店)」의 발전공간은 과거에 비해 확대되었다. 광둥 하이테크 산업의 수준도 계속 높아지고 산업의 규모도 확대되었다. 「후창(後廠)」의 생산능력과 산업의 등급도 과거에 비해 확연히 높아졌다. 이로 인해 이러한 「전점후창」이라는 모델은 반드시 수준을 향상시켜야 하며, 과거의 가공업과 국부적 인프라 및 제3차 산업의 합작 위주를 1, 2, 3차 산업의 전면적인 합작으로 확대하고, 특히 전문 서비스 영역의 합작을 추진해야 한다.

많은 이들은 홍콩의 금융, 정보, 물류 등의 우위 및 성숙한 시장의 식과 광둥의 강력한 경제력과 발전 양상이 결합할 때, 두 지역 경제 발전의 성장 가능성은 거대해질 것이라고 하였다. 많은 경제 전문가들은 모두 주강 삼각주 일대가 산업의 사슬에 의해 일어난, 막강한 실력을 갖춘 도시군(群)이라고 여긴다. 일단 국제 금융 서비스 센터가 있고, 세계 항공 · 해운의 중추적 지위에 있는 홍콩과 경제 일체화를 실현하여 광둥 · 홍콩 · 마카오의 황금 삼각 경제구역을 형성하기만 한다면, 장차 세계적으로 경제성장이 가장 빠른 지역의 하나가 될 것이다.

이 밖의 유리한 조건으로는 주강 삼각주의 투자환경 역시 세계 일류에 속한다는 점이다. 홍콩 무역발전국 우꽝쩡 [吳光正] 국장이 인식하고 있듯이, 홍콩은 정보유통에 장애가 없고, 인재들의 왕래가 자유로우며, 자금의 진출입이 자유롭고, 상품의 거래가 자유로운, '사통팔달'의 조건을 구비하고 있다. 게다가 홍콩의 고효율의 운용방식과 제도 및 세금제도의 장점, 인접한 내지(광둥성)의 방대한 시장이 기지개를 켜고 있는 점 등 「세 가지 우위와 사통발달의 경쟁조건」은 지역 내 누구도 따라올 수 없고, 이로 인해 사실상 홍콩의 경영능력 우위는 아시아에서 최고가 됐다. 개혁 개방의 최전방에 있던 광둥은 20여 년간의 경제발전을 통해 우위산업을 점차 형성하였으며, 투자환경도 날로 완벽해져 중국 내륙에서 가장 활력이 있는 지역 중의 하나가 되었다.

홍콩은 국제 금융 중심지가 되었고, 우수한 법치기반과 공평한 시장원칙, 완벽한 기업관리, 그리고 풍부하고 빠른 국제 시장정보를 보유하고 있다. 마카오는 매우 특색 있는 여행시장이다. 주강 삼각주는 풍부한 토지, 양질의 값싼 노동력, 완벽한 기초건설, 그리고 날로 건전해지는 투자환경으로 세계에서 가장 중요한 제조업 기지 중의 하나이며, 또한 잠재력이 풍부한 소비품 및 서비스업 시장이기도 하다. 광둥, 홍콩, 마카오 세 지역 합작의 장점은 눈으로 확인할 수 있고, 직접 느낄 수 있다는 것이다.

20여 년의 개혁 개방을 통해 주강 삼각주 지역은 경제발전 속도가 아시아에서 가장 빠른 선두주자이며, 뿐만 아니라 투자환경이 많이 개선되어 현재 세계 산업 구조조정의 가장 뜨거운 지역 중 하나가 되었다. 다수의 전통기업이 새로운 모습으로 세대교체를 하고 있으며, 신흥 산업은 이제 출발점에 섰다. 공업화, 정보화 그리고 도시화가 함께 진행되고 있으며, 서비스업의 발전에 매우 좋은 조건을 제공하고 있다, 아울러 이 지역에 계속 신선한 활력을 주입시키고 있다.

장기간 광둥·홍콩 경제 합작문제를 연구했던 광둥성 정부 발전연구센터 연구원 왕리원[王利文]은 광둥·홍콩·마카오 황금 삼각경제구의 미래의 모습을 다섯 개의 「하나(一)」로 묘사하고 있다.

첫째, 산업·과학·판매가 일체화하고 국제적 경쟁력을 갖춘 '하나'의 가공무역기지란 점

둘째, 구성이 합리적으로 효율이 높으며 소통이 잘 되는 '하나'의 교통 운송망을 구비했다는 점

셋째, 세계를 바라보며 전국적인 서비스를 제공하는 '하나'의 금융 대시장이란 점

넷째, 특색을 가진 '하나'의 큰 여행지역이란 점

다섯째, 고도로 발달되고 다차원적인 '하나'의 인재배양 교육체계란 점

그는 이 황금 삼각이 국제 경제 특히 아시아 태평양 경제 중 가장 활력 있고 특색 있는 경제구역이 될 가능성이 확실하며, 또한 중국의 대외지향적 경제의 「용머리(龍頭)」가 되어 중국 전체 경제 발전을 리드하는 하나의 「성장 극점(極點)」이 될 것이라고 생각한다.

홍콩과 「주강 삼각주」는 합작을 강화하여 홍콩 경제의 성공적 변화를 가져올 수 있다. 그러나 광둥과 홍콩-마카오의 경제 융합이 완전무결할 수는 없다. 가능한 한 결점을 최소화하고 진출의 문턱이 낮아지도록 노력해야 유기적으로 융합하는 일이 더욱 가능해질 것이다.

둥젠화의 시정보고에서 광둥·홍콩 합작에 관한 홍콩 정부와 둥젠화 개인의 명확한 생각이 표출되었다는 것을 사람들은 볼 수 있었다. 둥젠화는 시정보고를 마치고 기자회견에서 「수년 간의 탐색을 통해 홍콩은 이미 발전 방향을 찾아냈으며, 한편으로는 금융, 물류, 여행 및 상공업 지원 서비스업을 경제의 4대 지주(支柱)로 유지하면서, 다른 한편으로는 주강 삼각주와의 협력을 더욱 강화해 경제를 활성화할 것」이라고 밝혔다.

시정보고서는, 앞으로 홍콩이 전체 주강 삼각주의 경제발전 잠재

력을 결합하고 함께 연계하여 대외적으로 세계시장을 개척하며, 외국자본을 끌어들일 것이라고 밝혔다. 또한 전략을 수정하여 미국·EU·일본의 중소기업을 끌어들이는 데 자원을 집중하고, 동시에 주강 삼각주 지역의 기업이 세계로 나아가는 것을 돕는다면, 홍콩의 「발판 역할」의 중요성은 날로 커질 것이라고 하였다.

둥젠화는 광둥·홍콩·마카오 세 지역이 이미 공통된 인식을 가지고 있으며, 장차 다른 업종 및 서비스업을 포용하는 하나의 경제 지역을 연합 구성하여 국제 경쟁에 참여할 것이라고 하였다. 그는 「중국 중앙의 지도자, 광둥성 지도자, 그리고 마카오 특구 수장은 홍콩－마카오－내지(중국 대륙)가 합작을 강화하고, 홍콩－마카오를 포함한 주강 삼각주를 앞으로 생산 제조, 현대적 물류, 전문 서비스, 금융 서비스, 여행 오락, 소비와 개인 서비스 및 정보 센터 등을 갖춘, 하나의 우수하고 기능적이며 현대화된 경제 대영역으로 발전시켜 나갈 수 있도록 십분 지원할 것」이라고 말했다.

둥젠화는, 홍콩과 주강 삼각주의 이점을 분석할 때, 홍콩은 세계 일류 수준의 국제 금융, 물류와 비즈니스 운영 센터를 소유한 데 있는 반면, 주강 삼각주는 현재 세계에서 가장 발전이 빠르고, 효율적이고, 가장 성공적이자 가장 풍요로운 가공 제조업 기지라는 데 있다고 지적했다. 주강 삼각주는 나아가 현대 제조업과 하이테크 산업을 한 걸음 더 발전시키는 것이 미래의 필연적 추세라고 밝혔다. 홍콩은 전체 주강 삼각주가 자신의 경제발전의 배후지가 되어, 전국으로 그 효과가 파급되길 희망하고 있다. 거꾸로 주강 삼각주는 홍콩을 이용하여 전체 지역의 경쟁력과 지위를 신속히 향상시켜 세계를 향해 매진할 수 있다.

둥젠화는 언론 매체를 향해, 세계 경제의 일체화와 지역 경제의 경쟁에 직면하여 광둥·홍콩 두 지역의 각 도시가 만일 단독적으로 경쟁한다면 경쟁력은 오히려 약해질 것이므로, 앞으로 쌍방은 반드시 협력하여 강력한 지역 경제를 형성해야 한다고 말하였다.

광둥 주재 홍콩 경제무역사무소 주임 량바이런[梁百忍]은 둥젠화 장관의 이러한 관점에 적극 찬성했다. 그는 경제의 글로벌화에 따라 경쟁 형식은 이미 각 도시 간의 경쟁에서 지역 간의 경쟁으로 변모하였고, 홍콩이 주강 삼각주에 융합되어야만 세계의 경쟁 속에서 버티어낼 수 있다고 하였다. 홍콩과 광둥이 비즈니스 파트너가 되었다는 것은 장기적이고 대등한 관계가 되었다는 것이지「하나는 용머리가 되었고, 다른 하나는 용꼬리가 되었다는 것이 아니다.」지금의 지속적인 계획과 상호신뢰가 미래의「대(大) 주강 삼각주」를 만들 수 있을 것이다.

어떻게 해야 주강 삼각주의 기업과 함께 세계로 뻗어나갈 수 있을 것인가? 홍콩 정부의 생각은 이렇다. 현재 구미(歐美)의 많은 기업이 홍콩에 지역 사무소를 설립하여 중국 내륙에서의 구매활동을 총괄하고 있다. 그러나 내륙의 기업은 아직 홍콩을 통해 해외에서 새로운 기회를 찾는 분위기가 형성되지 못하고 있는 상황이다. 이 때문에 홍콩의 무역발전국, 투자촉진처 및 재외 무역사무소 등은 전자의 업무(구미 기업의 구매활동)를 배려하는 동시에 후자의 추진력(중국 기업의 대외활동)도 강화할 수 있으며, 그리하여 홍콩은 내륙 기업의 세계 시장 진출의 창구가 되도록 하고, 쌍방의 경제 시스템이 긴밀히 융합하도록 해야 한다는 것이다.

소식에 따르면 앞으로 홍콩 정부의 반관적(半官的)인 무역추진기구는 해외에서 기업유치를 할 때 홍콩 기업과 제품을 소개할 뿐만 아니라 주강 삼각주 기업도 함께 해외에 널리 알려, 외국기업들이 홍콩의 컨베이어를 채택하여 주강 삼각주에 투자하고 공장을 설립하도록 끌어들인다는 것이다. 왜냐하면 이렇게 해야 홍콩과 주강 삼각주 양측의 이점을 모두 드러낼 수 있고, 국제 시장에서 경쟁력을 확보할 수 있을 것이라는 것을 알았기 때문이다.

상술한 일방적 무역방식 이외에도 홍콩 정부는 주강 삼각주 기업에 적극 협조하며, 홍콩에 영업사무소를 설립하여 외국기업에 직접적으로 제품을 판매하고, 대외무역 합작을 전개하겠다고 밝혔다. 홍콩과 주강 삼각주의 새로운 비즈니스 모델은 주강 삼각주 지역의 제조업 발전을 촉진시킬 뿐 아니라, 홍콩이 주강 삼각주 국제 비즈니스의 중심적 지위를 공고히 하는데 도움을 준다.

최신 소식에 따르면, 홍콩 정부는 변방인 루오마주[落馬州] 허타오구[河套區]에 특별구역을 만들어 중국 무역박람회로 발전시키는 방안을 연구하고 있다. 계획의 구체적 방법은 이곳에 중국의 각 성(省)—시(市)별 전시관을 설치하여 내륙의 관련 직원들은 허가증만 있으면 자유롭게 출입할 수 있게 하며, 외국기업과 홍콩 기업에게는 '원 스톱' 투자유치 서비스를 제공한다는 것이다. 이런 구상은 홍콩 법제와 영업환경을 이용해 내륙에 익숙하지 않은 외국 기업들이 홍콩을 통해 중국 내륙에 투자하게끔 끌어들이는 것이며, 이를 통해 금융과 무역의 중심이라는 홍콩의 지위를 강화하게 되는 것이다.

경제전문가들은 수치를 인용하길 좋아한다. 베이징 대학 중국경제 연구센터 주임 린이푸[林毅夫]는 중국과 홍콩 경제 합작의 앞날을 전망하면서 과거 중국 중계무역의 40%는 홍콩을 통해 이루어진 것으로, 미래 5년 내에 중국의 대외무역은 80% 증가할 것이며, 이에 따라 홍콩의 무역수입 증가는 의심할 여지가 없다고 밝혔다. 이 밖에 서비스업의 전면적 개방은 중국이 WTO에 가입한 후 허용한 핵심내용으로 중국 서비스 시장의 개방은 홍콩 기업에 거대한 시장을 제공할 것이며, 홍콩 자본은 외국 자본이 중국 서비스업에 유입되는 주요 역량이 될 조건을 갖추고 있다고 하였다. 린이푸는 1987년과 1992년 홍콩의 중국 제조업에 대한 두 차례에 걸친 대규모의 직접투자와 마찬가지로, 홍콩의 중국에 대한 직접투자는 서비스업이 리드하는 세 번째 투자 열풍이 나타날 것이라고 예측하였다.

융합을 강화하는 과정 중 홍콩 경제 자체가 영향을 받을 것이라고 걱정하는 이도 있다. 둥젠화는 홍콩 반환 이후 5년 동안, 성공적인 「일국양제」를 이루었고, 안정적 메커니즘과 기본법 보장으로 걱정할 필요가 없다고 하였다. 그는 「주강 삼각주」와의 협력 강화가 홍콩 경제의 성공적 변신을 가져올 것이라고 믿고 있다.

중국 정부와 기업의 관계는 제16차 당대회 이후 역시 새롭게 확립될 것이다. 정부와 기업의 미래 관계에 대해 경제학자 웨이지에[魏傑]는 우선 정부가 더 이상 기업에 자원을 배치하는 주체가 되어서는 안 되며, 자원배치의 주체는 시장이어야지 정부가 아니라고 했으며, 설사 일부 자원이 정부의 배치를 필요로 하더라도 정부는 행정방식을 채택해서는 안 되며 시장방식을 채택해야 한다고 했다. 그 다음으로 정부는 더 이상 기업제도의 설계 주체로 존재하면 안 되며, 단지 좋은 외부환경만을 제공하면 된다는 것이다. 또한 정부는 기업의 관리에 대해 허가제가 아닌 신고제이어야 하며, 정부와 기업은 법률적 기반 위에서 건립된 두 개의 활동주체로, 정부와 기업은 모두 법에 따라 관리하고 경영해야 한다고 밝혔다.

만일 정부의 간섭이 문제를 일으켰다면 기업은 기소할 수 있다. 웨이지에는 「기업이 정부에 대해 완전한 법률 소송권을 갖는다. 내 생각에 오랜 시간이 걸리지 않아 이러한 관계조항이 신설될 것이다」라고 말했다.

사실, 광둥 · 홍콩 경제의 일체화는 결코 행정적 차원의 관념이 아니며, 자연히 홍콩의 「일국양제」에 영향을 미치지 않을 것이다. 또한 광둥 · 홍콩 두 지역의 경제통합은 결코 홍콩을 「대륙화」하려는 것이 아니라 오히려 홍콩은 중국 내륙시장과의 관계가 더욱 밀접해지고 순조로워졌기 때문에 외국 투자자들에게 더욱 흡인력을 가질 것이다. 더욱이 홍콩이 다국적 회사들의 지역 총본부라는 지위를 공고히 하는 데도 유리할 것이다.

홍콩—마카오 경제연구 전문가인 지난(暨南) 대학 펑샤오윈[封小雲] 교수는 광둥과 홍콩—마카오의 경제 융합이 흠 잡을 데 없이 완전 무결한 것은 불가능한 일이지만 흠이 없도록 최대한 노력해 수출의 문턱을 낮추고 유기적 융합을 실현해야 한다고 여겼다. 통합에 있어 가장 중요한 것은 바로 긴밀한 경제무역 관계를 통해 상호 연합하는 것이며, 각종 자원과 배치가 지역 내에서 효과적으로 유동됨으로써 마침내 통일된 지역경제를 형성하고 산업 분업에 따라 질서 있게 운용하는 것이라고 하였다.

린이푸도 중국과 홍콩 경제의 일체화 정도의 심화는 홍콩에게 도전이 될 것이라는 말을 주저하지 않는다. 그는 홍콩과 중국 경제가 진일보 발전하려면 홍콩과 중국이 각자의 이점을 발휘하여 능동적으로 합작분담을 나누고 함께 두 지역의 경쟁력을 강화해야 한다고 했다. 현재 홍콩은 금융 서비스, 수출입 무역업, 운송업, 제조업, 전문 서비스와 여행업을 포함하는 상대적 우위의 업종을 갖고 있는데, 두 지역은 이러한 분야에서 전면적 합작을 할 수 있다.

과거에는 「일국양제」 중 「양제」를 더 강조했는데, 앞으로는 WTO 원칙에 위반되지 않는다는 전제하에 「일국」 하의 지역 합작을 더욱 강화하여 인적, 물적, 자금의 흐름이 합리적으로 이루어지도록 촉진하고, 그리하여 광동-홍콩 경제가 공동발전하도록 해야 한다.

2003년 1월 27일은 기념비적인 날이다, 이날 자정부터 선전의 황깡[皇崗] 변경 출입사무소에서는 여행객의 24시간 통관을 시작하였다, 이것은 전국 출입국사무소에서의 첫 번째 케이스이다. 24시간 통관이 결국 현실화된 것에 대해 홍콩의 유명인사는 「홍콩에 강심제 주사를 한 대 놓았다」라고 여긴다. 더 많은 사람들은 이번의 24시간 통관은 홍콩과 중국의 협력이 첫발을 내딛은 것이라고 생각하며 선전-홍콩의 일체화 과정의 중요한 이정표라고 여긴다.

황깡 출입국사무소는 현재 중국 최대의 육로 운송 출입사무소로 2002년도의 출입국 차량은 883만 대, 인원은 2,562만 명에 달하여 각

각 전국 1위와 3위에 해당한다. 이번 통관에 대해 중국 정부는 고도의 관심과 지원을 보냈으며, 또한 1억 3,000만 위안을 지출해 통관상의 모든 문제를 해결했다.

선전 시장 위요우쥔[於幼軍]은 24시간 통관은 앞으로 두 지역 사회 경제발전에 적극적인 작용을 할 것이라고 평가했다. 또 홍콩 정무국장 쩡인취엔은 24시간 통관은 「이음새 없는 통로(無縫通道)」라고 형용했으며, 24시간 통관 시공(時空)의 「이음새」는 보완되었고, 심리적 「괴리의 벽」도 장차 제거될 것이라고 했다.

홍콩과 중국 내륙의 융합은 이미 실질적 의미의 한 걸음을 내딛었는데, 앞으로의 길은 어떻게 나아갈 것인가?

국무원 총리 주룽지의 조력자인 원자바오는 처음에는 농업만 별도로 관리하다가 근년에는 경제 전반에 대해 개입함으로써, 총리가 될 수 있는 '오픈 게임'에 들었다고 말할 수 있게 됐다. 중국 경제의 고속 발전이라는 상황을 맞이해 조력자의 위치에서 무대 앞까지 달려온 원자바오가 직면한 압력이 어떠할지는 상상할 수 있다. 국가의 경제발전은 계속 적극적 재정 정책을 유지한다는 전제 하에서 앞으로 어떻게 나아가야 하는지도 상당히 생각해봐야 할 일이다. 주강 삼각주는 향후 어떻게 개혁 개방 초기의 발전 기세를 유지할 것이며, 중국 경제의 고속 성장에 동력을 제공할 것인가?

중국이 WTO에 가입한 후 장차 WTO라는 틀 안에서 각 성원국들과의 경제적 일체화의 발걸음을 가속화시킬 것이다. 그 중 아주 중요한 측면이 있는데 바로 중국 내륙과 홍콩이 한 국가 내에서 두 개의 단독 관세구를 이루어 경제 일체화의 속도를 가속화하는 것이다. 홍콩 특구 행정장관 둥젠화는 2002년 12월 베이징에서 업무 보고 기간 중 중국 내륙이 홍콩 특구와 자유 무역구와 유사한 것을 설립할 것을 건의하였다. 이 건의에 대해 중앙에서는 적극적인 반응을 보였으며, 현재 자유 무역구의 명칭은 중국과 홍콩 간의 CEPA(중국과 홍콩 간의 경제 동반자 협정)로 바뀌었다. 소식에 따르면 중앙 정부는 홍콩과 내륙이 경제 무역 관계를 더욱 긴밀히 하는 회담을 가속화하는 것에 동의하였고, 아울러 2003년 6월 주요 부분은 준비를 마쳤다. 여기에서의 준비 책임자는 당연히 주룽지의 후임인 원자바오이다.

광둥의 중산대학 주강 삼각주 연구센터의 쩡티엔시앙(鄭天祥) 교수는 광둥―홍콩 경제협력은 중국과 홍콩 간의 CEPA에 유리한 단계라고 했다. 그는 과거 우리가 「일국양제」 중 「양제」를 더욱 강조했고, 「일국」에 대해서는 그렇지 않았었다. 앞으로 WTO 원칙을 위반하지 않는다는 전제하에, 반드시 「일국」 하의 지역 협력을 강화해야 할 것이며 인적, 물적, 자금의 합리적인 유통을 촉진하여 광둥―홍콩 경제가 공동 발전하도록 해야 한다고 했다.

원자바오는 홍콩 지위의 특수성이 상당히 긴 시간 동안 대체할 수 없다는 것을 분명히 알고 있다. 홍콩은 자금, 인재, 정보, 기술, 국제 관계 등 각 방면에서 독특한 이점을 갖고 있으며, 또한 8년간 연이어 세계에서 가장 자유로운 경제체제를 이루었고, 성숙한 시장 운용 경험과 완벽한 법제보장 체제로 중국 내륙은 단기간 내에 뒤따라올 수 없다. 중국이 WTO에 가입한 후 내륙은 마케팅, 융자, 물류, 재정, 관리 각 방면에서 서비스의 가치를 높여야 하며, 이런 측면에 있어 홍콩은 완전히 내륙에 양질의 법률책임, 재무회계, 금융, 물류, 정보의 서비스 지원을 해줄 수 있다.

중국 내륙의 입장에서 홍콩은 중국의 홍콩이다. 광저우, 주강 삼각주, 화난, 심지어 전국적으로 봤을 때 홍콩이 없으면 안 된다. 2001년 내륙과 홍콩의 무역총액은 1조 2천여 억 홍콩달러에 달했다. 그 중 광둥 수출의 물류가 954억 달러에 달하며, 70%가 역시 홍콩을 경유해 거래됐다. 2001년 해외의 대 상하이 푸둥[浦東]의 투자 역시 반 이상이 홍콩에서 온 것이다. 외부에서 보면 홍콩은 아시아, 심지어 세계의 홍콩으로 보고 있으며, 과거나 지금이나 여전히 다국적 기업의 각종 국제 자본을 내륙으로 유입시키는 「교두보」 역할을 하고 있다고 보고 있다. 만일 「선두」의 지위를 쟁취하려는 바람에서 시작한다면 홍콩을 「초월」 심지어 「대체」하려는 내륙의 몇몇 도시들은 모두 생각해볼 필요가 있다.

2002년 주룽지는 [10.1－중국 공산당 정권이 성립된 날]의 장기 연휴를 이용하여 남부 지역 선전－광저우를 시찰하며 홍콩의 지위와 영향에 대해 다시 한 번 인정하였다. 그는 선전은 업무기반을 견고히 하고, 부적절한 사고와 국제적 지위를 버림으로써 홍콩과 더불어 발전해야 한다고 명확히 밝혔다.

지금까지 원자바오가 광둥－홍콩 문제에 대해 어떤 발언을 하는 것을 보지 못했지만, 그가 취임 이래 전임자의 정책을 계속 유지해온 관성으로 볼 때, 그는 똑같은 시각이 필요하다고 생각할 것이다.

우리는 다시 진일보된 분석과 판단을 해보자. 광둥이 현재의 경제 발전 기세를 유지하려고 한다면 「홍콩 요인(香港因素)」을 강화할 필요가 있고, 상호 보완적인 서로의 이점을 강화하며 상호 이익의 공동

발전을 실현한다는 전제 하에 두 번째의 통합을 신행시켜야 한다. 주강 삼각주가 현재 필요한 것은 홍콩의 통로 역할을 충분히 활용하여 도시화 수준을 높이며, 하이테크 산업을 추진하여 전통적 우위 산업과 현대 서비스업의 발전을 새로운 수준으로 발전시켜야 한다. 전자 정보통신, 바이오 프로젝트 등이 선도하는 하이테크 산업지대 및 비교적 강한 파급력이 있는 현대화 물류기지와 국제화된 제조 기지를 건설해야 한다.

마찬가지로 홍콩은 자신의 이점을 발휘하여 경제 구조변경을 실현해도, 광둥을 포함하는 「내륙 요인」과 떨어질 수 없다. 지식과 기술 집약형 산업을 집중 발전시키려면 광둥의 강력한 가공 제조업의 우세와 긴밀히 결합해야 한다. 또 나아가 홍콩의 세계적으로 유명한 무역, 금융, 운수, 정보 센터라는 자유항과 독립 관세구라는 이점을 발휘하여 홍콩의 안정적 번영을 유지하려면 반드시 새로운 협력공간을 찾아야 할 것이다.

이미 중국 정부 핵심 지도층에 들어간 리창춘[李長春]은 광둥·홍콩 합작의 문제에 대하여 일찍이 다음 5개 측면을 중심으로 진행해야 한다고 피력한 바 있다. 첫째, 현대 서비스업을 발전시키는 측면에서 협력을 강화하고, 주강 삼각주의 투자환경을 개선토록 노력하며, 나아가 우수한 행정사무환경, 시장환경, 법제환경, 생활환경과 인문환경을 조성한다. 둘째, 여행업에 대한 협력을 강화한다. 셋째, 인프라, 교통 그리고 통관 서비스의 협력을 강화한다. 넷째, 환경보호시설의 협력을 강화하여 뚱선[東深]에 물을 공급하는 개조 공정의 건설을 가속화해야 한다. 다섯째, 사회치안의 협력을 강화한다. 쌍방이 연계하여 암흑가와 범죄단체를 일소하여 인민을 위해 안전하고 행복한 주거환경을 공동으로 조성하며, 두 지역의 번영, 안정과 발전을 촉진해야 한다.

24시간 통관은 광둥—홍콩 경제 융합이라는 대문을 연 것으로, 물류업의 합작 또한 향후 광둥—홍콩의 청신호가 될 것이다. 소식통에 따르면 광둥·홍콩 두 지역은 이미 지역 물류 인프라의 계획과 구성을 연구 추진하고 있으며 운수, 창고, 배송 그리고 정보 등의 고리를 유기적으로 결합해 광둥—홍콩 지역의 현대 물류 시스템을 건설하여 점차 국내외 시장을 향한 아시아 지역의 현대 물류 센터를 형성하고자 한다고 밝혔다.

시장교역 중 신용불량과 경제질서 문제로 야기되는 헛된 비용이 이미 중국 GDP의 10%를 차지한다. 진실성(誠信)의 위기는 중국과 홍콩-마카오의 경제 협력 문제와 연관될 뿐만 아니라 더욱이 중국 경제의 순조로운 발전 문제까지 관련된다.

당연히 원자바오가 장기적으로 고려할 심층적 차원의 문제가 또 하나 있는데, 바로 모두가 증오하지만 또한 절대 근절하기 힘든 진실성의 위기이다. 이것은 비단 중국과 홍콩—마카오의 경제 협력 문제와 연관될 뿐만 아니라 더욱이 중국 경제의 순조로운 발전 문제까지 관련된다.

후어잉뚱[霍英東]은 일찍이 1990년대 초, 후먼[虎門] 카페리 항구 건설에 투자를 하였다. 카페리가 주강 연안을 연결해 왕래하는 차량은 160여 킬로미터의 거리를 줄일 수 있게 됐고, 광저우 동서쪽의 교통체증을 완화시킬 수 있었다. 1991년 후면 카페리가 운항되었고, 매년 카페리를 통해 운송하는 차량은 약 500만 대이다.

최근 이러한 10년 이상 정상적이고 안정적인 경영을 해왔던 기업도 「골칫거리」가 생겼다. 주관 부서의 직원이 항구에 관한 문건을 가지고 가서는, 이 카페리 「부두(渡口)」를 「항구(港口)」로 간주하고 「참조(參照)집행」을 규정했다. 이 「참조」 규정에 따라 기업은 매년 영업수입의 70% 이상을 이 「주관」부서에 헌납해야 한다는 것이다. 이로 인해 주관부서는 계속적으로 기업에 각종 금지령과 처벌령을 내린다. 10년 동안 아무도 내린 적 없는 「금지령」이 오늘 통보되면 내일 바로 「검사 처벌」되고, 집행인은 심지어 무기와 수갑을 가져와 옴짝달싹 못하게 만든다.

이에 대해 후어잉뚱은 약간 이해하지 못하는 부분이 있다. 10여 년간 튼튼하고 효율적으로 움직여지던 거대한 기업이 단지 법률을 집행하는 부서의 간부 한 사람이 어떤 법 규정에 대해 자신이 「참조, 이행」할 수 있다고 여긴다고 해서, 하룻밤 사이에 「불법」기업이 된다면 누구의 신용에 문제가 생기겠는가?

신용문제는 사회의 발전 방향에 직접적인 영향을 끼치며, 법제체계가 사회에서 제대로 확립되지 못한다면 시장운영은 실패하게 된다. 동일한 관리가 책임지는 같은 일을 다른 사람이 가서 처리하면 다른 결과가 있을 것이고, 동일한 규정으로 같은 일에 잣대를 재는데 다른 관리가 또 달리 해석을 한다면 시장에 과연 질서가 존재할 수 있을까?

이것은 현실생활에 존재하는 「법률의 본말전도(倒置)」 현상이다. 어느 지방에 존재하는 상황으로 미루어볼 때, 헌법은 마치 일개의 기본법만도 못한 것 같고, 기본법은 단행법만도 못한 것 같으며, 단행법은 또 국무원의 법규만도 못한 것 같고, 국무원 법규 또한 일개 시골 마을의 결정만도 못한 듯 보인다. 중국 민법전(民法典) 초안 작성의 구성원이자 법학 전문가인 장핑[江平]은 이런 현상에 대해, 이러한 법률인식은 일종의 본말이 전도된 법률인식이라고 평가했으며, 그것은 또한 헌법에 대한 홍보가 부족해 사람들의 헌법 의식이 부족하다는 것을 보여준다.

신용이 없는 사회는 경제 질서를 파괴하는 바이러스를 매우 쉽게 키울 수 있으며, 이러한 바이러스는 종종 권력에 붙어 기생한다. 작은 지방의 관리 한 명이 미약한 권력이나마 휘두르기 위해 교묘히 기관을 설립하고 남을 속이고 파렴치하게 탐욕을 부린다면 우리는 속수무책이다.

후어잉뚱은 중앙 정부의 주의를 일깨웠다. 시장운영은 법률보장을 받아야 하고, 법률은 신용의 지원에 의지해야 한다. 만일 신용이 없다면 법률 조문(條文)이 무슨 소용이며, 계약서 내용이 무슨 소용이 있겠는가? 그는 「정부의 신용은 중요한 일이다. 정부는 정책의 연속성을 어떻게 보장하고, 해외 투자자들에게 어떤 공평한 대우를 해주고, 그들의 이익을 어떻게 보장할 것인가는 매우 중요한 일이다」 라고 했다.

베이징 「제1차 중국 기업 신용 포럼」에서 제공된 데이터에 따르면 중국의 일부 기업들이 신용불량으로 인해 직·간접으로 본 경제적 손실이 5,855억 위안에 달하며, 이는 중국 연간 재정수입의 37%에 해당하고, 이로 인해 중국의 GDP는 매년 최소한 2%포인트 감소했다. 그 중 매년 채무도피로 인해 생기는 직접적 손실은 약 1,800억 위안에, 계약사기로 인한 손실 약 55억 위안, 저질제품 그리고 모조품 제조판매로 인한 각종 손실은 2,000억 위안, 삼각채(三角債-甲이 乙의 채무자나 채권자인 동시에 丙의 채권자나 채무자인 채무관계)와 현금교역 증가의 재무비용은 2,000억 위안에 달한다.

전인대 부위원장인 장쩡화[蔣正華]의 통계에 따르면, 시장교역 중 신용불량, 경제질서 문제로 야기된 헛된 비용은 이미 중국 GDP의 10%를 차지한다고 한다. 그는 신용이 이렇게 낮은 원인은 6가지가 있다고 했다. 첫째는 신용불량의 법률 조항이 너무 가볍다는 것, 둘째는 처벌하려는 강도가 너무 약하다는 것, 셋째는 감독의 강도가 너무 약하다는 것, 넷째는 사회적 예속력이 느슨하다는 것, 다섯째는 관리감독이 발전을 따라잡지 못한다는 것, 여섯째는 지방보호주의를 중시한다는 것이다.

시장경제는 법제(法制) 경제이며, 또한 신용경제이다. 중국은 WTO에 가입한 후 규칙을 지키고 신용을 성실히 지키려 하고 있다. 생각해 보라. 만일 후어잉뚱 같은 유명인의 기업조차도 정부의 「신용결핍」 문제에 부딪쳤는데 하물며 또 얼마나 많은 기업들이 이러한 상황에 처했겠는가? 신용결핍이 가져온 가장 심각한 후유증은 시장경제의 기초를 파괴하고 투자자의 믿음을 동요시켰다는 것이다.

광둥-홍콩 합작은 정부의 지원뿐만 아니라 법제의 보장도 필요하다. 마찬가지로 원자바오가 만일 중국의 경제문제를 해결하기 위한 약방문이 필요하다면 겉과 속을 모두 치료할 수 있도록 해야 할 것이다.

총리인 원자바오는 중국의 경제문제를 전력 해결해야 할 뿐만 아니라 「홍콩 지키기」를 계속해서 책임질 부분이다. 중국 내륙의 발전, 그리고 홍콩의 발전이야말로 새로운 정부가 첫 번째로 전력해야 할 목표이다.

원자바오가 부패의
도전에 맞서다

제7장

후계자가 된 원자바오가 주룽지로부터 총리직을 넘겨
받았을 때, 그는 뜨거운 감자도 동시에 넘겨받았다. 그 중 그에게 닥친 가장 시급
한 문제의 하나는 과연 어떻게 해야 반부패 문제를 제대로 처리할 수 있는가였다.
부패 문제는 중국이 당면한 최대의 정치적 도전이며, 가장 큰 사회적 병폐이다. 원
자바오는 앞으로 그의 전임 주룽지와 마찬가지로 탐관오리, 부패현상에 대해 조금
의 여지도 주지 않을 것을 분명히 했다.

2003년 3월 5일, 베이징에서 열린 전국인민대표대회는 새로
선출될 중국 정부의 신임 총리 임명에 관심이 집중되었다. 개회 당일
제5대 총리 주룽지는 자신의 임기 마지막 보고 중 「본 정부는 출범과
동시에 정부 관리들에게 [청렴, 근면, 실무, 효율]을 요구했으며, 강력
하게 반부패 투쟁을 시작하여 법에 의해 부패분자들을 처벌했다」고
말했다. 이어 주룽지 총리는 후임 총리에게 「우환의식(憂患意識)을
강화하고, 지속적이며 심도 있는 반부패 투쟁을 전개하여 각 분야의
행정에 부패 풍조를 강력하게 바로잡아야 한다. 행정과 회계 감독의
강화는 물론 여론 및 사회감독 또한 강화해야 한다」고 당부했다.

원자바오는 전임 총리 주룽지로부터 총리 권한을 이어 받을 때 중국 정부
의 뜨거운 감자라 할 수 있는 부패청산 문제도 넘겨받았다. 원자바오는 전

임 총리의 눈부신 성과를 뛰어넘기 위해 힘써야 하며, 남겨진 문제들도 해결하려 힘써야 한다. 그 중 신임 총리가 해결해야 할 가장 큰 난제 중 하나가 바로 어떻게 부패 문제를 전보다 더욱 효율적으로 해결할 것인가 라는 점이다.

「반부패」는 중국인들에게 있어 가장 자주 거론되는 단어이기도 하며, 중국의 개혁 개방 이후 오랜 기간 동안 해결되지 못한 고질병이기도 하다. 최근 매년 3월에 개최되는 전국인민대표대회에서 반부패 문제는 사람들이 가장 관심을 갖고, 정부가 절실하게 해결해야 할 문제 중 하나가 되었다.

주룽지의 임기 마지막 보고에서는 이전과 같이 반부패에 대한 잦은 언급은 없었지만, 많은 단어 속에서 이미 후임자에게 정부 관리들의 「청렴, 근면, 실무, 효율」과 정부의 「지속적이며 심도 있는 반부패 투쟁 전개」, 「여론과 사회 감독의 강화」를 강조하고 있다.

주룽지 총리 재임 시 중국 정부의 반부패 청산 정책은 매우 강력하게 추진되었으며, 임기 5년 동안 중국 공산당 정권 이래 부패관료 척결이 가장 활발하게 이루어진 시기였다. 청커지에(成克傑), 후장칭(胡長淸), 리자팅(李嘉廷), 리지조우(李紀周), 총푸궤이(叢福奎), 무수웨신(慕綏新) 등 성(省)급 고위 간부들이 차례로 해고되었으며, 극형에 처해진 경우도 있었다.

1997년 10월에서 2002년 9월 사이에만 전국 감찰기관이 적발한 사례가 86만여 건에 달했고, 처벌된 84만여 명 가운데 공산당 당적을 박탈당한 사람이 13만여 명, 당적 박탈과 동시에 형사 처벌된 사람은 3만 7,000여 명에 달했다. 그 중 현(縣)급 간부가 2만8,996명, 칭(廳)급 간부 2,422명, 성(省)급 간부가 98명이었다. 실로 주룽지 총리가 기자회견에서 자신 있게 "탐관오리들은 나를 두려워한다"라고 말할 법했다.

관련기관의 조사에 따르면, 2002년 중국인들의 반부패 청산에 대한 신뢰도는 1996년 11%에서 20%로 상승하였다. 그러나 이는 결코 낙관할 만한 수치라 할 수 없다. 제10회 전국인민대표대회 대변인 지앙언주(姜恩柱)는 기자들에게 「중국에는 아직까지 부패현상이 존재하며, 그 일부는 매우 심각한 상태이다」라고 사실을 인정했다.

중국 국정연구학자 후안깡(胡鞍鋼) 교수는 중국이 당면한 가장 큰 정치적 과제와 사회 문제는 지속해서 늘어가는 부정부패 현상이라고 말했다. 그는 현재 중국의 부패는 크게 지대 추구(rent-seeking), 지하경제 부패, 세금유실성 부패, 공공투자 및 공공지출성 부패의 4가지로 구분할 수 있다고 했다.

1990년대 후반기, 이러한 부패로 인한 경제손실은 매년 평균 GDP의 13.2%에서 16.8%에 달했다.

후안깡 교수는, 부정부패는 새로운 부를 창조할 수 없으며, 대량의 사회재산이 다수의 소비자에서 소수의 독점 생산자에게로 돌아가 국가재정 수입과 지출, 국유자산, 공공자원들이 특정 이익집단과 관련자들에게로 돌아가는 것이라고 말했다. 그는 이어 「발전은 흔들릴 수 없는 굳건한 법칙(發展就是硬道理)」이란 구호가 제2, 3세대 핵심 지도자들이 수립한 정치적 기치라고 지적하고, 새 정부는 「반부패도 흔들릴 수 없는 굳건한 법칙(反腐敗就是硬道理)」이란 정치적 목표를 세워,

중앙 정부의 부패 척결에 대한 강한 의지와 굳은 결심을 발표해야 한다고 말했다.

중국 언론들은 거의 매일 부정부패 사건을 보도하고 있으나, 부정부패 사건을 적발하여 폭로하는 경우는 매우 드물며, 정부에 의해 이미 종결된 부패 사건의 예를 다량으로 보도한다는 점이 흥미롭다.

중국의 반부패 문제는 당이 법 위에 있고, 인치(人治)가 법치(法治) 위에 있는 현실을 근본적으로 해결해야 한다. 다시 말해 부패 척결은 외형적인 문제의 해결뿐 아니라 근본적인 문제를 해결해야 한다. 정치체계의 개혁과 법제화―민주화를 진행하지 않고, 독립적 감찰기관이 없다면, 당이 법 위에 있고, 인치(人治)가 법치(法治) 위에 있는 현실은 물론 부패 문제의 해결도 쉽게 할 수 없다고 볼 수 있다.

원자바오는 전임 총리 주룽지로부터 총리 권한을 이어 받을 때 중국 정부의 뜨거운 감자라 할 수 있는 부패청산 문제도 넘겨받았다. 원자바오는 전임 총리의 눈부신 성과를 뛰어넘기 위해 힘써야 하며, 남겨진 문제들도 해결하려 힘써야 한다. 그 중 신임 총리가 해결해야 할 가장 큰 난제 중 하나가 바로 어떻게 부패 문제를 전보다 더욱 효율적으로 해결할 것인가 라는 점이다.

"반(反) 돈세탁"에 관한 3대 법규는 신구 정부가 이양되는 시점에서 제정되었고, 중앙 정부의 반부패 행위에 대한 척결의지가 예전과 같다는 사실을 보여주는 것이었다. 하지만 범법자, 부패 분자와 금융권의 연계를 끊어야 하며, 상부에서 범죄와 부패에 직접 타격을 주는 것 또한 필요하다.

2001년 초, 중국 관영 신화통신은 정확한 통계는 아니지만, 4천여 명의 탐관오리들이 5천여 억 위안의 공금을 횡령했다고 보도했다. 이 소식은 세간의 관심을 끌었으며, 중국의 부패 현상이 다시금 화제가 되도록 만들었다.

중국에서는 다음과 같은 이상한 현상이 존재한다는 것을 누구나 알고 있다. 만일, 정부 부처기관의 말단 처장의 집에 1백만 위안이라는 거금이 있다면, 대부분의 사람들은 그가 부정적인 방법으로 뇌물을 받았을 것이라 의심할 것이다. 그러나 만일 그 처장의 부인이 사업을 한다면 이야기가 달라진다. 거금 1백만 위안은 회사의 정당한 수입일 것이라 생각하기 때문이다. 이렇게 처장 사무실의 불법 수입이 부인 회사의 수입으로 세탁되어 합법적인 수익으로 둔갑하게 되는 것이다.

중국에서는 이러한 현상을 적지 않게 볼 수 있다. 돈세탁은 중국의 부패관리들에게 가장 필수적인 사항이 되었다. 그들은 4천여 명의 해외에 망명한 부패관리들처럼 합법적이지 않은 방법으로 축재한 부를 합법적인 방법을 통해 부를 영유하기를 희망하고 있다.

하지만 이제부터 중국에서의 돈세탁도 쉽지 않게 되었다. 2003년 1월 13일부터 15일 사이에 중국인민은행은 연속으로 〈금융기관 반(反) 돈세탁 규정〉, 〈인민폐 고액과 의심할 만한 지불 및 교역 보고관리법안〉, 〈금융기관의 고액과 의심할 만한 외환자금 교역 보고관리법안〉을 공포하고, 3월 1일부터 시행하였다. 이 3가지 법규의 주요 목적은 금융기관을 통한 돈세탁을 방지하려는 것이다. 전문가들은 이 법규들이 공직자의 불법행위를 방지하는데 효과가 있을 것이라

분석하고 있다.

최근 중국 기업의 해외투자 열기가 뜨거워지면서, 상당수의 중국 국영기업 법인대표가 해외투자, 합작이라는 명목으로 중국 내의 재산을 해외로 빼돌리고, 다시 일련의 통로를 통해 그 재산을 개인재산으로 바꾸고 있다. 국영기업 경영자나 관리자들은 외자기업 및 해외 기업과 거래할 때 상대방과 내통하여, 중국 내 자산 가치를 저평가하여 은닉하거나 해외투자 수익을 남겨놓고 회사 장부에는 적자가 된 것처럼 기입하곤 한다. 관련 기관의 통계에 따르면 미국에 설립한 많은 중국 국유기업이 적자 상태이지만, 회사의 책임자 및 친인척들은 몇 년 사이 갑부가 되었고, 투자 이민자가 되었다고 한다. 최근 수많은 중국 자본의 해외무역업 기업들이 파산을 선포하기 전에, 부분 자산과 이윤은 일찌감치 해외의 개인 명의로 옮겨놓고 있다.

2002년 6월 인민일보의 기사에 따르면, 「최근 중국의 돈세탁이 계속 증가하고 있으며, 금액 역시 계속 증가하고 있다. 그 중 돈세탁을 목적으로 많은 금액이 해외로 빠져 나간다. 자본유출의 심각성은 간과할 수 없는 것으로 국가 세입이 감소되고, 외환보유고에도 영향을 미치며, 이는 장차 중국 금융안전에 위기를 가져올 수 있고, 나아가서는 금융위기의 원인이 되리라고 보는 사람도 있다」고 한다.

중국에서 돈세탁 범죄의 방법은 크게 4가지가 있다. 첫째, 부정한 방법으로 부를 축적한 후 돈세탁을 하는 것이다. 공직자는 뇌물을 받은 후 사직하고 무역회사를 차리거나 주식을 하여, 새로운 신분으로 부정한 축재를 정당화한다. 둘째, 뇌물로 부를 축적하면서 다른 한편으로 돈세탁하는 방법이다. 자신의 권력으로 부정하게 돈을 챙기고,

다른 신분으로 검은 돈의 내력을 감추는 것이다. 셋째, 돈을 챙기는 것과 돈세탁을 한 번에 하는 것이다. 정부 관료나 국영기업 사장들이 개인기업 혹은 대리인을 내세워서, 경영상의 거래를 통해 검은 돈을 기업의 장부로 옮기거나 정상적인 납세경영을 통해 돈을 번 것으로 바꾼다. 넷째, 해외에서 돈세탁을 하는 것이다. 날로 밀접해지는 중국 국내외 시장 관계를 이용하여 검은 돈을 밖으로 옮기거나 국외 계좌에서 돈세탁을 한다.

한 시대를 풍미했던 하이난(海南) 동방시(東方市) 서기 치후오꿰이(戚火貴)는 임기 중에 부정부패로 187만 6천 위안의 부를 축적하였고, 그의 부인 푸롱잉(符榮英)과 공동으로 축적한 재산은 1,100여만 위안에 달한다. 이러한 재산은 동방시 1년 정부 수입의 1/6에 해당하는 것이다. 검찰부서에서 신고를 받아 조사를 시작했을 때, 치후오꿰이가 받은 뇌물은 13만 위안만을 찾아내었다. 만약 검찰의 감시를 받던 푸롱잉이 화장실에 숨겨놓은 돈세탁에 관한 지시 편지를 발견하지 못했다면 1천만여 위안의 부정 재산은 드러나지 못했을 것이다.

1998년 5월 11일 새벽 3시경, 여자 조사관 2명이 푸롱잉이 화장실에 숨겨 놓았던 친척에게 보내는 다음과 같은 내용의 편지를 입수하였다.

「상황이 매우 긴급하니 즉시 스싱(四行)으로 가서 대만 이모의 전화번호와 이름을 알아내어라. 그녀에게 우리의 이름을 기억하라고 하고, 아래의 일에 답을 받아라. 이래야만 우리 두 사람이 살 수 있다.」

다음은 푸롱잉이 치밀하게 계획한 일문일답의 내용이다.

"만약 어떤 사람이 하이난(海南)에 계좌가 있느냐고 물으면 있다고 하세요. 돈을 얼마나 넣어두었느냐고 물으면 인민폐 140여만 위안과 60여만 홍콩달러가 있다고 하세요. 예금하는데 누가 도와주었습니까? 라고 물으면 여동생의 큰 며느리가 도와주었다고 하시고, 왜 그 사람에게 맡겼냐고 물으면 믿을 수 있는 사람이기 때문이라고 하세요. 왜 하이난에 돈을 가지고 왔냐, 투자할 생각이냐 하고 물으면 내가 하이난 사람이라 일부는 하이난에 둘 것이지만, 어떻게 쓸지는 아직 모르겠다고 하세요. 돈 보관은 정기예금과 일반저축 중 어느 것으로 하고 있냐고 물으면 정기예금과 일반저축이 다 있는데, 정기예금 3년 만기로 하고 있다고…."

똑똑하면 제 꾀에 넘어간다고 하였던가. 치후오궤이는 사형을 선고받았고, 푸롱잉은 16년형을 받았다.

리엔윈강시(連雲港市) 부시장이었던 루총요우(鹿崇友)는 연로하신 부모님까지 끌어들여 「리엔윈강시 익우 화학공업주식회사(連雲港市益友化工有限公司)」를 설립하였다. 팔순이 다 되신 아버지는 「회장」, 칠순이 훌쩍 넘으신 어머니를 「사장」으로 앉혀놨지만 실제로 루총요우가 막후의 사장이라는 것을 누가 모르겠는가. 자금조달은 물론 물자거래까지 모두 루총요우가 뒤에서 조종하였다. 결국, 루총요우는 14년형을 받았다.

허난성(河南省) 루오허시(漯河市)의 시위원회 서기 청산창(程三昌)은 59세에 허난성 정부가 홍콩에 「유령회사」로 설립한 위강 회사(豫港公司)의 사장에 임명되었다. 사장에 취임한 지 1년이 채 안되었을 때, 그는 회사 장부에 남아있던 몇 백만 홍콩달러를 자신의 계좌로 이체시켜 2001년 5월 소문도 없이 거액의 돈을 가지고 자신의 애인과 뉴질랜드로 이주하였다. 후에 관련 조사에서 그가 각종 루트를 통해 국외로 빼돌린 돈이 1천만 위안 이상이고, 루오허시 정부에 재직할 때부터 자금을 유출하였음이 밝혀졌다.

천완슝(陳萬雄)과 천츄위엔(陳秋園) 부부는 광둥성 중산시(中山市)에서 각각 실업발전회사(實業發展公司)의 사장과 법인대리인을 담당하고 있던 기간에 은행 담당자와 공모하여 51차례에 걸쳐 4억2천만 위안을 횡령했다. 이 사건은 1995년 이후, 중국 내에서 발생한 최대 비리, 공금남용 사건으로 기록되었다. 이 부부는 조사가 착수된다는 소식을 듣고 재빠르게 횡령한 돈을 가지고 태국으로 달아난 후 태국 국적의 신분증을 매입하여 자신의 성과 이름을 태국 이름으로 개명하고, 개명한 이름으로 여러 사업체를 거느리며, 호화스러운 생활을 하고 있다고 한다.

광시(廣西) 장족(壯族)자치구 정부 주석과 전국인민대표대회 상무위원회 부위원장(부총리급)을 역임한 청커지에(成克傑)는 뇌물 수수 혐의로 사형을 선고 받았다. 이는 신중국 수립 이후, 고급 간부 중 뇌물 수수액이 가장 많은 사건이며, 경제 범죄를 저지른 이유로 극형에 처한 최고위 간부이다.

조사에 따르면, 청커지에의 돈세탁 방법은 다음과 같았다. 청커지에와 애인 리핑(李平)은 뇌물로 받은 4,109만 위안을 홍콩의 장징하이(張靜海)에게 주고, 장징하이는 다시 그 돈을 다른 계좌로 이체시켰다. 이에 대한 수수료 명목으로 청커지에는 장징하이에게 1,150만 위안을 주었다. 돈세탁을 하는 은행은 일반적으로 10−15%의 수수료를 받는데 청커지에와 같은 공직자에게 은행은 큰 위험을 감수했다는 이유로 25% 정도의 수수료를 요구하였다. 이렇게 청커지에의 4천여만 위안은 돈세탁 과정을 거쳐 2천만 위안도 안 되게 줄어들었다.

다음으로 청커지에는 리핑의 명의로 홍콩에 유령회사를 설립하였다. 이 회사는 순전히 다른 사람들의 눈을 피하기 위해 만든 것으로 진짜처럼 보이기 위해 경영활동을 위조하고 회계사를 초빙해 위조 장부를 만들어 25% 정도의 기업 소득세와 40%의 개인 소득세를 납부하게 했다. 이러다보니 2천만 위안에 이르던 재산이 또 줄어들게 되었다.

마지막으로 청커지에는 돈세탁을 마친 돈을 자신의 계좌에 입금할 방법을 찾아야만 했다. 하지만 청커지에는 자신이 힘들게 돈세탁한 이 돈을 써보지도 못하고 사형에 처해졌던 것이다.

중국의 《중화공상시보(中華工商日報)》의 보도에 따르면, 현재 매년 중국에서 돈세탁으로 빠져나가는 검은 돈이 이미 2천억 위안에 이르며, 이 가운데 정부 관리들의 부정한 수입으로 세탁되는 돈이 300억 위안을 넘는다고 한다.

돈세탁은 불법소득을 합법화하는 부패의 온상이다. 중국 인민대학 경제학과 타오샹(陶湘) 교수는 「부패는 돈세탁 행위를 필요로 할 뿐 아니라, 이러한 행위를 보호한다」고 말한다. 돈세탁을 통해 부패분자들은 불법소득을 합법소득으로 바꾼다.

돈세탁 방지 문제 역시 학계와 법조계의 관심을 끌기 시작하고 있다. 2002년 양회(兩會－정치협상회의와 전국인민대표자대회) 기간에, 저명한 경제학자 우슈칭(吳樹靑)은 「반(反) 돈세탁법」 제정 결의안을 제출했다. 그는 중국의 부패현상을 날로 가중시키는 원인 중에서도 가장 큰 원인은 바로 미숙한 은행신용제도 때문이며, 이는 돈세탁하는데 드는 비용이 너무 적어 부패분자들의 부패 행위가 더욱 쉽게 발생하게 된다고 말했다.

「반(反) 돈세탁」 3대 법규는 신구 정부가 이양되는 시점에서 정해졌고, 중앙 정부의 반부패 행위에 대한 척결의지가 예전과 같음을 보여주는 것이다. 하지만 범법자, 부패분자와 금융계의 연계를 끊어야 하고, 또 상부에서 범죄와 부패문제에 직접 충격을 주는 것이 필요하다.

현재 부정부패 사건이 빈번하게 발생하는 원인 중에 하나는 1인자에 대한 감시제도가 허술하다는 것이다. 간부 인사제도는 민주적이며 개방적인 경쟁체계가 부족하고, 관직을 얻기 위해서 매관매직의 기회를 제공하는 동시에 부정부패의 원인을 파생시킨다.

최근 발표에 따르면 전국 감찰기관이 입법감찰한 사건 중 일반 시민이 제보한 사건이 약 85%를 차지하고, 중앙 국가기관의 각 부분 감찰기관이 찾아낸 위법 사건 중 90% 이상이 시민제보에 의한 것이다.

중국의 반부패기관은 기율검사위원회, 감찰부, 검찰원이 있다. 이렇게 거대한 감독기관들은 민중의 제보를 충분히 소화할 수 있어 보이지만, 실제는 부끄럽게도 그렇지 못하다. 칭화 대학 청렴정책연구실 런지엔밍(任建明) 주임은 "1980년대 이래로 체포된 성(省)급 고위간부가 계속 증가하고 있으며, 성급 이상의 간부들에 대한 처벌은 이미 중국 부패 문제의 새로운 현상이다"라고 말하고 있다.

1998년 중앙에서 성(省)-부(部)급 지도자 12명을 조사해 처벌했고, 그 중 광시 장족 자치구 부주석을 역임한 쉬빙송(徐炳松)의 뇌물수수 사건, 광둥성 인민대표대회 부주임 위페이(于飛)의 직권남용 사건, 허베이성 인민대표 부주임 장디엔우(姜殿武)와 후베이성(湖北省) 부성장 멍칭핑(孟慶平)의 법률위반 사건 등 1999년 총 17명이 조사 처벌되었다.

2000년에는 닝보시(寧波市) 시위원 서기 쉬윈홍(許運鴻)의 직권남용 사건, 장시성(江西省) 부성장 후창칭(胡長清)의 직권남용 사건 등 22명이 조사 처벌되었으며, 그 중 전국인민대표대회 상무위원회 부위원을 역임한 청커지에의 법률위반 사건과 충칭시(重慶市) 인민대표대회 상무위원 친창디엔(秦昌典)과 부주석을 역임한 왕스후이(王式惠)의 독직사건, 닝시아(寧夏) 회족(回族) 자치구 정협 부주석 주원지(周文吉)의 조직 인사규율을 위반한 사건, 또 직권을 남용하고 주식을 받고 부인과 자녀에게 주식을 사게 한 후베이성 부성장 리다치앙(李大强), 국방과공위 부주임 쉬펑항(徐鵬航), 전국방직총협회 회장 우원잉(吳文英) 사건 등이 있다.

21세기에 들어, 일부 고관들은 극형에 처해지기도 했다. 2000년 3월 8일, 장시성 부성장 후장칭(胡長清)은 부정부패로 사형을 당한 성(省)급 최고 간부이다. 2000년 9월 14일, 전국인민대표대회 부위원장 청커지에의 사형이 집행되었으며, 이는 신중국 수립 후 최고 공직자의 부패사건이었다. 2001년 10월 10일, 선양(審陽) 시장 무수이신(慕綏新), 공안부 차장을 역임한 리지조우(李紀周)도 사형을 선고받았다.

2002년 선양시 부시장 마샹동(馬向東)이 사형에 처해졌고, 허베이성 국세청장 리전(李眞)을 포함하여 창조우시(滄州市) 서기 보샤오쵄(薄紹銓), 성 정부 비서실 차장 우칭우(吳慶五) 등을 포함한 8명의 고급 간부가 엄벌에 처해졌고, 리전과 우칭우는 사형에 처해졌다.

현재의 상황으로 볼 때 부정부패 행위가 집단으로 이루어지는 것은 더욱 분명하다. 샤먼(廈門)의 「위엔화(遠華) 밀수사건」은 각계 수백 명의 관료들이 연루되었던 보기 드문 사례이다. 선양시(審陽市) 「무마사건」은 시 정부 16개 관계부처의 우두머리들과 1백여 명의 간부들이 연루되어 있었다. 허베이성 국세청장 리전 사건은 현(縣)급 이상 간부 60명이 연루되었고, 그 중 40명이 관계부처의 1인자들이었다. 텐진시 바오디구(寶坻區)가 징선 고속도로(京瀋: 베이징에서 심양까지 연결된 고속도로)의 바오디 구간 37km 건설공사를 하면서 37명의 간부가 부패행위를 저지른 것이 발각되어 조사를 받았다. 평균 1km를 건설하는데 한 명의 간부가 나가떨어진 셈이다.

고급 간부가 관련된 부패사건은 그 관련 금액이 갈수록 커지고 있으며, 금액도 수백만 위안부터 수천만, 심지어 억 단위까지 이르고 있다.

「여자 포청천」이라 불리는 기율검사위원회 부서기 리우리잉(劉麗英)은 양회(전국인민대표대회와 정치협상회의) 개최 전 가진 간담회에서 「현재 중국이 직면한 부정부패사건 발생 원인에 대해 책임자에 대한 감독체계가 허술하여, 부패현상이 발생할 수밖에 없다」고 말했다. 그녀는 간부 인사제도의 개방적이고 민주적인 경쟁체제가 부족하고 관직을 얻기 위해서 매관매직의 기회를 제공하기 때문에 부정부패의 원인을 발생시킨다고 말하였다.

왜 이렇게 많은 관료들이 부패행위를 계속하는가? 왜 매관매직사건이 계속 발생하는가? 이에 대한 전문가들은 총체적인 제도정비를 통해 부패 문제를 근본적으로 청산해야 한다고 말한다.

먼저, 대폭적으로 부패 행위에 따르는 원가를 증가시켜 부패 행위가 큰 위험만큼 수익이 낮다는 사실을 알림으로써 공무원의 부패를 제도적으로 예방하도록 해야 한다. 부패방지를 위해 책임부서에서 부패 풍조를 근절하고, 기강을 바로 잡고, 처벌을 강화시켜야 한다. 엄정한 처벌을 통해 부패 범죄의 위험을 증가시켜, 범법자가 범법 행위에 대한 인식을 바꾸도록 해야 한다.

다음으로, 공권력의 투명도를 제고시켜야 한다. 공개적인 투명성 확보는 정부 관리들의 부패를 예방할 수 있는 좋은 방법이라 할 수 있다. 따라서 적극적으로 당과 국가 정치 생활 투명도를 제고시켜, 공무원을 비롯한 고급 간부의 경제 상황을 공개하도록 한다.

세 번째로, 법을 제정하여 어떠한 외부의 감독이나 견제가 없는 경제 행위를 금지하고, 권력이 절대화하는 환경에서 자생하는 부패를 방지해야 하며, 이로부터 국가 투자의 효율을 최대한 보호해야 한다. 법치의 핵심은 「치민(治民)」뿐 아니라 더 중요한 것은 치리(治吏), 치권(治權)이다. 「법이 있으면 반드시 따르고, 법을 집행함에 엄정하고, 위법 행위는 반드시 밝혀내고, 법률 앞에 모든 사람이 평등하다」는 것을 진정으로 실천해야 한다.

2003년 1월 11일, 선전에서 「중국청렴정부건설(中國廉政建設)」 전담 발기회를 개최하였다. 이것은 부패 청산을 위해 중국과 국제 조직이 처음으로 협력하는 것이었다. 중국은 이 기회를 통해 외국의 청렴한 정부 건설의 유익한 경험과 유용한 방법을 배우고자 하였다. 이 전담부서 주임 겸 감찰부 부부장 리위푸(李玉賦)는 기자 간담회에서 「전담부의 중요한 과제는 어떻게 부패 문제를 근본부터 치료할 것인가」「근원부터 부패 현상을 고치고, 가장 중요한 것은 권력의 감시와 규제를 강화하고 제도화하여 발본색원하여야만 진정 부정부패를 막을 수 있다」라고 말했다.

부정부패는 각 국가에서 각기 다른 형태로 존재한다. 해외에서 보는 부정부패의 중대한 4가지 폐해로는 첫째, 부정부패는 안정된 정치상황을 불안케 하고 민심에 영향을 끼친다. 둘째, 부정부패는 경제자원의 낭비이며 경제발전을 방해한다. 셋째, 부정부패는 법률 실천을 파괴하고, 사회 공정성을 손상시킨다. 넷째, 부정부패는 사회풍조를 해친다. 그러나 중국에서 제일 많이 언급되는 것은 부정부패가 당과 국가의 생사존망에 직결된다는 것이다.

어찌됐든 간에 반부패는 모든 국가와 지역의 공통된 인식이다. 이 분야에 있어 싱가포르와 홍콩은 탁월한 성과를 보이고 있다. 그 두 나라의 비결은 첫째, 법률의 제정이 비교적 엄격하고, 사회의 모든 사람이 긴밀하게 연결되어 있고 둘째, 법률 실천이 매우 엄격하며 셋째, 법률상으로 특권이 없고, 지위 고하를 막론하고 모두 법의 테두리를 벗어나지 못한다는 것이다.

싱가포르는 반부패 문제에 대해 두 개의 슬로건을 내걸고 있다. 하나는 부정부패자의 공직 파면처리이고, 다른 하나는 경제적 파산이다. 부패 관리 처분은 모든 부정재산을 몰수할 뿐만 아니라 몇 배 혹은 몇 십 배의 벌금을 징수하게 한다. 게다가 싱가포르는 법률상 연대책임을 물어 부정을 저지른 관리의 상사도 함께 배상을 해야 한다. 이로써 상하의 관계가 정치와 경제 이익 공동체로 되어 하나가 손해를 보면 모두가 손해를 입는다.

여기서 홍콩의 경험을 예로 들어보자. 홍콩의 정부 관리들은 부당한 이익을 얻을 수 없다. 〈뇌물방지사례〉에는 정부 관료들이 받는 어떠한 증정, 대가, 비용, 접대, 금품도 그것이 어떠한 종류의 유가증권 혹은 기타 재산, 재산권이든 모두 부당이득에 속한다고 명확하게 규정하고 있다. 만일 홍콩 이외 다른 중국 지역에도 이렇게 규정된다면 인사치레로 주고받는 술, 담배, 선물 등은 모두 「부당이득」으로 법률의 제재를 받게 될 것이다.

중국 정부는 근원부터 부패 문제를 예방하고 해결하며, 계속적으로 위반 사건의 조사 역량을 강화하고 엄격하게 부정부패 사범을 처벌하여 그 실제 성과로 대중의 믿음을 얻겠다고 표명하였다.

원자바오는 신임 총리로서 중국의 경제뿐 아니라 정부 관리들의 문제도 해결해야만 한다. 등소평은 일찍이 「특히 당내 고위층의 부패 현상을 처벌하지 않으면 실패할 위험이 있다. 새로운 지도자는 먼저 이 문제를 해결해야 한다」고 말했다.

새 중앙 정부도 이미 반부패 작업에 대한 확고한 인식을 가지고 있다. 후진타오 총서기는 2월 19일 중앙기율검사위 제2차 전체회의에서 「반부패 사업은 반드시 부차적인 것과 근본적인 것을 함께 고쳐

나가야 하며 근원부터 부패 문제를 해결하고 예방해야 한다」고 강조했다.

또한 신임 중앙기율검사위 우관정(吳官正) 서기는 제10회 전국인민대표자대회 1차 산동대표단 전체회의에 참가했을 때 「지속적으로 위반사건의 조사역량을 강화하고 엄격하게 부정부패사범을 처벌하여 대중에게 신뢰를 얻겠다」「근본적인 예방과 부패 청산사업을 추진하고, '권력을 잘 사용할 수 있고, 돈을 잘 관리할 수 있고, 사람을 잘 선택할 수 있는' 체제를 만들어 나갈 것」을 표명했다.

대중의 반응이 민감한 사안 해결에 착수하는 것은 이미 새로운 정부 후임자들의 공통된 인식이 되었다. 권력으로 사리사욕을 채우고, 일반 시민과의 이권을 다투며, 대중의 이익을 해치는 행위에 대해 중국 정부는 조사를 착수했다.

원자바오는 정치국 상임위원으로 선출되고 얼마 후, 연말의 첫 번째 전국기획회의에서 강한 어조로 현재와 같은 정치 이미지와 정치적 업적을 위한 행위를 엄격히 금지할 것이라고 밝혔다. 실리를 중시하는 원자바오 총리는 국민을 고달프게 하고, 외형적으로만 번지르르 한 실속 없는 정치적 사업은 일종의 부패행위라고 보고 있다.

원자바오가 앞으로 그의 전임자들과 같이 탐관오리들의 부정부패 척결 고삐를 늦추지 않을 것임을 알 수 있는 대목이다.

하지만 AFP 통신은 중국의 새 지도층은 부패를 척결하고, 청렴을 강조하는 작업을 계속할 것을 다짐했으나, 중국 국민의 민심과 고유의 정치제도를 감안하면 이런 노력이 헛되이 끝날 것이라고 보도했다.

그러나 후진타오와 원자바오의 이제까지 나타난 공통된 특징은 하나의 일을 할 때 끝까지 하고, 설사 우회를 하더라고 최후에는 목표를 달성하는 것이었다.

후진타오와 원자바오는 모두 매우 청렴하고 결코 부패와 연관된 적이 없었다. 앞으로 그들은 자신들이 청렴해야 할 뿐만 아니라 그 휘하의 당원 간부들도 스스로 청렴하도록 해야 하는 사명감을 갖고 있다.

반부패 문제에서 정치를 담당하는 후진타오와 경제를 담당하는 원자바오가 "최대의 정치도전과 사회문제"를 어떻게 풀어낼지 지켜볼 일이다.

원자바오가 이끄는
중국 경제

제8장

　　　　　　　지방정부의 방만한 재정정책을 그대로 두면 가까운 미
래에, 국가정책의 가장 큰 비중인 비(非)국유경제의 발전을 포기하게 된다.
중국 경제의 지속적이고 건강한 발전을 위해서는 '사유화'의 길을 가야만 한다.
중국 경제의 기적은 사실상 지속적 고속 성장에 의지해 유지된 것으로, 경제번영
이란 수식어는 수많은 심층문제를 덮어버렸고, 일단 성장세가 떨어지기 시작하면
모든 문제가 드러날 것이며, 각종 모순이 격화되고, 사회안전과 정치안정을 직접
적으로 위협하게 될 것이다.

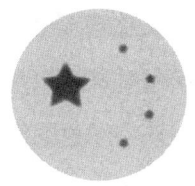

원자바오는 이미 주룽지로부터 중국 경제에 관한 권력을 이어 받았다. 그러나 중국 경제의 다음 단계 실천방향에 대해서 그는 새 정부의 차별성을 제시하지 않았을 뿐만 아니라 옛 정부와의 공통점만을 강조하는데 주력했다.

서방 국가에서는 새로운 인물이 나오려 하거나 혹은 나온 지 얼마 안 됐을 때 반드시 독자성을 보이며 구 정부 및 그동안의 정책과 다른 점을 홍보해 유권자의 기대와 지지를 얻어내려 한다. 그러나 중국은 그와는 정반대인데, 반드시 붉은 깃발을 높이 올려 세우며 구 정부에 대한 존중과 그 정책에 대한 지속성을 표현해야 한다.

비록 원자바오가 주관하는 것이 중국 경제이지만 중국 내에서 권력을 잡고 태도를 표시하는 것은 경제 문제가 아니라 정치 문제이다. 중국은 일당 권력 국가로, 서방 국가처럼 양당 혹은 다수당이 경쟁하면서 통치하지 않는다. 그러므로 중국 신임 정부의 권력이양은 자연히 서방 국가처럼 선거로 이루어지는 것이 아니라, 일체를 주도할 당 간부의 선발로 이루어진다.

원자바오는 2002년 12월 말 인수 작업이 한창이던 시기, 전국계획회의(全國計劃會議)에서 「최근 몇 년간 우리는 내수 확대방침과 적극적 재정정책 그리고 안정적 화폐정책을 실시하여 국민경제가 지속적으로 신속, 튼튼하게 발전하도록 촉진하였다. 실천으로 증명하는 것이 명확하다. 내년에도 계속해서 거시 경제정책의 연속성과 안정성을 유지하려고 한다」 라고 분명히 밝혔다.

실제로 중국 경제에서 2002년만큼 경기가 좋았던 적이 없었다. 연간 국내 총생산액은 10조 위안을 넘어 전년도보다 8%가 증가했고, 1인당 GDP는 1천 달러에 근접했다. 외국의 대중국 직접투자는 처음으로 미국을 넘어서면서 세계 1위가 되었다. 중국의 대외 무역액은 6천 억 달러를 초과했는데, 이는 역사 이래 최고이다. 외환 보유액도 이미 2,800억 달러에 달하였다. 중국이 WTO에 가입한 지 1주년, 무서운 「늑대가 왔다」라는 비명이 비록 중국인을 깜짝 놀라게는 했었지만, 중국인들은 전전긍긍하며 「늑대와 함께 춤을」 춘 후, 뜻밖에도 「늑대」의 덕을 많이 봤다는 것을 알게 되었다. 이와 같이, 주룽지는 만면 가득 웃음 지으며 원자바오에게 권한이양을 할 수 있었고, 원자바오도 주룽지의 경제정책을 기꺼이 계승할 것이라고 했는데, 이는 일종의 충성으로서 기쁘게 심복한다는 태도에서 비롯된 것이다.

원자바오는 막 취임했고, 지방 세력들과의 우호적 관계도 고려해야 한다.

지방 정부는 여전히 투자 전문안건이나 대규모 건설에 열중하고 있다. 그래서 단번에 확장성 재정정책을 퇴출하는 것은 현재 현실적이지 않다. 그러나 원자바오는 앞으로 점차 적극적 재정정책과 안정적 화폐정책을 약화시킬 것이다.

중국 경제가 비록 대호황일지라도, 결코 모든 지역의 상황이 좋기만 하고 근심걱정이 없는 것은 아니다. 지금껏 많은 경제학자들이 「중국이 다년간 시행했던 '적극적 재정정책과 안정적 화폐정책'은 반드시 강도를 약화시켜야 한다」고 반복해서 말했었다.

원자바오도 중국의 통화긴축이 아직 계속되어 국채 발권을 늘여 경제를 유지하는 식의 이런 비(非) 시장경제 수단을 핵심으로 하는 「적극적 재정정책」은 장기 계획이 아니라는 것을 잘 안다. 이러한 형세에 대해 가장 마음속 계산을 하고 있는 재정부부장 샹화이청(項懷成)은 2001년과 2002년에 각각 두 차례의 공개논의를 거쳐 '적극적 재정정책'은 약화돼야 한다고 말했다.

중국이 말하는 「적극적 재정정책」은 사실상 바로 서방에서 말하는 「확장성 재정정책」이다. 나는 주룽지의 유럽방문 시 동행취재를 한 적 있는데, 주룽지가 이에 대해 「말하는 방법은 다르지만 내용은 비슷하다」고 인정하는 것을 직접 들은 적이 있다.

당시 주룽지가 유럽의 한 국가에서 현지 중국 대사관 직원들을 만났을 때 '많은 외국인들은 중국의 「적극적 재정정책」이 도대체 무슨 뜻인지, 그리고 그들의 「확장성 재정정책」과 무엇이 다른지를 이해 못한다' 라고 토로했다. 주룽지는 이러한 외국인들에게 당연히 그럴 듯한 말로 설명했으며, 나중에 자기 자신도 웃음을 참지 못하고 솔직히 그 내용은 별 차이 없다고 얘기했다.

중국에서는 재미있는 일들이 아주 많다. 항상 세계가 공인하는 정의에 대해 독자적인 다른 명사를 붙이는 것을 좋아하고, 국제적으로 기성화된 그리고 규범화된 용어를 쓰는 것을 회피한다. 예를 들면 「실업(失業)」을 「하강(下崗)」 또는 「대업(待業)」이라고 부르며, 「공기오염지수(空氣汚染指數)」를 「공기질량보고(空氣質量報告)」로 부른다, 「사유경제(私有經濟)」를 「비공유경제(非共有經濟)」 또는 「민영경제(民營經濟)」라고 하며, 「확장성 재정정책(擴張性 財政政策)」을 「적극적 재정정책(積極的 財政政策)」이라고 부른다. 당연히 중국 관방들이 「특색」을 좋아해서 이렇게 하는 것은 아니다. 분명한 것은 의도적으로 소극적 요인을 희석하려는 세심한 마음에서의 발상인 것이다.

분명히 장기적으로 확장성 재정정책을 실시하는 것은 적당하지 않다. 왜냐하면 그것은 직접적으로 시장에 투자를 유도하는 것이 아니라 확장성 재정정책으로 진행하는 국채투자이기 때문이다. 국채투자와 일반적 사회투자는 다르다. 일반 사회투자는 최종적으로 투자 회수를 유일한 목적으로 하지만, 국채투자는 두 가지 측면의 목적을 겸유한다. 즉 한편으로는 투자회수를 목적으로 하는 전문안건, 다른 한편으로는 사회에 공산품을 제공하고 투자회수를 추구하지 않는 전문안건이 있다. 일반 사회투자는 실패했을 때 투자주체가 손실을 감당하지만 국채투자가 실패하면 정부재정이 손실을 본다. 즉 국가 장부에 계산되어 쌓인다. 이런 식으로 장기화되면, 국가가 얼마나 많은 채무를 부담할 수 있겠는가? 결국 언젠가는 국가가 붕괴하고 말 것이다.

사실, 주룽지가 중국 경제를 주관했던 후기 단계에서도 정책완화 문제를 고려하지 않은 것은 아니다. 그러나 정책을 늦추어서 발생하게 되는 각종 문제도 분명 정책 결정자로 하여금 눈살을 찌푸리게 한다. 한편으론 정책완화가 재정적자 규모의 감소로 영향을 끼치고, 또 직접적으로 경제성장 속도에 영향을 주기 때문에 결심하기가 쉽지 않다. 다른 한편으론 재정지출에는 경직성(비탄력성)이 있기 때문에 어떤 항목의 지출이라도 취소하려면 재정 부분과 관련 부분에 관해 반복협상을 거쳐야 하기에 어떠한 항목의 투자라도 잘라내는 것은 꽤 어렵다.

정부가 가장 걱정하는 것은 일단 적극적 재정정책을 중지하면 GDP 증가가 완만해지고, 국채가 GDP에서 차지하는 비중이 동반 상승하여, 위험이 그 속에 잠복해 있다. 또한 어떤 전문가는 「적극적 재정정책이 바로 퇴출되는 건 불가능하고, 이 정책을 사회보험과 노동보험 방면의 건립으로 연결시키는 것이 낫다」 라고 건의했다.

내가 경제학자 우징리엔(吳敬璉)을 취재한 적이 있는데, 그는 원자바오가 취임 후 국채 발행을 줄이고 점차로 적극적 재정정책을 완화시키는 단계를 취할 것이라고 말하였다. 그러나 우징리엔도 중국에서 단순히 경제만 하는 것은 불가능하며, 경제는 역시 정치와 결합되어야 한다고 강조했다. 원자바오가 막 취임했을 때 지방 세력과의 우호적 관계유지도 고려해야 했는데, 지방 정부는 여전히 투자 전문안건과 대규모 건설에 열중하고 있었다. 그래서 단번에 확장성 재정정책을 퇴출한다는 것은 현재 아직 현실적이지 않다.

중국의 많은 지역에서 도시화 운동이 진행되고 있다. 일부 능력이 있는 도시에서는 모두 약진하는 식의 무장을 적극적으로 하고 있다. 중국의 중소도시에 가서 걸어보면 도처가 모두 녹지화되고, 밝아지고 미화되고 있다. 대도시에서는 더욱 앞 다투어 현대화되고 있다.

내가 샨시성(山西省)에 갔을 때, 어떤 작은 현(縣)급 시(市)에서 상당히 현대화된 큰 녹지광장을 건설하고 있었는데, 광장 주위는 오히려 낡은 가옥들 일색이란 걸 발견하게 되었다. 과거 일본이 이용률이 상당히 낮은 공공 설비들을 건설했다가 그것들에 의한 「복수」를 지금 당하고 있는 것과 같은 현상이 만일 중국에서 나타난다면, 그것은 「돈을 태워 따뜻하게 하는」 식으로 만들어내는 고성장이며, 「호랑이를 키워 후환을 남기는 것」이 아니고 무엇이겠는가?

원자바오는 선임자와 선배를 존중할 줄 안다. 또한 전반적이고 넓은 시각으로 국가의 안정을 고려해 모든 것을 조정할 줄도 안다. 원자바오를 아는 사람들은 모두 그가 잠재력을 지닌 사람이라는 걸 알 수 있다고 말한다. 그러나 그가 재임 동안 얼마나 큰 매력을 보일지 아직까지는 알 수가 없다. 중국의 정치와 경제는 시종 서로 얽혀 있다. 원자바오가 「구역을 재정비 중인 정치경제학」을 잘 처리할 수 있을까? 우징리엔 같은 경제학자도 관찰하고 있는 중인 듯하다. 우징리엔은 원자바오가 1998년 직면한 징강(荊江) 홍수 방제 긴급상황에서 보여준 능력으로 봤을 때, 그는 중요한 시기에는 어떤 희생을 치르더라도 필사적일 것이라고 말했다.

예견할 수 있는 상황은 시간의 추이에 따라 국유경제가 국민경제에서 차

지하는 비중은 앞으로 점점 작아질 것이고, 비(非) 국유경제가 국민경제로 이동하는 비중은 점점 커질 것이라는 것이다. 국가 정책의 가장 큰 중점은 비(非) 국유경제를 크게 발전시키는 것이다.

원자바오가 취임하여 중국은 사유화의 길을 갈 것인가? 이는 국내외 많은 사람들이 모두 관심을 갖고 있는 문제이다. 이에 식자들은 반드시 가야 할 길이라고 한다. 중국은 지금 그 방향으로 묵묵히 가고 있다.

「중국적 특색이 있는 사회주의」는 「중국적 특색이 있는 자본주의」로 걸어갈 것인가? 아니면 정치적으로는 「사회주의」, 경제적으로는 「자본주의」의 길로 갈 것인가?

중국은 1999년 〈헌법〉을 수정할 때 「국가는 사회주의의 초반 단계로 공유제 유지의 주체이며, 다양한 소유제 경제가 공동으로 발전하는 기본 경제제도이다」라는 내용으로 되어 있다.

공유제는 줄곧 중국에서 사회주의의 기초로 여겨졌다. 만일 공유제라는 「껍질이 없으면」사회주의라는 「털이 어디에 붙을 수 있겠는가?」현재 비(非) 국유경제가 사회투자에서 차지하는 일부 액수는 이미 국유경제를 초과했다. 비국유경제의 중국 GDP에 대한 공헌은 이미 63%에 달한다. 그러나 중국이 「공유제」에서 「사유화」로 바뀌는 것은 여전히 어렵고도 멀다(중국은 2007년 3월 전국인민대표대회에서 사유재산에 공유재산과 동등한 권리를 부여하는 내용을 담은 물권법(物權法)을 제정함으로써, 사유화에 큰 발은 내딛었다).

2003년 1월의 어느 날, 국가세무총국(國家稅務總局) 국장 진런칭

(金人慶)은 중앙텔레비전의 재무 경제 프로그램인 〈대화〉에서 「확고부동하게(堅定不移)」2가지를 관철한다고 말했다. 즉 확고부동하게 공유제를 유지한다는 것과 확고부동하게 비공유제 경제를 지원(支援)한다는 것이다.

이 두 가지 「확고부동」한 원칙은 지극히 사람을 헷갈리게 만든다. 화합이라고 본다면 화합인 듯 하기도 하고, 모순이라고 한다면 또 모순인 것 같기도 하다. 화합인가? 모순인가? 관건은 당신이 어떻게 보는가에 달려 있다. 덩샤오핑의 고견은 「논쟁하지 않는다」는 것이다.

그러나 비록 전부 다 말해버리지는 못하지만, 장쩌민이 「16대 보고」 중에서 개방적 관점을 많이 언급했다. 「국가가 독자적으로 경영해야 하는 소수의 기업 외에는 적극적으로 주식제를 추진하여 소유제 경제와 혼합 발전해야 한다.」 「개체, 사영(私營) 등 비공유제 경제가 취업과 시장 활성화 등을 확대, 촉진하는 중요한 작용을 충분히 발휘하도록 하여야 한다.」 「법에 의거하여 감독과 관리를 강화하고 비공유제 경제발전을 촉진한다. 사유재산을 보호하는 법률제도를 완성한다.」

어찌되었건 중국의 비공유제 경제의 신속한 도약과 발전은 이미 논쟁되지 않는 사실이 되었다.

관방의 통계에 따르면 중국의 비국유경제는 이미 국내 총생산의 2/3를 차지하며, 새로 증가한 취업에 대한 공헌율이 100%를 넘는다. 2002년 중국의 민간투자는 이미 23%까지 증가되었으며, 전년도의 13%와 비교했을 때 10%가 증가한 것이다. 민간투자의 비중은 이미 국유투자에 근접하고 있다. 경제학자들은 「중국 경제의 자주적 성장

요인이 증가되었다」라고 하는데, 또한 전체 사회투자 증가에서 정부에 대한 직접투자 등 자극적 정책에 대한 의존도가 지금 감소되고 있는 것이다.

2002년 말 국가통계 결산 시, 8%의 증가율과 6천억 달러라는 무역액은 확실히 당초의 예상을 상당히 빗나간 것이다. 중국 경제가 세계적 불경기 상황에서 그리고 WTO에 가입했던 당년도에 이렇게 좋은 성적을 기대할 수 있었는지 사람들도 원인 찾기에 분분하다. 도대체 정책이 주요 원인인가, 아니면 비관방 경제가 그 원인인가? 국가통계국 부국장 치우샤오화(邱曉華)는 최근 몇 년간 중국은 지속적으로 내수 확대방침을 확대 실시하여 6,600억 위안의 장기 건설국채를 발행해 누적효과가 점진적으로 나타나고 있으며, 경제 증가를 추진하는 매우 중요한 요인이 되었다고 말한다. 우징리엔 등 경제학자들은 의외로 상당 부분의 원인이 비국유경제가 보여준 힘이라고 말한다.

도대체 관방의 말이 사실에 더 가까운지, 아니면 경제학자의 말이 더 현실에 가까운지, 여기서는 누가 더 근거 있는 주장을 하는가는 잠시 미루기로 한다. 최소한 중국의 정부 고위관리와 경제학자들도 당초 예상하지 못했던 것이 있다. 그것은 중국 비공유경제가 약간 느슨해진 후 결국 이와 같은 빠른 발전 속도를 내기에 충분했다는 것인데, 이에 비공유경제의 역량을 쉽게 예측할 수 없음을 알 수 있다.

미래에 예견할 수 있는 것은 시간이 지남에 따라 적극적 재정정책과 안정적 화폐정책이 국민경제의 움직임에서 차지하는 비중이 갈수록 작아질 것이라는 것이며, 비국유경제가 국민경제의 움직임에서 차지하는 비중이 장차 갈수록 커질 것이라는 점이다. 국가 정책의 가장 중요한 부분은 비국유경제를 발전시키는 것이다.

전국공상연합회(全國工商聯) 부주석이자 쓰퉁(四通) 그룹 회장이며, 중관춘(中關村) 과학기술발전주식회사 총재인 인용지(殷永基)는 「16대-공산당 16차 당대회」에서 민영경제를 아주 높은 경지로 발전시켰고, 그 효과는 정말로 당년도의 「덩샤오핑 남순강화-덩샤오핑이 중국 경제 발전상황 시찰차 남방을 순회한 것」와 같다고 말한다. 향후 중국의 경제발전에서 비공유경제의 역할은 매우 중요하다.

국가세무총국의 세수 통계자료를 보면 2001년 전국 민영기업의 1인당 평균 납세액은 1.58만 인민폐이고, 국유기업의 1인당 평균 납세는 0.3만 인민폐이다. 민영기업의 1인당 평균 납세액은 국유기업의 평균 납세액보다 5배가 많다. 2002년의 통계수치는 아직 나오지 않았지만 민영기업 1인당 납세가 국유기업의 평균 납세보다 훨씬 많다는 사실을 분명히 알 수 있다. 왜냐하면 저명한 예술인이자 상인인 류샤오칭(劉曉慶)이 세금탈루로 체포된 후 경각된 민간기업인과 고소득자들이 한동안 추가 세금 납부를 하는 열기가 일어났었기 때문이다.

현재 민간에서 장악하고 있는 자본은 상당하다. 통계에 따르면 2002년 말 전국 개인금융자산은 인민폐 8.57조 위안이다. 만일 주식, 국채, 보험 등 전문안건을 더하면 전국 개인금융자산은 인민폐 12조 위안이다. 다시 부동산, 설비, 재산권 등을 보태면 수치가 인민폐 30조 위안 정도에 달한다. 만일 이 30조 위안이란 자산을 국민경제의 주요 전투지로 투입한다면 위력이 어떠할지 알만하다.

경제학자 판깡(樊鋼)이 분석한 중국 재산현황에서 사유재산은 이미 중국 재산구조의 주요 구성부분이 되었다고 했다. 자본구조로 볼 때 국유 및 국유주식 통제기업이 31%를 차지하며, 개인과 사영기업은 38%를 차지한다. 자본소유권 비율 중 국유자산은 겨우 26%를 차지하며, 국내 거주 개인은 57%의 자본액을 차지하고, 집단 및 홍콩·마카오·타이완 상인과 외국 상인의 점유는 10%도 되지 못한다. 금융자산으로 보면 현금보유, 저축, 유가증권을 대상으로 해서 정부가 점유하는 비중은 18.6%이고, 기업이 점유하는 비중은 31.7%이며, 개인이 점유하는 비중은 49.7%이다. 여기서 볼 수 있듯, 개인이 대부분의 금융자산을 점유하며 또한 전부 순자산이다.

민영경제는 과거 10여년 간의 고속 성장 중 그다지 유리하지 않고 편치 않은 환경에서 발전했다. 민영기업은 국유기업과 정책지원, 금융자원, 시장 진입, 우수 인재 유입 등의 측면에서 비교했을 때 공평한 대우를 받기 힘들었지만 민영경제는 여전히 고속 성장을 했고, 그 성장속도는 조건과 환경이 우월한 국유경제보다 훨씬 빨랐다. 이러한 현상에 대해 정부는 민영경제에 관한 정책과 대우에 대해 조정에 착수하여야 했는데, 기업의 현실성에 관해서도 부득이하게 심사숙고해야 했다.

중앙당교(中央黨校-중국 공산당 학교)의 교수는 당정 지도층 간부에게 경제 수업을 할 때 이렇게 강의를 시작하였다.

「국유기업은 왜 개혁해야 하는가? 왜냐하면 국유기업의 효율이 좋지 않기 때문이다. 왜 효율이 좋지 않은가? 그것은 생산가치의 최대화만 추구하고 이윤의 최대화는 중요시 하지 않기 때문이다. 왜 이윤의 최대화를 추구하지 않는가? 왜냐하면 국유기업은 정부의 부속물이기 때문이다. 경영자는 국가 간부이고, 기업 이윤은 전액 상납해야 한다. 생산가치는 정치 업적이 될 수 있으며, 정치 업적은 간부를 만들 수 있기 때문이다. 국유기업 개혁의 근본적 출로는 어디에 있는 가? 경영자와 직원을 모두 경제인으로 인정하는데 있다. 왜냐하면 경영자와 직원이 일단 경제인이 되면 반드시 자기 이익을 최대화하려 하기 때문이다. 모두 알다시피 사람은 만약 자신의 이익을 고려하지 않으면 노동의 적극성이 있을 수 없다. 정부도 정책을 통하지 않고는 경제를 조절할 수 없다. 중앙 정부는 국유기업에 대해 회사제도 개혁을 시행하여 현대 기업제도를 건립할 것을 제의하였는데, 그 목적은 바로 기업을 독립 경제 이익의 경제실체로 변형하여 이윤의 극대화를 추구하는 것이다. 그러면 어떻게 개인 이익을 최대화하려는 욕구를 기업의 이익 최대화를 추구하는 동력으로 변화시킬 것인가?」

중앙당교의 강의에서도 볼 수 있듯이 중국 공산당은 갈수록 구체적 사업에 힘쓸 뿐만 아니라 당원에 대한 훈련에서도 진실을 얘기하는 것을 중요시한다. 중앙당교는 인성의 본질에 대한 탐구를 통해 국유기업에 존재하는 고질병을 절실히 해결하려고 한다.

중앙당교 경제학 교수인 왕둥징(王東京)은 사람들은 객관적으로 봤을 때 모두 이기적이다, 사욕이 없기는 쉽지 않다, 그래서 사욕이 없는 고매한 인물은 당연히 칭찬해야 한다고 말했다. 그러나 칭찬한다는 일은 한 쪽의 일이고, 객관적으로 존재하는 또 하나는, 만약 우리가 칭찬하려는 것이 이미 존재한다면 그것은 바로 굉장히 잘못된일이란 점이다. 이런 면에서 우리에게 교훈이 있었다. 가장 전형적인 것이 바로 정부 관리를 모두 사욕 없이 봉사만 하는 성인으로 여겨 장기적으로 저임금제도를 실행했던 것이다. 그 결과는 어떠했는가? 첫째, 정부 효율이 낮고 둘째, 부패가 끊이지 않았다. 각국의 경험으로 볼 때 높은 월급이 청렴하게 하지는 않지만 저임금은 분명히 부패를 낳는다는 것이다.

고임금, 저임금이 정부 관리에 관한 것이라면 공유제, 사유제는 국가에 대한 것으로 서로 같은 이치이다.

「3대 대표」의 지도 하에서 유산계급 혹은 자산계급이라 불리는 계층이 예전 「무산계급 정당」이던 공산당에 들어갈 수 있다. 「1사유제」가 「공유제」를 대신하여 「사회주의의 길」을 계속 갈 수 없는 무슨 이유라도 있는가? 중국 경제가 건강하게 오래도록 발전하게 하려면 「사유화」의 길을 가야만 한다.

중국은 국유기업 개혁 시, 세계에 존재하는 거의 모든 기업제도를 시험했었으나 국유기업의 총체적 상황은 여전히 이전과 같다. 국유경제의 효율과 활력 문제는 세계적인 대난제인데, 중국이 어떻게 쉽게 해결할 수 있겠는가! 비록 2년 전에 관방에서 이미 국유기업이 3년 안에 어려움을 벗어나려는 목표가 기본적으로 실현되었다고 말했지만 내부 사정을 아는 인사는 「다년간 누적된 심층적 모순이 아직 해결되지 않았다」고 말했다.

경제학자가 국가의 국유기업 문제해결에 관한 비용을 계산해낸 적 있다. 국가가 국유기업의 각종 부담을 철저하게 해결하려고 한다면 최소한 3조 위안 이상의 자금이 필요하며, 이 수치는 대략 3년간의 전국 재정수입 예산에 상당한다. 국가가 이렇게 큰 개혁비용을 지불하는 것은 거의 불가능하다. 한 발 물러나 얘기하면 설령 국가가 이렇게 거대한 금액의 비용을 지불한다 하더라도 「심화개혁」을 하지 않으면 문제를 해결하고자 하는 기업은 여전히 부담을 짊어지게 될 것이다.

소위 「심화개혁」이라는 이 유행어는 실질적으로 기업 체제를 바꾸는 것이며, 또한 하고자 하는 뜻은 있지만 아직 천명할 수 없는 「사유화」인 것이다. 점차 많은 학자들은 중국의 개혁이 이미 구 관념의 속박에서 벗어나서 새로운 인식의 돌파구를 형성하는 역사적 시기에까지 이르렀다고 주장한다. 어떤 경제학자는 단도직입적으로 사유화만이 국유기업의 문제를 해결할 수 있다고 말한다.

사실, 국유경제는 특별히 중요한 영역과 명맥상의 업종을 점유하기만 하면 된다. 만일 「실천이 진리를 검사하는 유일한 표준이다」 라는 덩샤오핑이 온 힘으로 확립했던 이 세계관으로 문제를 살핀다면 반드시 「사유제」의 긍정적 작용을 직시해야 하며, 또 반드시 사람의 본능과 원동력을 직시해야 한다.

「16대」 후 「완전한 사유재산 법률적 보호제도」의 제안은 이미 행동에 옮겨졌다. 사유재산보호에 관한 조문을 처음으로 〈민법〉 초안에 작성해 넣었고, 이미 전국인민대표회의 상임위원회 회의의 심의를 제청해 놓았다. 초안 전문에는 국가가 개인의 저축을 보호하고, 국가가 개인의 투자 및 투자로 획득되는 이익을 보호한다고 규정하고 있다.

전국공상연(全國工商聯) 전임 부주석이자 현 전국정협(全國政協)

부비서장인 바오위쥔(保育鈞)은 이미 전국인민대표회의 상임위원회가 심의한 민법전을 전달했으며 통과하려면 3독(三讀)이 필요하고, 3독은 최소 1년의 시간이 필요하다. 만일 전국인민대표대회가 통과 전 광범위하게 각 계층의 의견을 수렴하려 한다면 통과하는 시간은 아마 더 길어질 것이라고 말했다. 〈민법〉이 공민의 사유재산을 보호할 것을 제기하는 것은 헌법 수정이 필요치 않은 것과 다르다. 〈민법〉은 헌법이라는 이 근본적 대법(大法)을 대체할 수 없다. 〈민법〉이 바뀌었는데 〈헌법〉이 안 바뀌면 조화를 이루지 않는다.

중국 〈헌법〉은 「어떠한 조직과 개인이 국가와 집체의 재산을 침해하거나 손해를 끼치는 것을 금지한다」라고 규정하고 있으나 「어떠한 조직과 개인이 개인의 재산을 침해하거나 손해를 끼치는 것을 금지한다」는 규정은 없다. 이로 인해 수많은 사람들이 「사유재산은 침범할 수 없다」는 조항을 〈헌법〉에 넣으라고 건의한다.

전통적 정의에 따르면 공유제와 사유제는 사회주의제도 하에서 서로 용납할 수 없는 관계이다. 사회주의의 공유제는 사유제를 소멸하는 것을 전제로 한다. 중국 개혁 개방 20여년 이래 일찍이 공유제와 사유제는 서로 조화를 이루었으나 단지 중국이 지금까지 사유제를 천명하려 하지 않는 것에 불과하다. 단지 용어를 변환한 방식으로 「비공유제」 혹은 「민영」이라고 말할 따름일 뿐 사실 내용은 완전히 같다.

경제학자 쪼우슈리엔(周叔蓮)은 사회주의를 두 종류로 나눈다. 한 종류는 사회주의를 지속하게 하는 것이고, 또 한 종류는 사회주의를 지속할 수 없게 하는 것이다. 그는 사회주의를 지속하는 것은 최소한

3가지 조건을 구비해야 한다고 말한다. 하나는 사회발전 규율에 부합하는 것이고, 둘째는 사회주의의 본질에 부합하는 것이며, 셋째는 실현의 가능성이 있는 것이다. 그는 덩샤오핑이 개괄한 사회주의의 본질을 가지고 설명하는데, 사회주의의 본질은 생산력을 해방시키고 발전시키며 착취와 양극화를 없애서 최종적으로 공동으로 부유함에 이르게 하는 것이다.

쪼우슈리엔은 공유제와 사유제 문제에 대해, 사회주의 국가에서는 명의상의 공유제가 전부 사회주의 성질의 공유제인 것이 결코 아니며, 사유제도 일정한 조건 하에서 어떤 사회주의 성질을 구비할 수도 있고, 자본주의 국가에서 보이는 사회주의 요인을 일종의 증거로 삼을 수 있다고 지적한다.

「3개 대표」의 지도 하에서 유산계급 혹은 자산계급이 모두 예전엔 「무산계급 정당」이었던 공산당 내에 가입할 수 있게 됐으니 「사유제」가 「공유제」를 대체해 「사회주의의 길」로 계속 가지 못할 이유가 있겠는가? 중국이 일당 전제정치를(비록 마르크스는 「경제 기초는 상층 구조를 결정한다」고 하였으나, 중국은 여전히 자기만의 「특색」을 가지려 한다) 계속 유지하기만 하고, 결국 이전과 같은 「중국적 특색의 사회주의」인 것이 아닌가?

원자바오는 실제를 중요시하는 사람으로 문제를 보고 일을 하는데 있어 실질에 잘 직면한다. 「사유화」 문제에 원자바오도 응당 실제의 태도를 채택해야 할 것이다. 그러나 「사유화」라는 세 글자는 매우 복잡하며, 단순히 경제 문제만은 아니다. 그래서 최후에 「사유화」가 원자바오의 입을 통해 공개적으로 발설될 수 있는지는 「후진타오-원

「자바오」 연합 체제에서 결정될 수 있는 것이다. 이러한 작용이 끼치는 영향이 매우 커서 결정이 힘든 것이다.

일부 식자들은 중국 경제가 건강하게 지속적으로 발전하려면 오로지 [사유화]의 길을 가는 것 외에는 다른 선택이 없다고 단언한다. 중국 경제의 기적은 실제로 지속적인 고성장에 의해 유지되었다. 번영이 수많은 심층적 문제를 가렸는데, 일단 성장이 둔화되면 모든 문제가 [물이 마르면 돌이 보이듯(水落石出)] 드러날 것이다. 각종 모순이 격화될 것이며, 직접적으로 사회안전과 정치안정을 위협할 것이다. 원자바오가 중국 경제를 지속적으로 성장하게 하려면 수많은 난제와 도전에 대응해야 한다.

원자바오는 지금 경제를 손에 넣고 지휘봉을 휘두르고 있다. 그의 총체적 느낌은 분명히 그 책임감이 기쁨보다 클 것이다. 그의 일거수일투족은 조금도 대충일 수 없다. 이에 그가 현재 생각하고 있는 것은 이미 얻은 영예가 아니라 앞으로 어떻게 각종 문제를 해결하는가이다.

원자바오가 생각하는 것은 전부 어떠한 문제들인가? 먼저 경제학자가 제기하는 일련의 문제들을 살펴보자. 중국 경제는 왜 「상승」하는 데도 부유해지지 않는가? 국유기업은 왜 「손해」보는 데도 망하지 않는가? 농촌시장은 왜 끌어도 움직이지 않는가? 민영경제는 살아나도 왜 성장하지 않는가? 지역 차이는 왜 위축되어도 감소하지 않는가? 금융개혁을 촉진해도 왜 진행되지 않는가? 조정을 해도 왜 드러나지 않는가?

짜오하이쥔(趙海均)은《중국 경제의 의문을 푼다》라는 책에서 중국 경제의 기적은 사실 지속적인 고속 성장에 의해 유지되었다고 말한다. 이러한 고속 성장의 일부는 효과가 없는 고속 성장으로, 이로 인한 번영은 수많은 심각한 문제를 감춰 버렸다. 일단 성장이 둔화되면 모든 문제는 「물이 마르면 돌이 보이듯」 드러날 것이며, 각종 모순은 격화되어 직접적으로 사회안전과 정치안정을 위협할 것이다. 현재의 중국은 상대성 법칙의 원리에 따라 정치문제는 경제적 방법으로 해결하고, 공업 문제는 농업 문제를 해결하는 방법으로 해결하며, 종교 문제는 정치로 해결하고, 국내 문제는 세계화의 힘을 빌어 해결하고 있다.

현재 중국은 동서가 분화됐고, 도시와 농촌이 분화됐고, 지역이 분화됐고, 사회 계층간 빈부가 분화되어 소위 「마태 효과(馬太效應)」라는 것이 형성되었다. 「마태 효과」란 부자는 갈수록 부유해지고 가난한 자는 갈수록 가난해진다는 것이다. 가난과 가난의 차별에서 가난과 부자의 차별까지, 그리고 다시 부자와 부자의 차별까지 길이 아주 멀고도 험하다. 중국은 현재 상품의 「과잉」과 「결핍」이 병존한다. 가격 하락이 효과적으로 수요부족을 해결할 수 없으며, 가격이 효과적으로 공급과 수요를 조절할 수가 없다. 자금의 「과잉」과 「결핍」이 병존하고 있어 이율의 하락이 소비와 자본시장 발전을 촉진시킬 수 없으며, 자금이 효과적이고 합리적으로 배분되도록 할 수 없다. 노동력에서도 「과잉」과 「결핍」이 병존하는데, 임금이 효과적으로 노동력 자원의 공급과 수요를 조절할 수 없다. 국민경제는 전반적으로 「시장 불능」과 「정부 무능」이 특수하게 병존하는 상태이다. 국유은행의 자금은 「국민들로부터 받아 기업으로 돌리는」 시스템으로 통제되는데, 자금이 대량으로 경영이 불량한 국유기업으로 유입되어 한번 들어가면 회수되지 않는 상황이 형성된다. 국유기업은 대부분 여전히 손해를 보고 있으며, 손해 본 기업은 모두 채무를 감당 못하여 마이너스 장부의 누적 상황은 날씨가 춥지 않아도 떨게 만드는 정도이다.

중국은 산업화 구조를 합리화시키기 위해 인수 합병이 대량으로 필요하다. 내부 보고에 의하면 파산한 기업은 80%에 이르며, 정예 기업만 20% 정도 남아 있는 것으로 보인다. 산업구조의 합리화는 수많은 사회문제를 수반한다. 부실경영 기업은 문을 닫게 될 것이며, 지역과 소유제의 경계는 앞으로 무너질 것이며, 지역을 넘는 합병이 성행하게 될 것이다. 이러한 산업구조의 합리화가 반드시 지방과 정부의 협력과 환영을 받는 것은 아닐 것이다.

종합적으로, 중국은 현재 4종류의 「이원(二元) 구조」가 존재하는데, 노동력을 핵심으로 하는 도시와 농촌의 이원 구조, 소유제와 재산권 구조를 핵심으로 하는 공유경제와 민영경제의 이원 구조, 자금 분배 시스템을 핵심으로 하는 국유금융과 지역금융의 이원 구조, 행정구획과 산업구조의 구별을 핵심으로 하는 지역 이원 구조이다. 이러나 「이원 구조」들은 상호 복잡하게 얽혀 있으며, 자연히 중국 경제에 수많은 부정적 영향을 가져올 것이다. 이로 볼 때, 원자바오가 중국 경제를 지속적으로 고속 성장시킬 수 있는가는 수많은 문제와 도전을 어떻게 대응하는가에 달렸다.

금융업의 개혁은 상당히 절박해 보인다. 학자들은 중국의 금융개혁은 비록 수많은 방법을 시도하기는 했지만 오늘날까지 경제의 시장경제화 정도에 따라 진정한 발전을 이루지 못했다고 평가했다. 중국의 금융은 정부와 경제 관계, 정부와 은행 관계, 은행과 기업 관계가 순조롭지 않은 상황에서 「권력을 이윤에게 양보」하는 식의 개혁에 들어가, 결과적으로 저효율에다 지극히 양 위주의 성장을 초래했다. 그 성장은 심각한 구조적 문제를 초래할 뿐만 아니라 구조적 문제는 나아가 효율의 저하를 유발하여, 거꾸로 중국 경제발전과 금융의 진일보한 진전을 제약하였다.

중국 국유금융 중 90% 이상의 금융자산이 줄곧 국민 총생산의 작은 부분을 차지하는 저효율의 국유경제를 대부분 지원하고 있는데, 국민 총생산의 70% 이상을 차지하는 비국유경제는 오히려 금융자산의 10%도 차지하지 못하는 비국유금융의 지원에 의존할 수밖에 없다. 이것은 중국의 금융발전과 외부형태가 거대한 차이를 이루고 있음을 보여주는 것이며, 또한 이러한 종류의 차이는 중국 금융과 경제의 이원화 구조가 비대칭 상태를 이루고 있음을 보여준다.

쉽게 볼 수 있듯이, 정부는 금융 통제를 통해 수익을 얻고 개혁을 지원하고 국유경제 발전을 도모하려고 한다. 정부가 금융을 통제하는 이러한 방식은 바로 은행과 기업의 관계에 있어 시종 시장화 쪽으로 갈 수 없게 했고, 또한 기업의 은행에 대한, 은행의 정부에 대한 「상호견제 제도」를 끊을 수 없게 한다. 이런 운영방식은 금융발전과 경제발전 관계가 왜곡된 대가로 야기된 것으로, 전체 국민경제에 대한 피해는 심각한 것이다.

이러한 「상호견제 제도」는 중국의 화폐화 정도를 지속적으로 상승하게 하여, 중국의 화폐화 정도의 혼란을 초래했다. 만일 중국이 계속 장기적으로 화폐발행 수익으로 개혁비용과 재정적자를 보충한다면 언젠가는 높은 통화팽창을 일으킬 것이며, 결국 중국의 화폐화 과정과 금융의 성장을 「통화팽창의 위험」 속으로 빠지게 할 것이다.

마이진농(麥金農)은 자신의 저서 《경제시장화의 질서》에서 중국경제 화폐화는 1991년에 이미 97%에 달했으며, 정부는 이미 무제한적으로 국유은행 체계의 차관에 의지할 수 없다고 했다. 만약 이 상황이 지속되면 과거의 개혁성과는 와해될 위험에 직면할 것이고, [동유럽형 인플레이션]의 발생위험을 배제할 수 없다고 경고했다.

오늘날, 중국의 화폐화 수준은 이미 한계점에 달했다. 그래서 국유경제의 경영 상황은 날로 악화되고 있어, 더욱 많은 자금을 주입할 필요가 있다. 그러나 화폐의 초과유통으로 경제성장을 지원하고 국유경영 손해를 보강하는 것은 계속하기 힘들고, 잠재적 신용위기는 심각해지고 있다.

정부와 금융, 정부와 기업, 기업과 금융의 관계가 순조롭지 않은 상황에서 대량 저축증가는 저효율의 국유경제 발전을 위한 지원에 사용되었고, 광의의 화폐 M2와 신용대출자금 L이 계속 높은 상태를 유지하는 금융 상관 비율을 형성하였다. 거액의 은행 불량 자산을 만들기 위해 따뜻한 침대를 제공한 것이며, 이로부터 화폐 유동성의 저하, 그리고 금융 효율의 저하를 가져왔다.

민영기업의 자금난은 매우 보편적인 현상이다. 통계에 의하면 최근 몇 년 동안 금융기구가 새로 늘린 융자금의 70%가 모두 국유기업에 쓰였다. 주식시장 운영자본 1조 위안 중 80%가 국유기업으로 흘러들어갔다. 민영기업은 3~5% 밖에 차지하지 않았다. 민영기업 융자난의 원인은 여러 측면에서 조성되었다고 하겠는데, 국가 정책이 제자리를 유지하지 못하고 「성분론」이 여전히 국유 상업은행의 가시지 않은 어두운 그림자로 남아 있다. 경영의 효과가 낮은 것은 국유 상업은행이 민영 진영으로 나아가는 것에 영향을 미친다. 리스크는 국유 상업은행이 대출을 적극적으로 못하게 막고, 민영기업 자체의 혼란은 국유 상업은행을 겁먹게 하는 등 각종 요인들이 중국 투자에 「악성 순환 함정」이 출현하게 했다.

중국 증권시장의 발전도 시장성이 결여됐고, 주식시장은 경제가 지지부진한 상황에서 나온 것이다. 어떤 학자는 중국의 증시는 거시적 경제효과를 촉진하는 증시가 아니라 국유기업의 힘든 상황을 벗어나기 위한 증시라고 말한다. 재산권이 불분명하고, 회사 관리구조가 불완전한 상황에서 증권시장이 「돈이 흐르게」 되는 주요 장소가 되었다. 증권시장의 약동과 정부의 시장위탁, 대주주가 앞서 나가고 개미주가 따르는 것은 모두 밀접한 관계가 있는데, 이로부터 금융 도구의 성장과 경제성장이 어긋나는 국면을 초래한다.

1999년 말까지 중국 국유은행의 불량 차관율은 이미 25%를 넘었으며, 이는 국유은행 자본금의 4배에 상당한다. 경제학자 판깡(樊鋼)의 계산에 의하면 현재 국유은행의 불량 차관 외에도 만일 은행에서 자산관리회사로 이전된 1,300억 위안의 자산을 더하면 중국의 마이너스 장부 총액은 대략 GDP의 40%에 해당한다고 한다. 이와 같이 높은 금액의 마이너스 장부가 있는데 바람이 풀에 스치기만 해도 흔들리듯 폭발할 수 있는 금융위기를 어떻게 걱정하지 않을 수 있겠는가.

비록 현재 중국의 금융기구 수가 계속 증가하고 있기는 하지만 신홍 상업의 자산과 시장 경쟁력은 아직 상당히 제한적이어서 여전히 국유은행의 확고한 지위와 전반적 금융 효율의 저하를 변화시킬 수 없다. 국유은행이 역사적 요인과 재산권 국유화의 배경 하에서 아직까지도 낮은 질적 수준, 저효과의 상황에서 벗어나지 못하고 있다. 이러한 상황은 현존하는 중국의 각종 소유제 형식을 개혁하려는 경제 구성요소와 공동 발전하는 것과 분명히 맞지 않는다.

금융은 현대경제의 핵심이다. 현재 중국인의 소비수준이 빠르게 높아지고 있다. 우리들은 상당히 규모 있게 자동차, 주택 같은 중량급 내구형의 소비를 바꾸고 있다. 1천 위안짜리 소비에서 1만 위안짜리 소비로의 전환은 매우 큰 대가를 치러야 하며, 금융은 이러한 전환에 큰 지원을 제공해야 한다. 만일 정부가 잘 통제한다면 이러한 대가는 약간 낮아질 것이다.

중국이 WTO에 가입한 후, 금융이 외국 군단(금융기관)의 진공과 중국 국내의 험준한 형세라는 이중압박 하에서 어떻게 확실하게 금융개혁을 하고 화폐정책을 강력히 추진할 것인가는 매우 중요하다. 오늘날 국유경제는 여전히 중국 대부분의 자원과 자금을 점유하고 있다. 비국유경제 융자는 여전히 순조롭지 않다. 금융정책은 여전히 비국유경제에 대해 불평등한 대우를 유지하고 있는데, 이러한 문제들은 반드시 신속히 해결해야 한다. 중국의 금융개혁은 다른 유형의 기업, 다른 규모의 기업, 다른 소유제의 기업을 위해 평등한 금융환경을 만들어야 중국의 자원분배가 제고될 수 있다.

과거 주룽지가 이끌던 중앙금융업무위원회의(中央金融工委) 업무는 이미 모든 권한이 원자바오의 손으로 옮겨져 조정되고 있다. 원자바오가 이끄는 중앙금융안전 지도팀은 앞으로 금융개혁에 힘을 쏟을 것이며, 금융개혁이 한 단계 업그레이드 되도록 할 것이다. 현실의 수요 및 원자바오의 지도방법에 근거하여 금년 및 이후의 금융개혁을 살펴보아야 한다.

판깡(樊鋼)은 금융개혁의 각도에서 말하면 비국유 금융기구, 비국유 금융시장을 발전시키는 것을 응당 첫 번째 임무로 삼아야 한다고 건의한다. 국외 금융기업이 중국에 진입하면, 그들은 우선 가장 좋은 고객을 데려갈 것인데, 그것은 국유기업이 마이너스 장부인지 아닌지를 상관하지 않는다. 현재 금융체제가 가장 필요한 것은 경쟁으로, 국외와 국내의 경쟁은 모두 금융개혁을 촉진한다. 금융개혁이 잘 되면 국유기업의 개혁과 국유은행의 개혁을 포함한 기타 많은 일들도 따라 해결될 것이다. 지방의 일은 지방의 은행에 넘겨 처리하는 것이 무방하다. 몇몇 지방의 중소은행은 지역 중소기업에게 서비스를 잘하고 있는데, 그 지방의 많은 정보를 운용하여 교역 원가를 낮춘다. 중국은 대량의 중소기업 금융기구의 발전이 필요하다고 하겠는데, 이러한 기초 위에서 전국적 대형 금융기구가 발전할 수 있다.

정부 쪽에서 나오는 소식에 의하면, 2003년 중국 정부가 모든 기업과 사회투자를 제한하는 불합리한 규정을 철폐할 것이라고 한다. 시장 진입, 토지사용, 신용대출, 상장융자, 세수, 수출입 등 각 방면에서 다른 소유제 기업에 대해 동등한 대우를 실행한다. 이밖에도 외국자본에 개방한 영역에 국내 자본도 다 진입할 수 있다.

중국 금융의 약점을 원자바오도 물론 잘 이해하고 있어서 그는 취임 후 금융을 반드시 개혁하려 하겠지만 도대체 어떻게 추진할지, 전문가의 의견을 어떻게 수집해야 하는지, 난관을 어떻게 하나씩 극복할지도 그가 고심하고 있다.

중국의 고속 발전기는 대체 얼마나 지속될 것인가, 이것은 현재 예측할 수 없고, 앞으로의 지도와 정책결정에 의해 결정된다. 원자바오 시대의 중국 경제는 2003년 기초를 다진 것에 불과하다, 진짜로 성숙되는 해는 마땅히 2004년인 것이다.

세계은행이 발표한 2003년 경제전망 보고서에서 세계은행 수석경제학자 니콜라스 스티븐은 다소 비관적으로 「세계 경제의 부활은 우리들이 예견한 것보다 훨씬 완만하고 균형적이지 않다」 라고 말했다. 그러나 세계은행은 중국의 발전에 낙관적이어서, 중국은 여전히 세계 경제발전의 최대 하이라이트라고 여긴다. 세계은행은 중국 경제를 신속히 성장하게 하는 두 개의 큰 「선두 기차」는 각각 외국상인의 직접투자 증가와 수출증가 하의 공공부문 고정자산투자 증가라고 보았다.

미국의 시사주간지 《타임》은 2002년 말 한 기사에서 중국은 현재 13억 인구로 세계적으로 소비품 수요가 최대일 뿐만 아니라 기본개발이 되지 않은 원천지라고 지적했다. 중국은 세계 상업계의 최후의 만찬이다. 중국 농민은 과거 내내 현금이 없었고, 중국의 역대 정부는 외국기업에 대해 걱정이 너무 많아서 이 꿈을 현실화시킬 생각도 하지 못하게 했다. 그러나 2003년은 중국 소비자가 아시아지역 발전을 촉진시키기 시작했을 뿐 아니라 세계 경제를 촉진시키는 한 해가 되었다. 중국은 아마도 상당한 규모의 변혁 한가운데에 있다. 그러나 그 경제는 계속 앞으로 뻗어 나아갈 것이다.

미국의 클린턴 전(前) 대통령은 2002년 말 〈국제 선진논단 보고〉에서 「미국의 정치, 경제 그리고 군사적인 우세는 인류 역사상 특수한 시기에 있다. 그러나 30년 내에 중국의 경제력이 아마도 미국을 쫓아오거나 심지어는 초과할 것이다」라고 말했다.

2002년 상반기, 서방세계가 일대 「중국 붕괴론」의 바람을 일으킨 적이 있다. 그들은 중국 경제성장 수치가 너무 높아서 믿으려 하지 않았다. 그 여파는 중국에서도 많은 관심과 논란을 일으켰다. 국가통계국과 수많은 전문가들은 모두 앞 다투어 이러한 논조를 반박했다.

연말이 되자 일련의 수치를 통해 중국은 또 한 차례 대대적으로 긍정 평가되었다. 풍운이란 이처럼 변화가 무쌍하여 예측할 수 없는 것이다.

2002년 세계 경제는 3대 영역에서 기력이 소진한 상태였다. 무역 방면에서 세계 상품무역량은 겨우 1%만 회복하였고, 선진 국가의 상태는 실망스러웠다. 금융 방면에서 구미 주가지수가 최고 30% 이상 폭락했고, 도쿄 주식시장은 그 폭이 78%에 달하는 등 세계적으로 주식시장의 충격적인 폭락을 가져왔다. 투자 방면에서는 전 세계 외국 직접투자가 27%나 줄었으며, 직접 투자세의 감소는 미국과 영국으로 하여금 고통을 참게 만들었다.

현재, 서방세계의 각종 찬사에 직면하고 있는 중국도 어느 정도는 서방세계의 칭찬으로 흥분상태에서 억제하기 힘들 만큼 도취되어 있다.

중국 관방을 대표하여 경제 관점을 발표하는 통계국 부국장 츄샤오화(邱曉華)는 2003년 초, 한 포럼에서 의식적으로 하나의 「의외」를 발표했다. 과거 항상 미국 경제가 쇠퇴했을 때 세계 경제는 암흑에 빠졌다. 사실상 세계 경제는 작년 한 해 안정적이었고, 부활의 서광이 비친 것이다. 작년 세계 경제의 성장률은 한 해 전보다 높았고, 세계 무역은 회복 상승했고, 이것은 중국 경제에 안정적 외부환경을 제공했다.

그러나 2002년, 미국의 GDP 성장률은 2.5%이고 중국은 8%였다. 미국은 비록 중국의 성장률에 비해 5.5%가 낮지만 미국의 GDP 총량은 오히려 중국의 10배라는 사실을 주지해야 한다. 바꿔 말하면 미국의 당해 GDP 성장률이 0.8%일 때 중국의 8%라는 성장률이 미국에 상당하는 것이다. 여기에서 중국의 호황 해를 설령 미국의 불황 해와 비교하더라도 여전히 상당한 차이가 있다는 것을 알 수 있다.

중국의 2002년 직접투자는 처음으로 미국을 넘어 세계 1위가 되었는데, 아마도 미국의 「9.11」 사건과의 연관성을 고려해야 할 것이다. 만일 미국에서 그런 무서운 테러 사건이 일어나지 않았다면 상황은 아마도 이와 같지 않을 것이다. 중국의 직접투자는 증가했는데, 간접투자는 앞으로 어떨 것인가? 간접투자는 바로 자본시장이다. 분명히 중국의 자본시장은 아직 성숙하지 못했다.

판깡(樊鋼)의 연구조사 결과를 보면 중국은 자본이 부족한 빈국이다. 자본효과는 미국의 3% 정도로, 전형적 노동밀집형 국가에 속하고, 자본수익률은 매우 낮다.

중국이 진정으로 30년 내에 미국을 초월할 수 있는가? 사실 클린턴은 중국을 고쳐시킨 게 절대 아니다. 미국이 너무 자기만을 위하지 말라고 일깨운 것이다. 중국은 자만하거나 낙관할 이유가 없다. 중국의 고속 발전기는 도대체 얼마나 갈 것인가? 20년? 아니면 30년? 이는 현재 예측할 수 없고, 앞으로의 지도와 정책결정에 달린 것이다.

최근 중국의 발전은 도대체 극한점이 존재하는가, 안 하는가? 그것의 발전한계는 도대체 어디에 있는가?

경제와 경영관리에 대해 상당한 연구를 한 전국인민대표자회의(全人大) 부위원장 청스웨이(成思危)는 어떤 이들은 지나치게 낙관하여 30~50년 안에 미국을 따라잡을 것이라고 말하고 있다고 표명하였다. 하지만 그는 감히 아부할 마음이 없다. 그는 덩샤오핑이 「지나친 말은 하지 말라, 지나친 일은 하지 말라」 라고 가르친 적이 있다고 전한다. 앞으로 20년 내에 국민 총생산이 두 배가 되려면 성장은 발전의 중요 요소이다. 그러나 유일한 요소가 아니어서 발전 속도에만 치중할 수 없다. 우리는 실제적이고 효과적이어야 하며, 발전의 속도를 지속할 수 있어야 한다.

국가통계위원회 거시경제연구원 원장 바이허진(白和眞)은 「16대」 보고에서 중국은 향후 20년 내에 전면적으로 먹고살 만한 사회를 건설하는 청사진을 그렸다고 말한다. 이것은 거시적 조정에 대한 더욱 높은 요구와 더욱 큰 난이도를 의미하고 있다. 이를 위해 경제성장과 취업증가, 물가안정, 국제수지 균형유지를 촉진함으로써 거시적으로 4대 목표를 조정하는 현실적인 조준이 있어야 한다. 경제성장률, 통화팽창률, 취업률, 국제수지는 거시경제의 가장 중요한 4대 변수이다. 현재로 봤을 때 내수를 확대하는 일은 중국 거시조정의 방향이며, 경제성장을 촉진하는 것이 중국의 최우선 목표이다.

중국의 《경제 백서》에서 2003년 재정경제 형세에 대해, 2003년 거시경제가 계속 좋은 추세를 유지할 적극적 요인이 비교적 많다고 보고하였다. 주요한 것으로 첫째, 중국 경제는 이미 안정적 성장시기로 접어들었다. 둘째, 시장주체의 자체적 발전능력이 강화되었다. 셋째, 사회소비가 안정적으로 증가되었다. 넷째, 세계 경제 회복은 중국에 충분한 외부환경을 제공한다 등이 있다고 했다. 그리고 2003년 관심을 가져야 할 문제는 첫째, 재정 출입 모순이 여전히 비교적 뚜렷하다. 둘째, 시장가격이 지속적으로 내려가고 있다. 셋째, 사회취업이 한층 더 악화된다. 넷째, 수입 분배 차이와 「3농」 문제가 소비수요를 한층 더 제약한다 라는 것이다.

전문가는 원자바오 시대의 중국 경제는 2003년에는 기초를 닦을 뿐이며, 진정으로 성숙하는 해는 2004년이 될 것이라고 분석한다. 중국 경제가 원자바오의 지도 아래 성숙된 후 어떻게 발전할지는 중국과 세계가 모두 관심 있게 지켜보고 있는 문제이다.

정치인 후진타오와
경제인 원자바오의 협력

제9장

원자바오가 찾고 있는 농업의 출로는 앞으로 농민을
해방시키는 제도개혁이 될 것이며, 이 혁명은 근본적인 도·농간의 불공평 문제와
마주쳐야 하는 것으로 피할 수 없는 문제가 될 것이다. 하지만 순리적으로 해결할
수 있는지 여부는 각종 이익에 얽힌 상황과 고위층의 결단에 달려 있다.

후진타오-원자바오 체제가 시작되어 중국은 제도건설을 중심으로 변화를 모색할
것이다. 장쩌민계의 인맥들이 주요 직책을 차지하고 있지만, 그렇다고 후진타오가
고립된다거나 원자바오가 나약해지는 일은 없을 것이다.

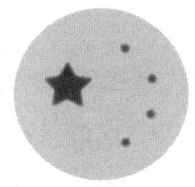

16대 이후 중국의 첫 겨울은 짙은 안개로 가득 찼다. 중국 남쪽의 상하이에서 북쪽 베이징까지 승천하는 용과 같이 짙은 안개가 뒤덮여 햇빛조차 볼 수 없었다. 안개가 걷힌 후, 베이징에는 1백년 만이라는 대설이 6일간 계속 내렸고, 남쪽의 푸젠(福建), 광둥(廣東) 지역에도 보기 드물게 눈이 내렸다.

눈은 풍년의 징조라고 하는데, 짙은 안개는 무엇을 뜻하는 것일까? 당시 후진타오는 막 장쩌민의 수중에서 중국 공산당 제1인자 자리를 넘겨받은 때였다. 혹시 짙은 안개와 눈은 향후 일어날 복잡 미묘한 상황을 암시하고 있는 것은 아니었을까? 과거 수년간 볼 수 없었던 짙은 안개와 대설이 중국을 뒤덮은 것에 대해 중국 국민들도 저마다 이상한 일이라고 말했다. 특히 베이징은 예로부터 겨울이 매우 건조했는데, 유독 그 해 겨울은 짙은 안개와 대설로 인해 상당히 습하였다.

장쩌민은 총서기직을 후진타오에게 이양할 때 「3개 대표」 그리고 「샤오캉 사회(조금 여유있는 사회)」라는 어려운 부탁을 남겼다. 하지만, 이런 일은 실행하기 매우 어려운 것들이었다. 위에서 그들을 주시하고 있을 뿐만 아니라 아래에서도 그들을 주시하고 있었다. 전력으로 발전을 추구할 것인가, 아니면 약점을 보완 개선할 것인가? 의심할 여지없이, 이것은 상당히 애매한 문제이기 때문에 정치와 경제의 두 책임자에게 첫 걸음은 특히 중요했다.

새해가 밝으면서 새로 취임한 후진타오와 당시 취임을 앞둔 경제 관료 원자바오가 할 첫 번째 일은 내몽고와 샨시(山西), 두 낙후된 지역을 방문하고 살피는 것이었다. 한편으로는 빈곤한 농가를 방문하여 친민 지도자의 이미지를 보여주고, 다른 한편으로는 해직된 노동자들에게 관심을 가지면서 사회적 약자에 대한 관심을 표현하고자 하는 것이었다.

이러한 행동은 두 가지 측면에서 파급효과를 가진다. 하나는 10억 명에 이르는 농촌 인구와 해직 노동자들을 위로하여 그들의 감정이 더 이상 격해지거나 대립되지 않도록 하는 것이며, 다른 하나는 「후진타오 총서기가 이끄는 공산당 정부」가 가장 먼저 약자를 돕는다는 것을 만천하에 알리는 것이었다.

중국 공산당 중앙당교(中央黨校)의 조사에 따르면 중국의 소득 격차의 문제가 부패문제를 제치고 처음으로 사람들의 가장 큰 관심사로 떠올랐다고 한다.

덩샤오핑-장쩌민 정권이 남긴 빈부격차의 그늘은 국가의 큰 걱정거리이자 후진타오의 큰 시험대이다. 후진타오가 시보포(西柏坡) 시찰을 결정한 것은 자신이 사회적 약자들의 입장에 서 있다는 이미지를 만들려는 의도였으며, 마오쩌둥의 관점을 새롭게 정비하여 새로운 모습을 만들어내려는 시도였다.

2002년 12월 5일, 후진타오가 총서기에 취임한 지 20일이 채 안되었을 때, 후진타오는 쩡칭훙(曾慶紅)이 이끄는 중앙서기처 관리들과 함께 처음으로 베이징을 떠나, 공산혁명 성공의 근거지인 시보포(西柏坡)에 도착하여 「마오쩌둥 동지가 주창한 '두 가지 반드시(兩個務必)'를 되새겨야 한다」고 말했다.

당시 국내외에서는 후진타오 일행이 시보포 시찰에서 도대체 무엇을 얻으려고 하는가에 대해 많은 추측을 내놓았다.

허베이성 핑산현(平山縣)의 작은 마을 시보포는 일찍이 중국 정부의 임시 근거지였다. 1949년 3월 5일에서 13일까지 마오쩌둥은 여기서 제7대 2차 중앙전국대회를 소집하고, 당 전체에 「전국의 승리를 쟁취하는 것은 만리 장정의 첫 번째 발걸음을 떼는 것에 불과하다」라고 경고했다. 마오쩌둥은 「동지들은 반드시 계속 겸허하고, 신중한 자세와 여유로움으로 고통스런 투쟁을 지속하라」라고 말했다.

후진타오는 시보포에서 「마오쩌둥이 당시 시보포를 떠나 베이징에 들어간 것은 시험을 치르기 위함이었고, 우리의 이번 시보포 방문은 학습을 위한 것이다」라고 말했다.

중국 신화통신은 후진타오 일행의 시보포 행을 두고 〈고군분투〉라는 제목으로 보도하였다.

시보포 기념관 관장 쨔오꿰이쓰(趙貴世)는 후에 「후진타오 일행이
올 때 시보포에서는 국기나 족자 그리고 꽃 장식도 하지 않았으며,
후진타오는 그곳에서 하룻밤을 묵고 다음날 아침 떠나기 전 식대를
지불했다」고 말했다.

시보포 기념관 호텔에는 「冀지방세3687296」이라고 써진 영수증을
아직도 보관하고 있다. 이 영수증에는 「세금지불부서: 후진타오, 일
자: 2002년 12월 6일, 지불내용: 5일에서 6일까지의 식대 총액: 30위
안, 발급인: 펑구오칭(封國慶)」이라고 적혀 있다. 시보포에서 이 영수
증은 중앙 지도자가 솔선수범하여 고군분투정신을 실천에 옮겨 특별
대우없이 인민과의 관계를 유지하고 있음을 분명히 증명한 것이라고
여기고 있다.

마오쩌둥은 시보포에서 이러한 자문자답을 한 적이 있다. 「진정한
철옹성은 무엇인가? 군중이다!」또한 마오쩌둥은 신 중국 수립 초기
에 고군분투를 역설할 때 자본가들은 다섯 끼를 먹고, 해방군은 소금
물에 절인 채소를 먹는 일을 예로 들면서 「이 절인 채소로부터 정치
가 나오고, 모범이 나온다」라는 고견을 말했으며, 동시에 「고군분투
는 우리의 정치색이다」라고 피력한 바 있다.

후진타오는 시보포에서 1년여 전에 한 좌담회에서 「권력은 인민을
위해 쓰고, 정은 인민을 결합시키는데 쓰며, 이익은 인민을 위해 도
모해야 한다」라고 발표했던 내용을 재차 강조했다. 그는 시보포 행을
두고 「우리는 절대로 자만할 수 없으며, 지체하면 안 된다. 우리가 가
야 할 길은 아직도 아주 멀다. 우리가 어깨에 짊어진 임무가 너무 무

겁다. 우리는 아마도 수차례의 곤란한 도전에 부딪힐 것이다. 우리는 반드시 겸허하고 신중하게 고군분투해야 한다」라고 말했다.

후진타오의 시보포 행에 대해 《뉴욕 타임즈》는 기사에서, 이는 세심하게 계획된 행동이며 자신이 사회적 약자들의 입장을 중시하고 있다는 이미지를 공고히 하려는 의도인 동시에 원로 공산당원들에게 고군분투의 정신을 버리지 않을 것이라는 것을 강조하는 것이라고 밝혔다.

사실 후진타오는 현 단계에서 즉각적으로 정치개혁을 추진할 수 없을 것이다. 그러나 그는 취임 후 전임자의 이미지와는 차별되는 새로운 이미지를 만들어야 한다. 그러면 어떻게 해야 하는가? 그래서 시보포 행이 선택된 것이다. 이는 정서적으로, 이성적으로, 정치적으로 모두 현명한 선택이었다. 중국 공산당 제1인자에게 「성지 순례」와 같이 중요한 의의가 있는 혁명 성지의 방문은 일종의 전통계승인 것이다. 이는 사실 만천하에 제4세대 지도자로서 정통성을 알리는 기회가 되었다.

그러나 전통의 계승 외에도 후진타오는 3가지를 강조했다. 「우리의 임무는 매우 힘들고, 어려움과 도전이 매우 많겠지만, 우리의 갈 길은 아직 매우 멀다.」 그의 이런 말은 상당한 현실성을 내포하고 있었다.

덩샤오핑의 선부론(先富論), 장쩌민의 사영기업가에 대한 입당 허가는 일부 부유층을 만들어냈을 뿐 아니라 그 부유층들이 현재 정치 분야에까지 참여하려 하고 있어, 그들에게 갈수록 강한 힘을 제공하고 있다. 최근, 성공한 사영기업가들은 사업적 기반을 발판으로 정치에 참여하고 있으며, 성(省)급 지도층으로까지 힘을 확장하고 있다. 자산이 12억 5천 위안이 넘는 쉬꽌쥐(徐冠巨)는 저지앙성(浙江省) 정치협상위원회의 부주석에 취임하였고, 충칭(重慶)의 유명한 사영기업가인 인밍샨(尹明善)은 충칭 정치협상위원회의 부주석에 취임하였다. 그밖에도 많은 사영기업가들이 성급 기업가 연합회(省工商聯)의 회장이 되었다. 전국 기업가 연합회(全國工商聯)의 통계자료에 따르면, 과거 5년간 비공유제 경제인이 현(顯)급 이상의 인민대표회의 대표를 맡은 사람이 9,065명이며, 현(縣) 이상의 정치협상위원회의 위원을 맡는 인원은 3만 2,025명에 이른다고 한다.

중국인들이 부를 축적한 시간은 매우 짧긴 하지만, 중국의 빈부격차는 매우 심각하다. 중국의 절대다수 인구를 차지하는 사회적 빈곤층은 부유층에 대한 불평등 심리와 국가가 차별대우하고 있다는 상황에 대해 의심과 불만이 가득하다. 현재 사회적 빈곤층 사이에서는 「부자한테 복수하자(仇富)」는 말이 유행하고 있다.

덩샤오핑, 장쩌민이 통치하였을 때 남겨놓은 빈부격차의 그늘은 국가의 큰 걱정거리이기도 하지만, 후진타오에게는 큰 시험이기도 하다. 정치체제 개혁을 바로 효과적으로 처리할 수는 없겠지만, 소득격차에 대해서는 반드시 무엇인가를 보여주어야만 한다. 그렇다면 그는 이 문제를 해결하기 위해 어디에서 방법을 찾을 수 있을 것인가? 그는 마오쩌둥을 찾을 수밖에 없었다. 이러한 방법이 어쩌면 고루하고 보수적으로 보일지도 모르지만, 최소한 금기에 저촉되는 것은 아니었다. 후진타오가 찾으려 한 것은 마오쩌둥 사상이 아니라 겉모습이었다. 그는 마오쩌둥의 관점으로 새롭게 변화할 것을 준비하는 것이 분명하며, 새로운 위치에서 새롭게 문제를 해결하려고 하는 것이다.

어떤 경제학자는 중국의 소득격차를 4개 등급으로 나눌 수 있다고 말했다. 제1등급은 농민소득으로 사회 하층에서 맴돌고 있으며, 제2등급은 도시 거주자들로 소득이 날로 불안정해지고 있다. 제3등급은 바로 이익집단으로 그들이 소득 차이를 더욱 확대시키고 있으며, 제4등급은 WTO 가입 후 소득격차를 더 가중시킬 것이라고 한다.

국정연구학자라 불리는 중국의 경제학자 후안깡(胡鞍鋼) 교수는 최근 국정보고서에서 중국은 장기적으로 도농에 각기 다른 두 제도를 시행하였는데, 이는 도농 간의 소득격차를 현저하게 만들었으며, 장기적으로 농촌 건설과 농민 이익에 대한 경시와 급격한 산업화로 인한 농촌의 잉여 노동력을 증가시켰다. 앞으로 경제의 불안정, 사회 불평등, 정치 불안정 현상이 확대될 것이라고 말했다.

후안깡 교수는 1999년 초, 「중국 사회는 매우 심각한 상황이다. 다시 사회불안정 시기로 진입하여, 세계적으로 가장 큰 규모의 경제 구조조정을 해야 할 것이며, 세계 최대 규모의 정리해고 인구와 실업인구가 발생할 것이다. 도농 간의 소득격차와 지역별 격차는 세계에서 가장 현저해질 것이고 지니계수도 가장 빠르게 증가하는 국가 중의 하나가 될 것이다. 세계에서 가장 심각한 부패문제와 그로 인한 경제 손실, 그리고 세계에서 가장 심각한 생태환경이 파괴될 것」이라고 하였다.

당시 어떤 이는 후안깡 교수의 이러한 의견에 대해, 사실보다 과장된 발언이라 했지만, 그 해 4월 바로 파룬궁(法輪功) 조직이 중난하이를 둘러싼 사건이 발생하여 중국의 중앙 정부와 세계를 모두 놀라게 했다.

후진타오는 당연히 중국의 빈부차이, 심각한 부패, 열악한 관료적 기풍, 임금체불, 낮은 양로비용 등의 모든 것들이 어느 한계에 다다르면 일촉즉발할 것임을 알고 있다.

정책과 책략은 정치가의 생명이다. 후진타오가 취임한 100여 일 동안 그가 약소 계층과 원로 간부들을 다잡고, 먼저 부를 축적한 중산계급을 다그치는 것을 볼 수 있었다. 필경 민생문제가 중국의 최대, 그리고 가장 중요한 문제인 것이다.

현재 중국 인민들은 정치적 이론을 듣는 것을 특히 싫어한다. 그들의 사상은 이미 점점 국제화되고 있으며, 경제가 발전되고 생활이 개선되면 그것이 그들에게는 최고의 정치인 것이다. 후진타오도 이 점을 잘 알고 있기는 하지만 일련의 계책은 반드시 내놓아야만 했다.

정치적 배후의 든든한 버팀목은 경제이다. 이런 연유로 정치가인 후진타오는 반드시 경제전문가인 원자바오와 손을 꼭 잡고 나아가야만 밝은 미래를 맞이할 수 있을 것이다.

원자바오는 입으로만 정책을 펼치는 것을 좋아하는 사람이 아니다. 그는 실무적으로 일하는 것을 좋아한다. 그가 찾는 농업의 출로는 농민을 해방시키는 제도혁명일 것이며, 이 혁명은 도농 간의 불평등을 반드시 근본적으로 해결해야 한다. 그러나 그 해결이 순조로울 것인지 여부는 뒤엉킨 각종 이익의 조절과 고위층의 결단에 달려 있다.

원자바오의 첫 걸음은 당연히 후진타오의 발걸음에 맞추어야 한다.

2002년 1월 8일, 신화통신은 북경에서 이틀 동안 개최된 중앙농촌 노동조합회의 상황을 보도하였다. 후진타오와 원자바오는 각각 회의에서 샤오캉(小康) 사회를 건설하여 반드시 도농 경제 사회발전을 이루어 나갈 것이며, 농촌과 농민에게 보다 많은 관심을 갖고 농업을 지원해 농업과 농촌 그리고 농민문제를 해결하는 것을 전당의 가장 중요한 업무로 삼아야 하며, 농업과 농촌작업의 새 국면을 창출하도록 노력해야 한다고 강조했다.

원자바오 앞에 놓여진 골치 아픈 경제적 수치는 넘쳐난다. 1990년대 중국 정부의 관련기관이 제정한 16개 항목의 샤오캉 지표 중 2000년까지 실현된 것은 13개 항목에 불과하다. 아직 실현하지 못한 나머지 3개 항목은 모두 농촌과 직접 연관되어 있다. 그것은 첫째, 농민 1인당 평균소득지표는 1990년 물가지수에 견주어볼 때 2000년 말 농민수입이 1,200위안이 되어야 하지만 실제 농민수입은 겨우 1,066위안에 지나지 않는다. 둘째, 국민 1인당 평균 단백질 섭취량 지표는 70그램인데 실제 농민의 섭취량은 그에 미치지 못한다. 셋째, 전국 각지에 건설한 기초의료보험체계의 지표도 아직 2천여 개의 현(縣)이 표준치에 미달되고 있는 상황이다.

비록 중국은 현재 정부가 공표한 지니계수(빈부격차와 계층간 소득분포의 불균형 정도를 나타내는 수치로, 소득이 어느 정도 균등하게 분배되어 있는지를 평가하는데 주로 이용된다. 지니계수는 0과 1 사이의 값을 가지는데, 값이 0에 가까울수록 소득분배의 불평등 정도가 낮다는 것을 뜻한다. 보통 0.4가 넘으면 소득분배의 불평등 정도가 심한 것으로 본다)는 없지만, 사람들은 중국의 빈부 차이가 상당히 심각하다는 것을 잘 알고 있다.

관련 전문가의 추산에 따르면, 1999년 중국의 도농 거주민 소득의 지니계수는 0.456이었는데, 남미와 러시아 등 몇몇 국가보다 수치가 낮은 것을 제외하고는 세계에서 절대다수의 국가보다 수치가 높았다. 2000년에서 2002년까지 중국 지니계수의 산출은 통일되지 못하고 저마다 달랐다. 그러나 일치하는 점이 하나 있었는데, 그것은 바로 모두 1999년도의 추산보다 높았다는 것이다.

2001년 농민 평균소득은 2,366위안이었고, 그 중 화폐수입은 겨우 1,800위안으로 도시 거주자들의 10년 전 수준에 해당하는 것이었다. 농촌 거주자들은 최근 몇 년간 소득이 매우 완만하게 증가하였고 국가 경제의 각종 근본적인 문제가 되었다. 국가통계국(國家統計局)이 최근 10만 가구의 도농 거주자에 대해 실시한 조사에 따르면, 도시 고소득층 가구 20%와 농촌 저소득층 가구 20%의 평균소득의 빈부 차이가 13배가 넘는다. 2002년 도농 거주민의 수입 차이는 점차 확대되어 악화되는 추세이다.

중국의 저명한 경제학자 판깡 교수가 이끄는 중국 국가경제연구소의 최신 통계자료에 따르면 중국 국내의 금융자산 총량은 20조 위안이고, 그 중 도시 거주자의 약 30% 정도가 전국의 약 80%의 금융자산을 보유하고 있다고 한다. 또한 이 80% 중 절반이 또 그들 중 20%의 소수 고소득층이 점유하고 있다고 한다. 여기에서 중국의 소득양극화 현상을 찾아볼 수 있다. 중국 인구에서 10억 명 가까이 차지하는 농민 인구의 금융자산은 실로 너무 적어 보잘 것 없다.

농민소득을 증가시키기 위해 중국 정부는 이미 아주 오랜 시간 동안 많은 조치를 내놓았는데, 그 효과는 매우 미진하다. 국가통계국의 관련 자료에 의하면 1996년에서 2000년까지 농촌가구 1인당 평균 현금소득은 오히려 감소했다. 3농[三農] 문제를 전문적으로 연구한 학자들은 가장 근본적으로 입으로만 농업을 중시한다고 하는 현실을 바꿔야 한다고 호소하고 있다.

원자바오는 입으로만 정책을 펼치는 것을 좋아하는 사람이 아니다. 그는 실무적으로 일하는 것을 좋아한다. 그렇다면 그의 새로운 활로를 찾는 농업정책은 어떤 것이 있을까?

중국의 최근 몇 년간의 이익분배는 정책적으로 여러 편향 문제가 있어왔다. 이에 대해 사회학자 왕쓰우(王思斌)가 내린 결론은 첫째, 도시 편향 둘째, 상급(上級) 편향 셋째, 부유한 지역 편향 넷째, 부자 편향이다. 이리저리 아무 관심 받지 못하는 지역은 농촌이고, 가장 관심 받지 못하는 사람들은 농민이다. 만일 이러한 편향 현상을 효과적으로 해결하지 못한다면 당과 정부는 거대한 농민의 정치적 지지를 얻기 힘들 것이다.

중국은 세계에서 도농 간 격차가 가장 큰 나라 중의 하나이며, 또한 재정지출이 가장 불공평한 국가 중 하나이다. 2000년의 관련 통계에 따르면, 농촌인구는 중국 인구의 60% 이상을 차지하지만 정부 재정지출이 농촌에 쓰이는 비율은 총지출의 5%에도 못 미친다. 이는 중국 공공재정 지출구조가 불합리하고 불공평하다는 것을 뜻한다. 국가의 농촌지출이 그렇게 적은 것은 전반적인 정책결정 과정에 농민 이익을 대표하는 인사가 참여하지 않았기 때문이다.

후안깡 교수는 예리하게 도농 간 이원 구조적 경제사회는 도농 간의 연구발전 차이를 초래할 뿐만 아니라 다른 신분이 속한 두 종류의 사회를 형성한다고 지적했다. 정부의 공공정책, 공공지출, 공공투자 총액은 도시 인구에 편중되어 있고 도농 간의 차이를 더욱 심화시켰다. 이는 공산당이 인민의 근본이익을 가장 잘 대표한다는 요지에 부합하지 않는 것이다.

중국 농업 자체에서 해결방법을 찾을 수 없으므로 근본적인 도농 이원구조를 해결함으로써 제도의 본질적 문제를 해결해야 한다. 중국의 이원적 사회구조는 일종의 경제사회의 이원체계이며, 또한 이원적 제도의 결합체이다. 문제의 핵심은 현행 제도가 일찌감치 도농 이원적 구조의 부정적인 영향을 인식하였는 데도 불구하고 왜 빨리 개혁하지 못했는가에 있다.

일단 제도 문제에 연관이 되면 문제는 복잡해진다. 제도의 함의는 생산관계를 의미하며, 사회적 생산 중 사람과 사람 관계의 구체적 형식을 뜻한다. 이에 대해 재산권 학파는 이러한 관점을 내놓았다. 제도의 본질은 사람 행위의 규범에 있지 않고, 사람들 이익의 확인과 보호에 있다. 중국의 제도(혹은 정책)가 도시 인구 이익의 절대적 확인과 보호에 있음은 의심의 여지가 없다.

중국의 농민 인구는 거의 10억여 명에 이른다. 그들이 중국 인민의 주체임은 당연한 것이며, 현재의 정세는 반드시 그들의 근본적인 이익을 대표하는 정책을 요구하고 있는 것이다. 어떻게 농민의 경제적 빈곤문제, 건강문제, 교육문제, 정보부족 문제를 해결할 것인가? 이것은 이미 후진타오와 원자바오에게 주어진 큰 과제가 되었다. 중국의 수많은 농민들이 지금 눈을 부릅뜨고 제4세대 지도자들이 그들에게 제도적 돌파구를 가져다줄 수 있는지를 지켜보고 있다.

2002년 6월, 주룽지는 경제학자들을 중난하이로 초청해 〈경제정세 분석 좌담회〉를 개최했다. 좌담회에 참석한 후안깡 교수는 중국은 제3차 농민해방의 제도적 혁명이 필요하다고 제기했으며, 그 핵심은 농민을 해방시키고, 농민에게 투자하며, 농민을 이전시키고, 농민을 감소시키며, 농민을 부유하게 만드는 것이라고 특별히 강조했다. 주룽지는 비록 이 문제에 대해 지대한 관심을 보였지만 그가 중국 경제를 주관할 시간이 얼마 남지 않았었기 때문일까, 이 문제는 자연적으로 원자바오에게 넘겨졌다.

제1차 농민해방은 마오쩌둥이 이끌었던 1950년대 초기의 토지개혁이었다. 제2차 농민해방은 덩샤오핑이 이끌었던 1980년대 초기의 가정 경영책임제(家庭聯産承包制)이며, 제3차 농민해방은 후진타오에게 책임이 맡겨졌다. 이번 농민해방 운동은 원자바오가 농촌을 가장 잘 이해하고 있는 정부 지도자이기 때문에 원자바오가 이끄는 국무원에 의해 농민문제가 계획되고 추진될 것이 당연하다.

이번 농민해방의 제도적 혁명은 장기적으로 존재해온 도농 간의 괴리, 대립, 불공평하고 불공정한 국면의 분리라는 근본적인 해결을 회피할 수 없을 것이다. 그러나 순조롭게 추진할 수 있는가는 복잡하게 뒤엉킨 이익의 조절과 지도자의 결단에 달려 있다.

후진타오 시대가 개막되면서 중국은 "제도화 건설"을 중심으로 하는 형국으로 전환되었다. 중국 정치체제 개혁의 추진이 어렵게 된 큰 이유는 기득권자가 이미 차지한 권리를 포기하지 않았기 때문이다. 후안깡 교수는 "이익집단은 어디에 있는가? 바로 공산당 내에 있다!"라고 말했다.

중국은 덩샤오핑 집권 이후 점차 마오쩌둥의 「계급투쟁」 이념을 버리고, 「경제건설」로 전환하였다. 현재 25년간의 경제 최우선 정책을 거치면서 중국 경제는 비약적인 발전을 이루었지만 오늘날까지 제도적 결함은 날로 심화되어 중국의 진일보한 발전을 방해하고 있다.

어떤 지식인은 후진타오 시대가 시작된 후 중국은 장차 「제도화 건설」의 시대로 전환될 것이라고 말했다. 소위 말하는 「제도화 건설」이란 정치체제 개혁, 법률체제 개선, 부패척결 및 도농 간 이원화 구조 해결 등을 포함한다.

제도화 건설 중에서 가장 해결하기 힘든 문제는 이익집단을 우선 밀어내는 문제다. 중앙 정부 내에는 중앙 부서의 이익집단이, 지방 정부 내에는 지방 부서의 이익집단이 있다. 중앙에서 지방까지 각종 이익집단은 상호연결되어 뿌리 깊은 관계가 형성되어 있어 깨끗이 제거하는 것이 매우 어렵다.

저명한 경제학자 우징리엔(吳敬璉)은 《개혁, 우리가 지금 그 큰 관문을 통과하고 있다》라는 저서에서 「내가 관찰한 바에 의하면 현재 개혁을 추진함에 있어 가장 큰 장애물은 기득권에 있다」고 밝혔다. 이밖에 우징리엔은 다른 장소에서도 「개혁은 경제가 일정한 단계에 다다른 후에 행해져야 하는 과정이 아니라 제도의 재정비이다. 이는 경제 이익 관계의 거대한 조정을 의미하는 것이며, 이러한 조정은 반드시 기득권을 포기하지 않으려는 세력에 의해 저지당하게 될 것이다」라고 밝힌 바 있다.

후안깡 교수는 더욱 직설적으로 「이익집단은 어디에 있는가? 바로 공산당 내에 있다」라고 말했다.

후진타오가 총서기직에 취임한 지 보름이 지났을 때, 마침 그때는 중화인민공화국헌법 공포시행 20주년이었다. 역사는 그에게 헌법권한 기념일을 빌어 제도화 건설을 널리 펼칠 기회를 준 것이다. 2002년 12월 4일, 수많은 사람들이 베이징 인민대회당에 운집했고, 대성황을 이루었다.

후진타오는 대회에서 「사회 전반에 진일보한 헌법의식과 헌법권위를 세우고 확실하게 헌법을 실행하도록 보장할 것이다.」 「헌법은 최대의 권위와 최고의 법적효력을 지닌다」라고 강조했는데, 이와 같이 무게 있는 발언의 배경에는 상당히 중요한 의미가 있을 것이라는 것은 의심의 여지가 없다. 헌법의 권위와 법적 효력은 장차 후진타오에게 새로운 정치 행로를 열어줄 것이다.

모두들 알다시피 중국의 정치체제 개혁은 추진하기가 어렵다. 대부분 기득권자들이 자신들의 이익을 포기하려 하지 않기 때문이다. 정치학자 리치앙(李强)은 중국 정치는 상당히 모순적인 상황이 출현했다고 말했다. 비록 국가기구가 무소부재의 방대한 것이 되어 여전히 존재하고 있긴 하지만, 그러나 이러한 기구들은 이미 더 이상 [국가]의 기능을 수행하지 않거나 불완전하게 이행하고 있다. 국가의 모든 기구는 지금 각자의 이익을 추구하는 행위주체로 변화하고 있다.

내가 이전에 부패에 관해 언급한 글(신정치경제학)에서 이러한 내용을 쓴 적이 있다. 일부 간부들이 주도하는 경제의 정치권에서 그

장악한 권력으로 대량의 자금을 조작하고, 정치와 경제의 분배 중 상당한 영향력을 행사한다. 현행 제도는 이러한 사람들이 시장화의 형식 아래 분배에 참가하는데 매우 편리함을 제공하며, 뇌물수수도 피할 수 없이 존재한다. 권력이 시장에 들어와 분배에 참여하는 것을 방치하면 아무리 최고위층이 이러한 현상이 발생하는 것을 원치 않는다고 하더라도 실질적으로는 실세들에게 금권거래의 기회를 제공하게 된다. 이렇게 새로운 형태의 「정치경제학」은 국유 자산의 유실을 가속화하였고 재화 점유구조를 매우 불공평하게 하여, 국가가 수치계산을 할 수 없을 만큼의 거대한 대가를 치르게 하였다. 현대 중국 경제가 만일 날로 시장화된다면 정치개혁은 영원히 따라 잡을 수 없게 되며 정치와 경제의 모순은 갈수록 커질 것이다. 부패한 집단이 「정치경제학」을 이용하면 제도적으로 무한한 이용할 수 있는 공간을 갖게 되는 것이다.

중국 사회 구조는 이미 과거의 양대 계급으로부터 10대 계층으로 변화되었다. 우세한 지위의 계층과 약세한 지위의 계층은 각기 다르게 이익을 추구하고 있다. 최근 몇 년간 약체 집단은 끊임없이 거리로 나와 요구를 제기하고 있으며, 이는 집권당의 업무처리에 심각한 도전이 되고 있다. 따라서 집권당은 반드시 합리적이고 공평하게 사회이익을 조정하고 조합하도록 해야 하며, 그렇지 않으면 근심이 끊이지 않을 것이다.

후진타오와 원자바오는 모두 빈곤한 서북(西北) 지역에서 10여 년을 지낸 바 있기 때문에, 낙후 지역과 극빈층의 고통을 십분 이해하고 있다. 이 밖에 후진타오는 중국 정치계의 최고위층에서 10여 년간 정예를 다듬었고, 원자바오는 중난하이에서 18년간 경험을 쌓았다, 그들 둘은 최저층과 최고층을 모두 아주 잘 이해하고 있다. 그들이 처한 시대와 위치는 그들에게 반드시 결합하여 이익집단을 정비하라고 요구한다. 그러나 언제 정비할 것이며, 얼마나 정비할 것인지는 아직 상황을 더 두고 보며 결정해야 할 일이다. 우리는 아직 그들이 빠르고 철저하게 정비하기를 바랄 수 없다. 중국과 같이 큰 정치 환경에서 그들도 그들 나름의 한계를 갖고 있기 때문이다.

많은 호사가들은 중국의 새 권력은 후진타오, 원자바오, 쩡칭훙(曾慶紅)으로 삼각구도를 이룬다고 추측한다. 비록 외부로부터 지목된 장쩌민파 인물들이 모두 중요한 위치를 차지하였지만 후진타오는 고립되지 않을 것이다. 원자바오도 약화되지 않을 것이며, 최고 지도층의 전체적 단결은 보장될 것이다.

중국의 신임 공산당 중앙정치국 상무위원 9인 어느 한 사람도 사회과학과 인문학을 공부한 사람이 없이 모두 엔지니어 출신이다. 이러한 정치 핵심구조는 비록 매우 강한 시대적 특징(4개 현대화를 실현하기 위해 덩샤오핑 시기 「4화」간부를 고를 때 이공계 종사자를 우선함)이 있지만, 국제적인 시각으로 종합 분석해보면 이러한 구조가 무시할 수 없는 결함을 갖고 있다고 말하지 않을 수 없다. 중국의 운명을 주도하는 정책 결정자들 중에는 법률 전문가, 경제 전문가, 관리 전문가가 없으며 모두 과학과 기술에 정통한 전문가들 뿐이다. 중국의 발전 현황과 추세를 살펴보면 법률, 경제와 관리는 현재 중국에게 가장 절실히 필요한 분야이다.

위로 삼을 수 있는 것이 있다면 다행히 중국인의 학습능력과 적응력이 뛰어나다는 것인데, 중국인들은 구체적인 위치에 도달하기만 하면 어떤 비전문가도 전문가로 변모할 수 있다. 이러한 지도자들은 모두 이미 엔지니어라는 직업을 벗어버리고, 각자 다른 지도자의 위치에서 수년간 경험을 쌓았다. 회고해보면, 1949년 신(新) 중국 수립 후, 마오쩌둥, 류샤오치, 저우언라이, 덩샤오핑, 후야오빵, 자오쯔양, 장쩌민, 리펑, 주룽지 중 어느 누가 법률, 경제 그리고 관리를 공부한 사람이 있는가? 이러한 전통은 여전히 계속되고 있다.

제3세대 지도자부터 법률 전문가, 경제 전문가, 관리 전문가들은 중난하이에 초빙되어 최고 지도자들에게 수업을 하기 시작했다. 이 것이 설령 호구지책이라고 할지라도 칭찬할 만하다. 정책 결정자가 독선적이지 않고, 모든 것을 수용하는 겸허한 태도로 임하기만 한다면 중국의 미래에 이루지 못할 것이 없을 것이다.

국내외에서 중국 최고위층에 대해 「그들이 학습하는데 중점을 두지 않고 단결과 권력에 중점을 둔다면, 두 개의 중앙이 출현하거나 권력투쟁이 일어날 수 있지 않을까?」 라는 의문을 가진다.

많은 호사가들은 중국의 새로운 권력의 삼각구도는 후진타오, 원자바오, 쩡칭훙으로 구성되며, 상무위원회의 후진타오 바로 밑 서열 제2위의 우방궈(吳邦國)는 경시되고 있어 권력의 삼각구도 밖에 밀려나 상대적으로 약세에 놓여 있다고 추측하고 있다. 만일 의도적으로 이 세 사람을 염두에 두고 말한다면 이러한 추측도 가능할 것이다. 후진타오가 총서기로서 모든 정국을 감독하고, 원자바오는 국무원 총리로서 경제를 주관하고, 쩡칭훙은 서기처 상임 서기로서 당 업무를 담당하면 된다. 그러나 중국은 3권 분립 국가가 아니다. 전국인민대표회의(전인대)와 전국정치협상회의(정협)는 크다면 크고 작다면 작다고 할 수 있다. 따라서 전인대 상무위원장 우방궈와 정협 주석 자칭린(賈慶林)이 권력핵심에서 멀어지며 후진타오, 원자바오, 쩡칭훙이 각각 정치, 경제, 당무 이 세 분야를 대표하게 될 가능성이 있기 때문에 반드시 중요하게 지켜봐야 할 일이다.

중국 제3세대 지도자들은 16대 이후 정부 직위에서 아직 정식으로 사임하지 않았기 때문에 제4세대 지도자들이 출현한 이후에도 계속 모습을 나타내고 있다. 그러나 새 정부의 첫 양회(兩會)가 폐막함에 따라 제3세대의 찬란했던 정치지도자들은 점차 무대를 떠나기 시작하고, 제4세대 지도자들로 하여금 일하게 할 것이다.

비록 외부에서는 장쩌민 계열의 인물들이 수많은 요직을 차지하게 될 것이라고 예측하고 있지만, 후진타오는 고립되지 않을 것이며, 원자바오도 약해지지 않을 것이다. 최고 지도자층의 전체 단결은 보장될 것이다. 왜냐하면, 장쩌민과 후진타오는 두 개의 중심 출현을 원치 않고 있으며, 이 두 세대의 지도자들은 모두 안정적인 발전과 권력투쟁이 일어나지 않기를 원하고 있기 때문이다.

장쩌민은 후진타오를 10년간 가까이에서 지켜봐왔다. 후진타오가 가진 온화하고 선량하며, 윗사람을 공경하고 양보하는 미덕을 장쩌민이 좋아하지 않을 리 없다. 장쩌민은 자리에서 물러나기 전, [3개 대표]를 제기했다. 이는 일종의 정치유산으로써 역사책에 게재되기를 원하는 것과 더불어 차기 지도자 후진타오가 뛰어난 신뢰와 품행으로 자신이 가장 안심하고 정치유산을 부탁할 수 있는 인물임이 틀림없었기 때문이다.

덩샤오핑이 서거한 후 장쩌민은 후진타오를 국가 부주석과 군사위원회 부주석 자리에 앉혔다. 만일 체계적인 고려와 계획이 없었다면 장쩌민은 그런 결정을 하지 못했을 것이며 16대에서도 또한 주동적으로 총서기의 지휘봉을 넘겨주지 못했을 것이다.

쩡칭훙은 다년간 장쩌민을 따른 인물이다. 그들의 관계가 매우 긴밀하다는 점은 부인할 수 없으나, 보좌관은 결국 보좌관일 뿐 결코 후임자로 선택될 수 없다. 외부에서는 뜬구름 잡는 식으로 그가 후임자로 선택될 수 있을 것이라 하여 후임자 문제를 어렵게 만들었다. 어떤 이는 장쩌민이 쩡칭훙이 후임자가 되기를 희망하고 있다고 말했고, 또 어떤 이는 쩡칭훙이 장쩌민의 후임자가 되고 싶어 한다고 말했다. 이러한 모든 것들은 지나친 억측이었다. 만일 당신이 현재 중국의 정치, 경제, 사회를 심도 있게 연구하려고 한다면 당신은 이러한 결론을 믿지 않을 것이다.

우선 중국은 현재 마오쩌둥과 덩샤오핑의 절대 권력의 시대가 아니다. 이미 누굴 올려주고 싶다고 올려주고 누굴 내려오게 하고 싶다고 내려오게 할 수 없다. 다음으로, 중국이 아무리 위로는 중앙으로부터 아래로는 백성들까지 공동으로 인식하고 있는 묵계가 있다고 해도 국가가 안정적으로 발전하기를 희망한다면 정치적 이유로 국가에 불안정 요소가 출현하는 것을 용납할 수 없을 것이다. 또한 쩡칭훙 본인이 매우 총명한 사람이다. 그는 자신의 위치를 잘 알기 때문에, 분수에 넘치는 행동으로 자기의 정치생명을 마감하지는 않을 것이다. 마지막으로 중국의 백성들은 이미 더 이상 침묵하는 착한 양이 아니다. 따라서 중대한 정치행위가 민심을 얻을 것인지 여부는 정책 결정자들이 반드시 진지하게 고려해야 할 부분이다.

해외에는 절대 함부로 믿어서는 안 되는 수많은 유언비어가 있다. 베이징에 살고 있는 내가 알고 있던 어떠한 일에 대해 홍콩의 전혀 근거 없는 보도를 대할 때면 정말 견디기 힘들었던 적도 있다. 예를 들면, 2002년 12월 30일 사망한 공군사령관 류쑨샤오(劉順曉)가 2001년 암에 걸렸을 때, 군사위원회는 부득불 공군사령관을 새로 선발했다. 그러나 그 진상을 모르는 해외 언론에서는 공군이 왜 갑자기 류쑨샤오를 교체하였는지 이해하지 못했고, 공군 부대에서 장쩌민의 총서기 연임을 반대하는 표어가 출현하였기 때문에 류쑨샤오를 공군 사령관직에서 박탈시켰다고 멋대로 보도했다.

만일 당신이 관찰력 있는 사람이라면, 후진타오가 시보포를 방문했을 때 쩡칭훙이 수행했을 뿐만 아니라 그림자처럼 따라 다녔다는 것을 알 수 있을 것이다. 쩡칭훙은 최고지도자를 잘 보좌하는 사람이라고 내막을 아는 사람들은 모두 말한다. 외신 기자들은 예전 양회(兩會)에서 쩡칭훙이 국가 부주석에 오를 수 있을 것인가에 매우 관심을 가졌었는데, 그들은 쩡칭훙이 부주석이 되면 그가 미래의 후계자가 된다는 의미로 여겼기 때문이다. 이것은 또 일대 혼란스러운 착오를 일으켰다. 후진타오가 부주석이 된 것은 후계자가 되기 위함이지만, 다른 사람이 부주석이 된다는 것은 반드시 그런 뜻이 아니었기 때문이다. 그동안 중국의 국가 부주석 자리는 늘 유명무실한 직위였지만, 장쩌민은 후진타오를 후계자로 만들기 위해 특별히 실질적인 권한을 한번 행사한 것이다.

따라서 후진타오의 권력은 박탈되거나 쇠약해지지 않을 것이며, 점점 더 안정될 것이다. 비록 장쩌민이 중앙군사위원회 주석직을 보전한다 해도 그것 역시 과도기에 불과하다. 장쩌민이 계속 재위하게 되면 권력과 영향력은 강해지지 않을 수 없다. 장쩌민도 두 개의 권력 중심이 출현하는 것을 원할 리 없기 때문에, 쌍방은 모두 상대방을 최대한으로 고려하여, 사태를 복잡화하거나 틈이 생긴 상태로서 시작하는 것을 원치 않을 것이다. 후진타오가 총서기에 취임한 후 임기의 반을 마친 시점, 즉 2년 반 후 그의 역량은 확실히 발휘될 것이라고 믿는다.

원자바오와 후진타오의 많은 공통점에서 볼 수 있듯이, 앞으로 그들의 정치 경제협력은 묵계에 의해 조화를 이루어 결합력을 형성할 것이다. 그들은 공통된 상황과 공통된 포부를 갖고 있기 때문에 반드시 긴밀하게 협력하도록 할 것이며, 절대로 누군가 거리를 멀어지게 하거나 또는 다른 누군가가 끼어들어올 수 있는 여지는 있을 수 없다.

후진타오는 이전에 경제 업무의 경험이 없었다. 그가 비록 꾸이저우(貴州)와 티벳(西藏)에서 고위 지방관을 역임하긴 했었지만 경제 관리 업무를 담당하는 요직을 담당해본 적이 없었다. 그는 성 위원 서기와 자치구 서기와 같은 직무를 맡았었으며, 중난하이에 입성한 후에도 당 중앙에서 일을 했지 국무원 쪽은 아니었다. 그는 경제 업무에 전혀 경험이 없기 때문에 경제 방면에서는 반드시 원자바오에게 의지해야 한다.

원자바오와 후진타오의 많은 공통점에서 볼 수 있듯이, 앞으로 그들의 정치 경제협력은 묵계에 의해 조화를 이루어 서로 이익을 얻을 수 있는 결합력이 형성될 것이다. 두 사람은 원래 모두 우아함을 중시하며 타인의 의견을 존중하고 수용할 줄 알며, 그 누구도 고집스럽거나 편협하지 않기 때문에, 일은 서로 상의하고 의견 충돌로 인해 서로 얼굴을 붉히며 싸우는 일은 없을 것이다.

그렇다고 그들 두 사람 모두 사상이 없거나 주관이 없는 사람은 아니기 때문에, 앞으로의 의견 불일치나 논쟁이 전혀 발생하지 않는다는 것은 불가능한 일이다. 그러나 앞으로 그들이 어려운 문제에 봉착했을 때, 그들의 처지와 포부가 그들을 밀접하게 협력시킬 것이기 때문에, 두 사람의 관계가 악화되거나 분열되지 않을 것이며, 절대로 다른 사람에 의해 사이가 멀어진다거나 끼어들 수 있는 여지가 생길 수 없다는 것은 분명하다.

선임자의 화려함과 동시에 그들에게 남겨진 큰 부담은 장쩌민이 13년간 이루어 놓은 성과이다. 주룽지의 경제정책이 좋은 결과를 거두었기 때문에, 그들은 후임자가 된 후 각자 안절부절 못하는 심리상태에 놓이게 되었다. 선임자가 넘겨준 화려함이 자기 손에서 퇴색되게 할 수 없을 뿐만 아니라 자기 임기 중에 더욱 화려하게 만들어야 한다는 부담이 얼마나 클지 상상이 간다.

후진타오와 원자바오는 모두 권위적 지도자형에 속하지 않는다. 그들의 온화함과 우아함은 권위적 지도자에 익숙한 중국인에게 심리적 혼란을 가져다줄 것이다. 그들은 장차 어떻게 중국인들을 통솔하여 새로운 장정을 진행할 것인가?

모든 중국인의 소리 없는 의문에 대해 그들 스스로는 틀림없이 알고 있을 것이다. 바로 그들이 반드시 좋은 성과를 이루어내 중국인과 외국인에게 보여주기를 요구하고 있다는 것이다.

후진타오가 중국 공산당 총서기에 취임한 후의 100일간을 살펴보면 관찰력이 있는 사람들은 이미 알았을 것이다. 비록 후진타오가 목소리를 높여 사람들에게 각인시키려 하지는 않지만 그는 그 위치에서 이미 무언가 행하고 있다는 것을 말이다.

최근 사람들의 주목을 끄는 것은 중국 신문과 정치 계층에 일어난 작은 개혁이다. 중국 중앙정치국 상무위원 중 사상공보 업무를 분담하고 있는 리창춘(李長春)은 신문 홍보부서에 중앙의 정신을 전달했다. 회의에서는 지도자를 적게 보도하고 뉴스는 민중에게 더욱 다가간다. 새로 취임한 중앙공보부부장 리우윈샨(劉雲山)은 이러한 정신을 「3성(性)」과 「3접근」이라 말했다. 3성(性)이란 시대성(時代性) 실현, 규율성(規律性) 확보, 창조성(創造性) 제고이며, 3접근이란 실제적인 접근, 군중에 접근, 생활의 접근을 말한다. 이러한 정신이 발생한 직접적인 원인은 바로 「후진타오가 총서기가 된 후, 당 중앙에 다시 창의적이고 실사구시적인 업무 분위기를 만들도록 한 것」(인민일보 부편집장 쪼우루에이진(趙瑞金)의 말)이다.

그 후 중국의 많은 지역들은 적극적으로 시도했다. 공청파[團派] 출신의 푸젠성(福建省) 위원회 서기 쏭더푸(宋德福)는 푸젠에서 소집된 중앙 정부 주재 민난성(関南省) 신문기관와 푸젠성 신문기관 책임자의 좌담회에서 「신문 보도의 문화적 품위를 반드시 제고시켜야 하며,

동시에 보도방식의 개선에도 주의를 기울여야 한다」고 말했다. 그는 신문 발행자들에게 「1년에 몇 편의 원고를 발표하였는지가 중요한 것이 아니라 백성들이 도대체 얼마나 보고 얼마나 귀담아 듣는가이다」라고 지적했다. 그는 특히 「어떤 신문 잡지는 행정명령의 방법으로 강압하여 정기구독을 하도록 하고 있는데, 이렇게 되면 결국 사람들이 쳐다보지도 않고 폐지로 내다 팔 것이다」라고 강조했다.

지도자가 실사구시로 자신이 속한 기관지를 대하는 것은 정말 보기 힘든 일이다. 푸젠성 위원회의 기관지 《푸젠일보(福建日報)》가 변화하기 시작하였을 뿐 아니라, 중국 공산당 중앙위원회의 기관지 《인민일보》도 변화하기 시작했다. 《인민일보》의 발행인과 상급 책임자들은 사실 일찍부터 매년 행정명령 방식으로 하부층에게 정기구독시켰던 신문의 상당량이 모두 폐지가 되어 팔렸다는 사실을 알고 있었다. 그런 까닭에 《인민일보》는 올해부터 지면은 예전에 보지 못한 젊고 활기찬 모습으로 바뀌었으며, 정치성이 없는 사진과 생생한 사회 인물의 사진이 많아졌다. 일반적인 뉴스 사진이 1면 헤드라인 기사가 되고, 회의와 일부 지도자의 활동이 줄어들면서 보도내용이 점차 평민화되고 백성들의 생활에 초점을 맞춘 표제기사가 나타나기 시작했다.

이러한 현상에 대해 국내외 인사들은 아마도 신선함과 호기심을 느낄 것이며, 후진타오와 어떻게 연결된 것인지를 추측할 것이다. 만일 당신이 후진타오가 꾸이저우성 위원회 서기로 재임했을 때의 신문개혁의 상황에 대해 알고 있다면, 아마도 개혁의 바람이 중국 전역의 신문개혁으로까지 확산되는 연속성을 이해할 수 있을 것이다.

1986년 9월, 후진타오는 꾸이저우에서 1년여간 재임한 후 직접 꾸이저우성 위원회 기관지 《꾸이저우일보》 편집위원회를 조직하여 「회의 보도개선에 관한 의견」이란 문장을 한 편 발표하였다. 그 후 성 위원회 지도자들은 이 보고를 하부기관에 전달시키는 동시에 성 위원회 사무실에 「회의 보도개혁은 신문개혁의 중요한 내용 중 하나이다. 《꾸이저우일보》 편집위원회가 제기한 개선의견은 텔레비전, 방송 등 매스컴의 회의 보도에 적합하며, 이에 따라 집행하길 바란다」 라고 통지하였다.

당시 후진타오가 꾸이저우 관할 지역 내에서 추진한 신문개혁과 현재 전 중국에서 추진 중인 뉴스 개혁은 같은 맥락이다. 개혁의 요점은 모두 회의 보도에서 지도자 보도는 적게 하고, 뉴스는 군중에게 친근하게 접근하라는 것이다. 보도해도 그만, 안 해도 그만인 회의나 지도자의 활동을 보도하지 않도록 하고, 사람들이 그다지 관심 갖지 않는 회의 내용은 제목이나 간단하게 보도하고, 군중이 진정으로 관심 갖는 문제는 회의 보도의 중점으로 다루도록 한다. 모두 알다시피 중국은 문산회해(文山會海 – '공무원의 비효율성을 꼬집는 문서가 산더미처럼 쌓이고 회의는 바다처럼 많다' 라는 의미)의 국가이다. 각양각색의 지도자가 출석한 크고 작은 회의, 각종 회견, 각종 시찰활동이 매일 신문 지면과 텔레비전 뉴스 시간을 차지한다. 이렇게 정치가 국민의 귀중한 시간과 정보를 장악하고 낭비하게 만드는 것과 정치가들이 인기 연예인과 같이 불필요하게 자주 신문 지상과 텔레비전에 등장하는 것에 대해 국민들의 원망은 이미 갈수록 거세지고 있다.

후진타오는 일찍이 백성들의 심리를 깊이 이해하고 있었다. 그래서 꾸이저우에서부터 자신이 주목 받는 것을 희생하는 것을 결코 아쉬워하지 않은 것이 오늘의 그가 있게 하였다. 그는 또한 이러한 풍조를 중국 정치계의 최고 계층에 도입하였다.

후진타오가 취임한 후 일어난 신문개혁의 함의는 이러한 것들에 국한되지 않는다. 우리는 중국 16대 전후 출간한 《후진타오-그는 어디에서 왔으며, 어디로 나아갈 것인가》라는 저서에서 이미, 후진타오가 정치체재 개혁을 추진할 때 먼저 여론개혁부터 시작할 것이라고 밝힌 바 있다.

「후진타오 시대는 반드시 정치체제 개혁을 추진해야 한다, 그것은 중국에 반드시 필요한 것이며, 또한 후진타오에게도 필연적이다. 개혁하지 않으면 중국의 개혁 기세는 앞으로 죽은 길로 들어서는 것이며, 이미 이룩한 경제성과도 정치제도의 낙후로 무너져 내릴 것이며, 결국에는 최고 지도자 후진타오 자리까지 위협하게 될 것이다. 경제체제 개혁은 아래로부터 위로의 개혁이지만, 정치체제 개혁은 위로부터 아래로의 개혁이다. 후진타오가 대담하게 민주화를 선포할 리 없지만, 몇 가지 인민 참정의 조치들로 지속적인 정치ㆍ경제 개혁을 전개할 것이다. 그가 과거 지방 관리로 재임했을 때를 근거로 판단해보면 그는 여론개혁에서 새로운 변화가 있을 것이다.」

그러나 현 단계에서 후진타오는 상당한 관심을 받고 있는 정치 민주화 문제를 언급하지는 못한다. 그가 더 쉽게 할 수 있는 것은 정치와 경제의 결합 문제에 대해 긍정적으로 언급하는 것이다. 이것이 바로 그와 원자바오가 밀접하게 협력해야 하는 이유이다.

그렇다면 정치와 경제의 결합에서 무엇이 가장 우선적으로 고려되어야 할 것인가? 다름 아닌 약소 계층의 문제에 관심을 갖는 것이다. 이 문제를 잘 처리하면 중국의 절대다수의 수익자들은 자신들에게 진심으로 베풀어준 은혜와 덕에 감사할 것이며, 국내외의 인사들도 그들의 정치능력을 새롭게 평가할 것이다.

그들 두 사람의 협력 모델은 이미 이번 장을 시작할 때 언급했다. 후진타오가 시보포와 내몽고에 갈 때는 외형적인 이미지에 치중하였다. 원자바오가 샨시(山西)에 갈 때는 세부내용에 더 뜻을 두었다. 원자바오는 한 촌락에서 다른 촌락으로 힘들게 이동하는 것을 마다하지 않았다. 농민의 집에서 양반다리를 하고 앉아 마을 사람들과 세상사는 이야기를 나누고, 그들의 하소연에 귀 기울이며 그는 계속 고개를 끄덕였다. 그의 자애로운 모습과 온화한 어조는 빈곤하고 도움을 받지 못하는 사람들에게 한 가닥 따뜻한 희망을 주었다.

원자바오가 베이징으로 돌아온 후 얼마 되지 않아, 도시 기업들의 농민 급여 체불 문제에 대해 전에 없던 국무원의 중시를 받았다. 1월 5일 국무원 판공청에서 「기업은 농민의 급여 체불을 해서는 안 된다. 그렇지 않으면 엄벌을 받을 것이다」라고 통지했다. 사실 최근 몇 년간 매년 춘절(春節) 전 날, 많은 농민 노동자들이 힘들게 노동한 대가를 받지 못해 갖가지 방식으로 화풀이를 하곤 하였는데, 어떤 이는 자살하고, 어떤 이는 때려 부수고, 어떤 이는 시위를 하는 등 각종 극단적 사건들이 발생했다. 금년 춘절(春節) 전에도 마찬가지로, 베이징의 일부 빌딩이나 아파트 앞에 수십에서 수백 명에 이르는 농민 노동자들이 응집하여 체불 임금을 지불하라고 요구하였다. 그러나 한 가지 다른 점은 금년에는 정부가 특별한 관심을 가지며, 약자의 권익을 보호하려는 태도를 보였다는 점이다. 한편으로 정부는 수차례 경고를 통해 관련 기업들이 신속하게 임금을 지불하도록 하였고, 다른 한편으로는 신화통신(新華社)의 적극적인 취재로 2000년 말 건설업이 체불한 비용이 332억 위안이며, 그 중 농민 노동자 비용이 22억 위안에 달하며, 그 가운데 상당 부분은 건축기업의 기업가나 공사 청부업자들이 고의로 지불하지 않았다는 사실이 보도되었다.

신화통신은 보도에서 「정부한테 찾아가 말해도 소용 없어요」라고 말하는 농민 노동자들의 말을 인용하는 것도 피하지 않았다. 이와 같은 소식은 정부가 문제를 해결하려는 의지를 분명히 보여주는 것이다.

춘절(春節) 전, 국무원은 주룽지의 권력이 아직 완전히 이양되지 않아 원자바오에게 넘어오지 않았기 때문에, 3월 전인대가 끝나기를 기다려야 했다. 약소자 문제에 대해 주룽지도 이전에 이 정도로 중요한 관심을 보이지 않았지만, 그의 애민정신은 후진타오와 원자바오를 돕게 만들었다.

후진타오는 비록 중국의 제1인자 자리에 오른 지 얼마 되지 않았지만, 매일 보고되어지는 사회가 불안정한 요소의 정보를 책상머리에 놓고 그가 간구한 각양각색의 해결책에 결제할 때 머릿속의 생각은 분명 복잡할 것이다. 비록 짧은 시간이었지만, 사회 전반의 가난한 자가 부자에게 갖고 있는 부자를 미워하는 심리를 대하며, 먼저 부자가 된 사람들은 가난한 자에게 관대하라고 호소하고, 각종 언론에서 이를 보도하지만, 변환기의 개발도상국 중국에게는 한 나라의 지도자가 반드시 복잡한 문제들을 간파해야 했다.

사실 후진타오는 총서기에 취임하기 전 이미 집권 후에 어떻게 문제를 해결해야 하는지를 알고 있었다. 그는 2001년 마지막 날, 중앙당교가 주관한 〈학습시보(學習時報)〉에서 「군중노선으로 향하자」라는 글을 한 편 발표했다. 거기에서 그는 "집권당의 가장 큰 위험은 군중을 떠나는 것이며, 가장 쉽게 범하는 착오도 군중을 떠나는 것이다"라고 밝혔다. 후진타오가 일찍이 민심을 얻으려면 군중을 잡아야 하고, 군중을 잡으려면 그들과 밀접한 이익과 관련된 문제들을 해결해야 한다는 것을 인식하고 있었다.

1998년 전국 정협(政協)이 베이징에서 개최되었을 때, 한 민주당파 인사는 좌담회 석상에서 큰소리로 「누가 공산당을 쓰러뜨릴 수 있는가? 누구도 못한다! 공산당 자신만이 자신을 쓰러뜨릴 수 있다!」라고 말하였다. 당연히 후진타오는 공산당 자신이 공산당을 무너뜨리는 것을 보길 원치 않을 것이다.

정치가 후진타오의 인물기용의 윤곽은 이미 대략 드러났다. 경제전문가 원자바오의 인물기용은 어떠한가? 원자바오가 좋아하는 인재는 정부의 기능과 지도자 관리에서 솔선수범해야 한다. 성격의 좋고 나쁨, 어조의 고저는 그 다음 문제이다. 가장 중요한 것은 인민을 위해 일할 마음이 있느냐이다.

최근, 공청단(共靑團) 출신의 중국 간부들이 각 성(省), 시(市) 지도자 자리로 옮겨가는 현상이 국내외의 뜨거운 관심을 받고 있다. 베이징 신임시장 멍쉐농(孟學農)은 올해 54세로 1980년에 공청단 북경시위원회 부서기를 역임한 바 있다. 당시 후진타오는 청년단 중앙 서기를 담당하였다. 그 둘이 서로 잘 아는 사이인지는 모르겠으나, 안면은 있었을 것이다. 멍쉐농은 결코 그가 공청단 출신이었던 이력을 숨기려 하지 않는다. 그는 취임 후 가진 기자회견에서 격앙된 어조로「20년 전 후진타오 동지는 일찍이 우리 공청단의 주요 지도자였다. 우리들도 그의 직접적인 지도 하에서 일을 했다. 20년이 지난 지금 많은 일들이 잊혀졌지만, 후진타오 동지의 공명정대하며 사사로운 정에 흔들리지 않는 점은 아주 깊은 인상을 남겼다. 이런 점이 그의 인격적 매력이고, 우리 청년단 간부가 마땅히 배워야 할 부분이다」라고 털어놓았다.

베이징 시장 멍쉐농 이외에도, 역시 공청단 출신의 한쩡(韓正)이 상하이 신임시장이 되었고, 황화화(黃華華)가 광둥성 성장(省長)이 되었다. 중국의 가장 중요한 세 지역의 책임자가 거의 동시에 공청단 출신으로 채워졌다는 것은 자연히 국내외의 뜨거운 관심을 불러 일으켰으며, 향후 후진타오의 지도력과 정치 방향을 다시 보게 하였다.

실제로 공청단 출신의 인물들은 빠른 승진을 했으나, 이러한 영향을 전부 후진타오 때문이라고 귀결시킬 수는 없다. 어느 정도 이것은 자연적인 결과인 것이다. 1980년대 초와 중상반기에 덩샤오핑이 젊은 간부를 선발하여 중용하자고 제기한 후, 공청당 중앙을 위시한 각급 지방 공청단 조직은 총서기 후야오빵의 추진 하에서 이미 중국 고위간부를 양성하는 본거지가 되었다. 당시 요직에 있던 백락(伯樂)과 같은 관리들이 많은 사람들 중에서 똑똑한 인재를 뽑아 올렸다. 이렇게 뽑힌 인재들은 공청단에 들어가 집중적인 교육을 받았다. 이 기간에 비록 후야오빵은 정치적 시련을 겪었지만, 이러한 인재들에게는 영향을 주지 않았다.

오늘날 20년 간의 성장을 통해 그때의 인재들은 큰일을 할 수 있는 나이와 시기가 되었다. 이러한 사람들이 가진 능력과 연령상의 이점, 동시에 인재육성 기간 중 쌓은 많은 경험들이 있기에 지금 그들이 찬란한 빛을 누리는 것은 당연한 일이다. 사실 후진타오가 아직 총서기라는 보좌에 앉기 전 공청단 출신의 당정 고위간부 가운데 이미 허난성(河南省) 위원회 서기 리커치앙(李克强), 푸젠성 서기 쑹더푸(宋德富), 장쑤성(江蘇省) 위원회 서기 리위엔쨔오(李源朝), 허베이 성장 지윈스(季允石) 등 일련의 간부들은 주요 성(省)급 지도자 자리에 올랐다. 그 이전에 해외학자 사이에 공청단 출신의 명단을 정리하여 밝힌 적이 있었는데, 통계에 따르면 성(省)급 이상의 관리는 이미 1백여 명에 이른다.

후진타오의 지금까지의 태도로 비추어볼 때, 그가 자신이 근무했던 공청단에서 직접 이들 3명의 인물들을 추천하여 3대 요지인 베이징, 상하이, 광둥의 관직을 맡기지 않았을 것이다. 그를 위해 이 일을 한 사람이 있는 것이 확실하다. 아마도 이 일이 반드시 후진타오의 주동적 의지에서 나온 것이라고는 말할 수 없을 것이다. 왜냐하면 관련 부문이 지도자의 뜻을 분석한 후 적극적으로 추진하기 시작했기 때문이다.

설령 후진타오가 계획적으로 의도하였다고 하더라도 국제적인 안목으로 보면 합리적이고 현실적이다. 옛말에 「천자가 바뀌면 신하도 바뀐다(一朝天子一朝臣)」고 했다.

서방국가에서도 선거에서 승리하면 가장 먼저 해야 하는 일이 바로 내각을 구성하는 문제이다. 수많은 인재의 보좌를 필요로 하는 지도자는 자신이 잘 알고 이해하는 사람을 기용한다. 한 사람의 능력과 충성심 유무를 판단할 때, 잘 알지 못하는 사람은 당연히 알 수가 없다.

후진타오가 총서기에 오른 후, 한 회의 석상에서 인재채용의 도리를 "첫째, 재능이 있어야 한다. 둘째, 믿을 수 있어야 한다"라고 밝힌 바 있다.

또한 여기에서 알 수 있는 현상은, 장쩌민이 성급 간부 중 상당수를 공청단 출신에서 기용하는 것을 개의치 않아 보인다는 점이다. 심지어 공청단 출신의 사람을 그의 근거지인 상하이에 배치하여도 말이다. 여기에서 장쩌민이 후진타오에게 권한을 넘겨준 것이 매우 차분하고 침착했음을 알 수 있다.

정치가 후진타오의 인물기용은 이미 초기에 윤곽이 대략 드러났다. 그렇다면 경제전문가 원자바오의 인물기용은 어떠할까?

원자바오가 국가관리원(國管院) 부총리에 오른 지 5년째 되었을 때, 그의 경제문제에 대한 파악과 이해가 증가했을 뿐 아니라 경제전문 인재에 대한 파악과 이해 역시 심화되었다. 그는 국무원 업무를 주관한 후, 자신이 마음에 두고 있는 실력 있는 보좌 간부 인재를 선발하였던 것도 당연지사였다. 외부에서는 이미 누가 장차 원자바오 사단에 선택될 것인가를 추측하였다.

나는 그것을 먼저 아는 것이 크게 재미있는 일이 아니라고 생각하기 때문에, 이러한 수수께끼에 간여하고 싶지는 않다. 그러나 원자바오의 인재선발의 기준을 분석해 보는 일은 재미있다. 원자바오 자신은 과학을 신봉하고 실질적 행동을 중시하는 사람이다. 그가 좋아하고, 그가 기용하는 사람은 반드시 능력과 성실 두 가지를 겸비해야만 한다. 과장되지 않게 현실에 충실하며 열심히 일하는 것은 원자바오가 자기 자신과 타인에게 요구하는 바이다. 따라서, 그의 밑에 있는 간부는 성격의 좋고 나쁨, 어투의 높낮이보다는 국가와 인민을 위하는 마음이 있느냐 하는 것이 가장 관건이다.

원자바오의 몇 십 년간 변하지 않는 업무태도는 직접 생산일선에 나가 하부 계층의 작업 실상을 직접 보고 느끼는 것이다. 2003년의 춘절(春節) 전야, 원자바오는 직접 탄광에 들어가 광산 노동자의 작업과 생활을 이해하기 위해 베이징에서 비행기를 타고 리아오닝(遼寧) 뿌신(阜新)에 도착했다. 그는 머리에 안전모를 쓰고 허리에 광산용 전등을 차고, 발에서 허리까지 오는 긴 장화를 신고 등에 산소통을 짊어지고 완전한 광산 노동자의 모습으로 승강기를 타고 720미터 깊이의 탄광으로 내려갔다. 그는 노동자가 작업하는 시끄러운 모터 앞으로 걸어가 노동자와 악수하며 인사하였고, 주위를 자세히 관찰하였다.

그는 저녁식사 때 30여 명의 광산 노동자들과 갱도의 선로 난간에 앉아 함께 섣달 그믐밤의 만두를 먹었다. 원자바오는 노동자들에게 자신이 대학에서 지질학을 전공하고 졸업한 후 작은 탄광에서 설계를 했던 젊은 시절의 이야기를 들려주었다. 그는 「항상 탄광 인부들과 머리에 석탄이 떨어져 내릴지도 모를 위험을 무릅쓰고 갱도 속으로 내려가 막장에까지 가서 탄층의 경로를 관찰했다」고 말했다. 그는 일상의 일을 얘기하는 가운데 노동자들과 일종의 심적 교류를 나누었던 것이다.

내가 원자바오의 평전을 쓰면서, 절대로 그의 능력과 행동을 일부러 선전하지 않았다. 결국 그는 일국의 총리로서 대업을 잘 처리하는 것이 중요한 것이다. 그러나 주목해야 할 것은, 이 경제 전문가가 불시에 직접 어떤 업종에 대해 체험하러 나타나 일선 현장 사람들의 의견을 듣는다면, 거짓된 수치와 생산액을 보고하는 관리들이 어찌 원자바오를 속일 수 있겠는가? 절대 속일 수 없을 뿐 아니라, 감히 속일 엄두도 내지 못할 것이다. 또한 원자바오의 하부 계층에 깊게 다가가는 것도 좋은 본보기를 만들어 냈으며, 다른 관료들도 하는 수 없이 다가가도록 만들었다.

미국의 저명한 경제학자 프리드먼은 정부의 4가지 주요 기능은 국가 안전보장, 사법 공정성 보장, 시장 실효성 보완, 빈곤층에 대한 보호와 원조라고 말했다.

중국 정부도 마찬가지로 이 4가지 측면에서 고찰하고 평가해야 하며, 국가 안전보장은 사회 안정 상태, 예를 들어 범죄세력, 불법조직을 타파할 수 있는 힘이 있는지를 보아야 한다. 사법 공정성 보장은 바로 사법 부패가 존재하는지, 인위적으로 조작된 안건이 있는지를 보아야 한다. 시장 실효성 보완은 정부가 저질 위조품이 생기는지를 살피는 동시에 인프라 건설과 공공 서비스의 수준이 어떤지를 보아야 한다. 빈곤층을 보호하고 돕는 것은 바로 사회보장체제의 완비 여부를 중점적으로 고찰하는 일이며, 9년제 의무교육 실시 상황도 보아야 한다.

기구개혁은 중국에서도 정치개혁의 일부로 본다. 주룽지가 바통을 넘기기 바로 전날 저녁, 국무원 산하의 기구 합병과 개혁을 진행하려 한다는 말이 여기저기서 흘러나왔다. 정부 권력이양 시점에서 기구를 다시 개혁한다는 말이 성행했는데, 국가발전계획위원회(國家發展計劃委員會)가 「국가발전기획위원회(國家發展規劃委員會)」로 바뀔 것이며, 그 중 「계획」이 「기획」으로 바뀌는 것은 직능의 변화를 나타내는 것이라고 말했다. 이밖에 국가경제무역위원회(國家經濟貿易委員會)와 대외무역부가 합병하여 상업부로 바뀌며 민정, 인사, 노동과 사회보장부가 합병하여 인력자원과 사회보장부로 바뀌고, 또 장차 에너지 건설, 은행감독관리, 전력관리감독, 전신관리감독, 교통, 교육 등 6대 위원회가 대부위제로 실행된다고 하였다.

이번 개혁은 한편으론 전임 총리 주룽지의 미완성 사업의 종결이며, 다른 한편으로는 신임 총리 원자바오가 펼치고자 하는 사업의 시작이다.

《인민일보》 링쯔쥔(凌志軍) 기자는 그가 쓴 시정(時政) 관련 저서 《변화》에서 주룽지가 기구개혁을 추진할 때의 세부 상황을 토로했다. 「그는 국무원의 60여 개의 부장들을 하나씩 불러 모았다. 그리고 그들에게 국무원의 부서를 대대적으로 재편할 것이며, 300개 부장과 차장, 1,900개의 사무국장과 부 사무국장을 비롯하여 국무원의 3만여 인원 중 1만7천 명 정도를 감원할 것이라고 말했다. 부장들은 안절부절 못하며 그가 언제 이 일을 추진할지를 물었다. 그는 즉각 실행할 것이라고 했다. 그래서 모두가 계속 소리치며, 모두 자신의 부서가 얼마나 중요하며 국가를 위해 왜 필요한지, 이대로는 절대로 폐

지시킬 수 없다고 말하였다. 오직 후치리(胡啓立―천안문 사건 후 중앙정치국 상임위원에서 축출되어 電子部 部長으로 강등되었다)만이 그의 계획에 대해 적극적인 자세로 자신이 이끄는 전자공업부를 폐지하는 것에 동의하였다. 후치리는 또한 자신은 이미 부장 직위에서 물러나려고 했다고 말했다.」

위의 글에서 주룽지가 단호하게 정부기구를 개혁할 때 저항이 얼마나 컸었는지 알 수 있다. 이번에는 원자바오의 차례인데 저항이 당시 주룽지의 상황보다 절대로 작을 리 없다. 이번 기구개혁은 듣자하니 현존하는 29개 부서(部)를 21개로 감축시키려 한다. 만일 원자바오가 취임해 이 일에 부딪힌다면 역시 상당한 담력이 필요할 것이다. 주룽지가 떠나기 전, 원자바오에게 특별히 힘을 실어주긴 했지만 더욱 중요한 것은 원자바오 자신이 마음을 굳게 먹어야 한다는 것이다. 내가 아는 바 원자바오는 패기가 있는 사람이다.

중앙당교 왕동징(王東京) 교수는 정부직능과 관료평가문제에 대하여 위에서는 생산 가치를 중시하고 효과와 이익을 경시하지만, 아래에서는 생산 가치를 추구하기 위해 치르는 대가를 두려워하지 않기 때문에, 생산 가치 증대를 위해 목숨 걸고 전문 안건을 올려 펼쳐 놓는다. 오늘날 우리들은 맹목적으로 심사숙고하지 않게 인재를 등용한 것을 비평하지만, 사실 이는 생산 가치 중시의 평가방법과 무관하지 않다.

원자바오는 생산 가치를 중시하고 효과와 이익을 경시하는 사람이 아니라, 효과와 이익을 상당히 중시한다. 소식통에 따르면 그는 경제적 주도권을 장악한 후 효율과 이익을 증대하는데 노력을 기울일 것이며, 장기간 존재해온 어지러운 안건과 생산 가치 중시 방식도 적극적으로 바꿀 것이라고 한다. 다시 말하면, 수치를 근거로 간부의 업적을 평가하는 폐단도 적극 근절할 것이라고 한다. 그래서 원자바오가 좋아하는 인재는 장차 정부직능과 지도관리 측면에서 솔선수범해야 할 것이다.

중국 공산당이 후임자의 양성에 대해서는 흐릿하지만 분명한 패턴을 형성하고 있었다. 35세의 베이징시 부시장 루하오[陸昊]는 [젊은 후진타오] 혹은 [젊은 원자바오] 라고 부를 만하다. 그의 현재는 후진타오와 원자바오의 과거와 비슷하다. 만약 의외의 경우만 아니라면 루하오는 아마도 제5대 혹은 제6대 지도자가 될 수도 있을 것이다.

중국의 「기술 관료」는 최근 해외의 또 다른 관심을 받고 있다. 해외의 학자가 연구한 한 가지 현상은 「기술 관료」가 앞으로 「정치 관료」로 분화될 것인가라는 점이다. 해외에서는 일반적으로 후진타오가 장악한 중국 중앙 계통이 생산한 것은 「정치 관료」이고, 원자바오가 장악한 국무원 계통이 생산한 것은 「기술 관료」라고 이해하고 있다. 「정치 관료」는 필히 중국의 정치에 몰두해야 하며 「기술 관료」는 오로지 중국 경제에 몰두해야 한다. 만일 향후 중국 정치에 변화가 생기면 「정치 관료」는 분명 큰 영향을 받겠지만 「기술 관료」는 영향을 받지 않을 것이다. 그래서 그들은 태연할 수 있다.
　분명히 이것은 중국의 정치 생리를 잘 이해하지 못하는 말이다. 사실상 중국은 순수의미의 「기술 관료」가 존재하지 않는다, 만일 「관」

이라면 순수기술의 「료」는 될 수 없다. 경제 혹은 기술을 주관하는 부장, 국장, 처장의 경우, 그들이 설사 전문적 기술을 가지고 있다 하더라도 그들은 우선 정치인이고, 그 다음이 전문인이다. 부위원회(部委員會) 기관의 경제 전문가 총수, 회계사들은 오직 기술직 칭호만 있고 행정직의 칭호가 없기 때문에, 이들은 「관료」라고 칭하지 못한다.

중국 정치가 나아가야 할 방향을 논하자면, 이번에 베이징시 부시장으로 당선된 35세의 루하오[陸昊]에 대해 할 말이 있다. 중국 공산당이 후임자의 양성과 선출에 대해서는 흐릿하지만 분명한 패턴을 형성하고 있었다. 루하오는 「젊은 후진타오」 혹은 「젊은 원자바오」라고 부를 만하다. 그의 현재는 후진타오와 원자바오의 과거와 비슷하다. 그렇다면 후진타오와 원자바오의 오늘이 루하오의 미래가 될 수 있을까?

루하오는 베이징 대학 광화관리학원(光華管理學院)을 졸업했으며, 중국의 유명한 경제학자 리이닝의 제자로, 그의 지도 하에 경제학 석사학위를 받았다. 그가 시안(西安)에서 중학교를 다닐 때 시안중학교 학생 중 첫 번째의 중앙당원이었다. 그가 베이징 대학에 다니는 동안에도 마찬가지로 매우 뛰어났다. 학업이 출중했을 뿐 아니라 학교와 급우들의 깊은 신뢰를 받았으며, 베이징 대학에서 처음으로 직선으로 선출된 학생회장이었다. 루하오는 빛나는 이력으로 졸업한 후 베이징시 정부에 배치되었는데, 즉시 시 정부의 전폭적인 양성교육과 대우를 받았다.

베이징시는 그에게 힘을 키우고 지식을 쌓게 하기 위해, 손해가 막심한 베이징시 국영 나사제조공장에 파견해 말단부터 일을 배우게 하였다. 차례차례 기술자부터 부공장장, 그리고 공장장에 이르기까지 수년 동안 그는 현대적 관리수단으로 수천 명의 직공이 일하는 손해 막심한 공장을 이익이 창출되는 공장으로 전환시켰으며, 베이징시「국영기업 청년(國企大旗青年)」의 전형적인 모델이 되었을 뿐 아니라 베이징시「10대 우수청년」으로 선정된 적 있다.

후에 루하오는 중관촌(中關村) 과학기술단지 관리위원회 주임으로 파견되었다. 중국의 실리콘밸리 중관촌에서 그는 물 만난 고기처럼 수많은 탐구활동을 지도하였고, 직접 첨단과학기술 분야의 기업을 개척하였다. 이런 과정에서 국제적인 첨단 일류과학기술기업의 접촉과 합작은 루하오의 국제적인 시야와 첨단기술에 대한 소양을 키워줬다. 가장 낙후한 기업에서 최첨단의 영역까지 루하오는 모든 실전 경험을 쌓은 것이다. 그는 한편으론 관리자가 되고, 다른 한편으로 학자가 되어 결과적으로는 두 마리의 토끼를 잡은 것이다. 그는 승진하였으며, 학술 저서도 적지 않게 발표하였다. 베이징시 부시장으로 승진하기 전, 그는 또 삼협(三峽) 본사로 보내져 3개월간 교육을 받았다.

만일 의외의 상황이 발생하지 않는다면 루하오는 아마도 중국의 제5세대 혹은 제6세대 지도자가 될 기회가 있을 것이다.

루하오의 신상에 후진타오나 원자바오의 잔영이 있다고 하는 일설은, 그가 윗사람의 깊은 신임을 받았기 때문이다. 후진타오, 원자바오도 대학에 다닐 때 역시 공산당에 가입했고 학생 간부였으며, 학교 사람들과 급우들의 깊은 신뢰를 받았었다. 루하오와 후진타오 그리고 원자바오는 대학에서 우수했었다는 점이 꽤 비슷하다.

다음으로, 후진타오와 원자바오는 어떤 일을 하든 위아래 사람들을 동시에 만족시킬 수 있을 정도로, 모두 상당히 침착하고 착실하다. 루하오도 마찬가지로 이와 유사한 평가를 받는다. 공산당이 가장 좋아하는 것이 바로 이러한 유형의 간부이다. 후진타오는 43세도 안 되어 꾸이저우성 위원회 서기로 등극하였으며, 루하오는 35세에 베이징시 부시장이 되었는데, 전국에서 가장 젊은 성(省)급 지도자이다.

관직으로 보면 루하오는 후진타오와 더 비슷하다. 루하오도 후진타오가 일찍이 탔었던 최고위층으로 가는 좋은 기회를 잡았다. 다른 점은 후진타오는 공청단 업무에서 당 업무의 길을 갔지만, 루하오는 기업관리에서 고위 관리의 길을 걸어왔다. 후진타오는 과거 시대가 지도자에게 요구하는 희망을 대표한다면, 루하오는 오늘날 지도자에게 요구하는 희망을 대표한다.

시대는 이미 변했다. 현재 루하오라는 인재를 다시 공청단에 보내 육성할 필요는 없다. 모두 알다시피 중국 16대에 새로 선출된 9명의 정치국 상임위원들은 모두 엔지니어 출신이다. 한 사람도 경제와 관리를 배운 사람이 없다. 현재와 미래에는 법률, 경제, 관리에 대한 요구를 무시할 수 없다. 바로 백년대계를 위해 공산당의 조직도 백락(伯樂)의 자세로서 신중히 루하오와 같은 미래형 지도자들을 선발해 육성해야 한다.

루하오는 비록 「젊은 후진타오」를 더 닮았지만 그는 장차 「젊은 원자바오」가 될 가능성이 있다. 왜냐하면 배운 것과 경험했던 것이 중국 경제를 관리하는데 더 적합하기 때문이다.

[정치 문명]은 이미 많은 물건을 집어넣을 수 있는 [광주리]로 여겨진다. 중국 정치 사상계는 지금 매우 활성화되었다. 만약 선전의 [행정 3분제(行政三分制)]가 실천 성공한다면, 국무원이라는 이 전국적 총행정기구도 정책 결정, 집행, 감독으로 나뉘어 진행될 것이다.

후진타오와 원자바오는 모두 협조를 잘하고, 일에 매진하는 것에 익숙해져 있다. 그들 자신들은 흠이라곤 찾아볼 수 없는 깨끗한 관료이다. 그래서 중국 관료사회의 분위기를 보고 싶어 할 수도 있다. 윗물을 괜찮은데 아랫물은 과연 어떨까. 그들의 어깨에 짊어진 「제도 건설을 중심」으로 하는 노력의 효과는 지켜봐야 한다.

2003년부터, 선전 시장인 위요우쥔[于幼軍]이 광둥 제10대 인민대표대회 1차 회의에서 선전은 정책 결정, 집행, 감독의 「행정 3분제(行政三分制－입법, 행정, 사법 등 3권 분립의 한 변형으로 보이는 개혁안으로 이 개혁안은 미국식 '권력 분산' 과 '견제와 균형' 개념을 도입하면서 입법과 사법에 비해 행정 기능을 다소 우위에 두는 홍콩식 체제를 원용한 것으로 알려짐)」라는 새로운 정부 구조를 만들려고 준비하고 있으며, 정부 부서에서는 쿠깐[苦幹－ '괴로움을 참고 힘껏 일하다' 는 뜻의 중국어] 결책국, 집행국 그리고 감찰국을 설치하였다. 결책국은 단지 정책 결정권만 있고 행정권은 없으며, 집행국은 집행권만 있고 정책 결정권이 없고, 감찰국은 직접적으로 시장에 대해 기타 부문을 감독하는 책임을 진다.

선전의 구상은 아마도 후진타오, 원자바오가 곧 전개할 「제도 건설」에 첫 발포를 하는 것이다. 중국은 아직까지는 「3권 분립」의 단계에 이르지는 못 했다. 마치 보이지 않는 서광처럼 오래 기다려야 한다. 먼저 「행정 3분제」를 한 번 연구해보는 것도 괜찮을 듯싶다. 전통 제도 하의 정부 부서의 결책, 집행, 감독의 일체적인 보수적 패턴에 충격을 가함으로써 3개 부서의 권력이 상호 분리하여 제약하고, 또 상호 협조하는 과정 중에서 그 효과적 운영을 기대할 수 있다.

만약 선전의 「행정 3분제」가 실천 성공한다면 국무원이라는 전국적 총행정기구도 결책, 집행, 감독으로 나뉘어 진행될 것이다. 단단한 얼음이 깨지기만 하면 물밑은 바로 그 모습을 드러낸다. 원자바오는 중국의 행정 총관리로서의 역량을 자연히 새로운 패턴 하에서도 상당 정도 발휘할 것이다. 또 이러한 연구가 장래 중국의 「3권 분립」 혹은 기타 권력의 집중으로 파생되는 문제를 억압하는 데도 도움을 준다는 것은 의심할 여지가 없다.

장쩌민은 2002년 권력이양 전에 「정치 문명」에 대해 제기한 적이 있었는데, 2003년 초 중국 각 지방의 양회가 열림에 따라 이 말은 점점 더 무게를 싣고 커져만 갔다. 사회에서는 「정치 문명」에 관한 각종 해석이 난무하지만 정치라는 딱지를 붙인 문명을 제창하려면 존중과 관용이 결코 빠져서는 안 된다. 〈민법전〉 초안 작성에 참여한 법학 전문가 장핑[江平]에 따르면 현재 〈민법전〉은 「인격권법(人格權法)」 초안을 만들고 있으며, 「인격권법」의 핵심은 사람의 존엄과 자유라고 밝혔다.

장핑은 특히 관용을 강조하였다. 그는 관용이 반드시 각 방면의 다른 의견을 받아들인다고 하였다. 중국은 다시는 「문화대혁명」과 같은 「말로 죄를 다스리는」 일은 하지 않을 것이며, 이러한 것은 큰 발전된 모습이다. 그러나 한 소리만을 내는 것이 국가의 복은 아니다. 중국은 민주제도의 건립이 필요하지만 그에 앞서 존중과 관용의 정신을 구비해야 한다. 정치 문명은 바로 일종의 화합의 정치제도를 건립함으로써 민주적 정치국면에 이르는 것이다.

「정치 문명」은 이미 많은 물건을 담을 수 있는 「광주리」가 되었다고 여겨진다. 중국의 현행 정치와 현행 사회는 비교적 「광주리」 안으로 각자 가치가 있다고 여기는 물건을 집어넣는 것이 유행이 됐다. 이미 일부 정치학자와 퇴직한 정계 인사들은 「정치 문명」의 광주리 안에 자기의 관점과 시각을 집어넣었다. 선전 셔커우[蛇口] 개발구의 초임 주임인 위엔껑[袁庚]은 《남풍창(南風窓 - 중국에서 발행되는 주간지)》의 취재에서 정치 문명을 민주라고 해석했으며, 3권 분립의 상호 제어 원칙이 바로 정치 문명의 일부분이고, 중국이 서방의 모든 패턴을 따라만 하지 않으면 된다고 밝혔다.

덩샤오핑은 그 때 당시, 용기 있게 자본주의만 시장경제를 할 수 있는 게 아니라 사회주의도 시장경제를 할 수 있다고 했는데, 결과적으로 오늘날의 중국적 특색이 있는 사회주의 시장경제를 이루어냈다. 새로운 지도자가 시기가 성숙했을 때, 덩샤오핑이 그렇게 용기 있게 말했던 것처럼 민주정치 혹은 의회정치는 자본주의의 특허가 아니라 사회주의도 민주정치 혹은 의회정치를 할 수 있다고 말할 수 있겠는가?

베이징의 한 학자는 중국은 반드시 싱가포르의 정치 패턴을 모방해야 한다고 했으며, 집권당인 공산당이 통치권을 확실히 쥐고 있는 상황에서 적당히 다른 당의 활동을 열어주는 것도 무방하며, 몇몇의 경쟁 조건을 갖춘 소규모 정당이 합법적으로 존재할 수 있도록 허락하고, 점차 민주선거의 정치공간을 개방해 정치개혁을 추진해야 한다고 밝혔다. 실제적으로 공산당도 앞으로 싱가포르의 인민행동당(人民行動黨)과 같이 오랫동안 한 개의 당이 거대해지면 기타 소 정당의 도전 혹은 경쟁을 두려워하지 않을 것이다.

최근 들어 「정치 문명」이란 깃발 하에서 일부 지역과 신문에서는 앞 다투어 정치개혁의 추진을 크게 보도하거나 적극 호소하였다. 후진타오 등 몇몇 지도자들은 불어오기 시작한 상쾌한 바람이 봄이 오는 것을 알리며 국민들로 하여금 자연 기후와 정치 기후가 결합한 봄바람이 스치는 것을 느끼게 하였다.

후진타오와 원자바오가 [정치 문명]의 강풍이 거세게 불어오는 틈을 이용해 「팔고(八股－팔고문(八股文)이라고도 함. 중국 명·청나라의 과거제도에 쓰인 문체를 말하며, 현재는 내용이 없고 틀에 박힌 문장이나 연설을 말함)」를 바꾸려는 태세가 분명했다.

과거 중앙 선전부의 선전효과로 봤을 때, 종종 좋은 효과는 없고 오히려 역효과만 쉽게 나타나곤 했다. 그러한 습관은 「상투적인 말」로 크게 떠벌리고, 쓸데없이 장황하며 딱딱한 주입식은 민중들에게 반감을 일으킨다. 이로 인해 계속된 각종의 팔고조(八股調)는 「시대와 함께 전진하는 당팔고(黨八股－중국 공산당의 형식적이고 교조적인 지시문이나 문장)」라는 비꼰 말투로 국민들에게 조롱당하였다. 당시 마오쩌둥이 비평 풍자했던 「당팔고」는 이미 「정치 팔고」, 「경제 팔고」, 「사회 팔고」로까지 발전되었다.

한 여론조사 기관의 중앙 텔레비전 간판 뉴스인 〈연합뉴스〉를 통해 실시한 통계에 따르면, 연속으로 파룬궁[法輪功─1992년 리훙즈[李洪志]가 만든 도교와 불교가 가미된 수련방법 혹은 수련집단]을 반격하고 연속으로 16대 전인대를 선전했을 때 시청률은 현저하게 떨어졌다. 결코 국민들이 이런 소식을 받아들이지 않으려고 하는 것이 아니라 시청 시간과 정보가 돈인 국민들에게는 조금도 신선하지 않고─진부한 논조에 참을 수 없었던 것이다.

사람들 사이에 떠돌고 있는 풍자적인 노랫가락에 대해 중앙 텔레비전이 저녁 7시 〈연합뉴스〉에서 다음과 같이 요약하여 보도한 적이 있다. 「성대하지 않은 회의는 없으며, 승리 없는 폐막은 없으며, 중요하지 않은 연설은 없으며, 열렬하지 않은 박수 소리는 없으며, 중요하지 않은 지도자는 없으며, 친절하지 않은 방문은 없으며, 순조롭지 않은 진전이란 없으며, 원만하지 못한 완성은 없으며, 거대하지 않은 성취란 없으며, 성실치 않은 업무란 없으며, 눈에 띄지 않는 효과는 없으며, 통과되지 않은 결의는 없으며, 단결하지 않는 부서는 없으며, 불만이 없는 군중은 없으며, 미소 짓지 않는 지도자는 없으며, 해결되지 않는 문제는 없으며, 진실하지 않은 회담은 없으며, 엄정하지 않은 교섭은 없으며, 슬기롭지 않는 결책은 없으며, 정확하지 않은 노선은 없으며, 그다지 좋지 않은 형세는 없으며, 늘지 않는 신념은 없다.」 최소한 이러한 보도에서 사용한 어투는 시청자들로 하여금 성의와 진심이 없다고 느끼게 한다.

정치인 후진타오와 경제인 원자바오의 결합과정 중, 그 정책과 조치가 정말로 사회에서 민심의 인정을 받으려면 중앙 선전부의 역할이 매우 중요하다. 효과를 중시하지 않는 혼자만의 결정은 자원을 낭비할 뿐만 아니라 상반된 모습을 나타내어 정반대의 결과를 가져오게 된다. 지금 세계는 글로벌화, 정보 홍수의 시대를 맞이했으며, 사람들은 존중과 관용을 갈망할 뿐만 아니라 더욱이 정부의 진심어린 말과 친근한 말을 갈망하고 있다.

국가와 정부가 최대한 투명해질 수 있도록 노력하여 국민들이 내막을 몰라 마음대로 추측하고, 주위들은 이야기를 사회에 퍼뜨리는 일들을 막아야 하며, 이와 동시에 사회에서 떠도는 소문들이 정부에 생채기를 내지 않도록 해야 한다.

정말 현명한 정부라면 사람들로 하여금 이해할 수 있도록 해야만 비로소 사람들에게 이해를 받을 수 있다는 것을 잘 알 것이다. 국민이 정부의 애초 지향점과 의도를 이해하게 되면 자연히 모두가 적극적으로 반응할 것이다. 무릇 정치하는 자는 국민에게 사물을 이해시켜야지 자꾸만 숨기려고 해서는 안 된다. 이는 국가의 발전일 뿐만 아니라 정치하는 자의 지혜이기도 하다.

2003년 정월 대보름 날, 만찬석상에서 「전인대 16대」로 새로 선출된 아홉 명의 상임위원은 장쩌민의 선두 하에 무대에 올라 〈단결이 바로 힘이다〉라는 노래를 불렀다. 후진타오, 원자바오, 쩡칭훙은 무대에서 특히 「힘을 다해」 노래를 했고, 장쩌민은 매우 소탈해 보였다.

중국 공산당 중앙 핵심권의 관계자들은 함께 모여 큰 목소리로 노래 부르는 것은 세인들에게 중앙이 매우 단결하고, 힘이 있다는 것을 보여주려고 하는 것이라고 했다. 「단결은 곧 힘이다. 이 힘은 무쇠와 같다. 이 힘은 강철과도 같다. …」 누군가는 이것이 일종의 정치 「쇼」

라고 보기도 하겠지만 필자 생각에는 설령 「쇼」라고 하더라도 가치
가 있다고 여겨진다.

　정치인 후진타오와 경제인 원자바오는 반드시 단결하여 강철과 같
은 힘을 키워야 한다.

서민 총리 원자바오와 중국 공산당의 경쟁력

지난 2003년 3월 취임한 원자바오(溫家寶) 중국 총리는 후진타오(胡錦濤) 국가 주석과 함께 지난 5년 간 중국을 미국에 버금가는 '떠오르는 초강대국' 으로 만들어 놓았다.

후(胡)―원(溫) 체제는 마오쩌둥(毛澤東)―덩샤오핑(鄧小平)―장쩌민(江澤民)에 이은 제4세대 지도자 그룹의 핵심이다. 4세대 지도자 그룹은 정치적으로 매우 안정돼 있을 뿐 아니라, 경제적으로는 매년 10%가 넘는 고도성장을 실현하고 있다. 이들은 또 외교적으로는 특유의 포용력으로 「지구촌의 우군(友軍)」을 늘이면서 미국의 포위망을 무력화시키는 전략을 구사한다.

중국의 외교 전략은 후-원 체제가 들어선 뒤 「도광양회(韜光養晦―빛을 감추고 어둠을 기른다. 즉 자신의 재능을 숨기고 몰래 실력을 기른다는 뜻)」에서 「화평굴기(和平崛起―평화스럽게 일어섬)」로 전환했다.

4세대 지도자들은 막강한 경제력과 중국어(中國語)를 기본으로 하는 소프트파워를 동원, 아프리카와 중남미, 중동 지역에서 에너지 확보와 군사 협력을 강화하고 있다. 그 결과 미국은 북한 핵문제와 이란의 핵개발문제 등 굵직한 국제 문제에서 이제 중국과 협력하지 않으면 안 되는 상황에 이르렀다.

중국은 이념적으로는 아직도 「사회주의」를, 정치적으로는 공산당의 독재를 유지하고 있다. 이에 따라 중국 공산당은 국내-국제적인 문제에 대해 서방으로부터 종종 공격을 받는다. 가령 중국은 국민 직접선거와 지도자 자유 입후보 등을 내용으로 하는 서구식 민주주의를 채택하지 않고 있다. 공산당 지도부는 언론자유와 인권문제 등에서 「통제」의 고삐를 늦추지 않는다. 공산당의 리더십이나 특정 지도자에 대한 실명비판은 사실상 불가능하고, 반체제-반정부 활동은 지극히 위험하다. 중국 내에서 티벳 독립이나 대만 독립에 대한 언급은 금기사항이다.

이 같은 통제가 가까운 미래에 풀릴 것 같지도 않다. 하지만 중국을 가만히 들여다보면 이념의 색깔이 서서히, 그러나 지속적으로 빠지고 있다는 것을 발견할 수 있다. 1978년 덩샤오핑의 개혁-개방노선이 시작되면서, 중국은 탈(脫)이데올로기의 노선을 걷기 시작, 지금은 껍데기만 사회주의이고 알맹이는 시장경제인 독특한 사회형태로 나아가고 있다.

그래서 1990년대 중반, 중국 지식인들 사이에서 이런 농담이 유행했다.

〈마오쩌둥을 태운 차가 사거리 신호등 앞에 멈춰섰다. 운전사가

「어디로 갈까요?」라고 물었다. 마오는 「좌측 깜박이 넣고 좌회전해」라고 말했다. 고르바초프를 태운 차가 사거리에 멈춰서자, 운전사가 「어디로 갈까요?」하고 물었다. 고르바초프는 「우측 깜박이 넣고 우회전해」라고 말했다. 이번엔 덩샤오핑을 태운 차가 사거리에 도착해, 운전사가 똑같이 묻자, 그는 「좌측 깜박이 넣고 우회전해」라고 말했다.〉

문화혁명을 유발해 중국을 수십 년 후퇴시킨 마오쩌둥이나 급진적 개혁으로 소련을 분열시킨 고르바초프와 달리, 덩샤오핑은 겉은 사회주의를 표방했지만 실제로는 경제 우선의 실용주의 노선을 걸어 중국을 빈곤에서 구했다는 것을 암시하는 풍자이다.

중국 4세대 지도부는 「테크노크라트(기술관료)」 출신이 많다. 후진타오 주석은 칭화(淸華) 대학 수리공정과를, 원자바오는 중국 지질대학 지질광산과를, 우방궈(吳邦國) 전인대 상임위원장은 칭화 대학 무선전자학과를, 쩡칭훙(曾慶紅) 국가부주석은 북경공업대학 자동제어학과를 각각 졸업했다. 이런 배경 때문에 이들은 이념지향적이기보다는 실용주의적 성향을 보이며, 공허한 「말」보다는 「실천」을 중시한다.

이데올로기가 종언을 고한 21세기에 중국 공산당이 사회주의의 「탈」을 쓰고도, 세계에서 가장 높은 경제성장률을 구가하고, 56개 민족 13억 인구를 단결시키며, 미국의 견제를 이기고 세계로 외교의 지평을 넓히는 비결은, 공산당 엘리트들의 실용주의와 치밀한 국가전략 덕분이라고 말할 수 있다.

중국 공산당의 경쟁력은 또한 국민을 감동시키는 솔선수범의 리더십에서 나온다. 중국에서 지도자에 대한 공개적 여론조사는 실시되지 않는다. 하지만 중국 대도시의 「택시 여론」이나 인터넷 토론방 등의 동향을 보면, 중국 4세대 지도부가 국민들로부터 높은 지지를 받는다는 것을 알 수 있다. 그 중에서도 특히 원자바오 총리는 「연예 스타」 못지않은 인기를 누린다.

원자바오 총리가 국민적 스타가 된 데는 몇 가지 사건이 큰 역할을 했다. 그 중 하나가 「11년 된 점퍼 사건」이다.

지난 2006년 1월, 원자바오 총리가 춘절(春節－음력 설날)을 맞아 농촌지역을 방문했다. 시골 농민들이 큰 명절을 맞아 밥은 제대로 먹는지, 사는 모습은 어떤지 돌아보기 위함이었다.

춘절 하루 전날인 1월 28일 산둥성(山東省)의 한 농가를 찾았을 때, 그는 허름한 점퍼를 입고 있었다. 이 점퍼가 11년 전인 1995년 산둥성 쇼우광(壽光)을 방문했을 때 입은 점퍼와 같은 것이란 사실을 한 네티즌이 발견했다.

그 네티즌은 11년 전, 원자바오 총리의 방문 때 현장에 있었다는 라오치(老旗)란 필명의 인물이었다. 그는 1월 30일 대중망(大衆網)이란 인터넷 사이트에서 원자바오 총리의 산둥성 방문 기사를 읽으면서 사진 속의 원자바오 총리 점퍼가 매우 눈에 익다는 느낌을 받고는, 11년 전 당시의 사진을 꺼내 대조해보았다.

「자세히 보고 또 봤지만 11년 전의 바로 그 점퍼였다. 총리는 아직도 그 겨울 점퍼를 입고 있었다. 총리여! 아, 총리여!」

라오치는 대중망의 그 기사에 200자 내외의 댓글을 달고, 1995년의 사진과 2006년의 사진을 함께 올렸다. 1995년 산둥성 방문 당시의 원자바오 총리(그때는 정치국 후보위원 시절)는 까만 머리에 얼굴이 매끈한 젊은 모습이었다.

중국의 수많은 네티즌들이 이 글과 사진을 보고는 감동하여, 이를 다른 사이트로 퍼나르기 시작, 순식간에 23만 개의 사이트에 원자바오 총리의 점퍼 이야기가 실렸다. 그 글 아래는 수많은 댓글이 줄을 이었다.

「주름지고 해진 녹색 점퍼를 입은 총리, 그는 보통의 노인 같았다.」

「감동했다. 부디 원자바오 총리가 갈수록 저우언라이(周恩來) 총리를 닮기 바란다.」

한 칠순 노인은 「이런 감동적인 장면을 볼 때마다 나도 모르게 눈물을 흘린다. 우리가 이런 총리를 가지고 있다는 게 행복하다. 조국과 인민에게 희망이 있다」고 말했다.

중국인들이 어떤 인물을 저우언라이 전 총리에 비유하는 것은 최고의 찬사다. 마오쩌둥과 달리 죽을 때까지 최고 권력에 대한 욕심을 갖지 않고, 문화혁명의 광풍 속에서 국가의 운영과 외교를 챙기며, 덩샤오핑 등 실용파를 보호해준 저우언라이를 중국인들은 '최고의 총리'로 꼽는 것이다.

중국의 네티즌들이 원자바오에게서 저우언라이의 모습을 찾는 것은, 그가 총리로서의 탁월한 능력뿐 아니라, 국가 지도자로서 라오바이싱(老百姓－서민대중)의 심경을 헤아리고 그들의 아픔을 끌어안는 모습을 보이기 때문이다.

지난 2004년 11월에는 탄광사고 현장으로 달려가 유족들의 손을 잡고, 눈물 가득한 눈으로 「내가 너무 늦게 왔다」고 말해 국민들을 울리기도 했다. 사스가 베이징을 휩쓸 때, 베이징을 떠나지 않고 사스에 감염된 환자를 찾아가 위로하기도 했다.

2006년 7월에는 원자바오 총리의 운동화가 국제적인 화제가 됐다. 허난성(河南省) 인터넷 포털 사이트 따허(大河)는 7월 27일 원자바오 총리의 낡은 신발에 대한 일화를 소개했다.

7월 15일, 허난성 뤄양(洛陽)에 도착한 원자바오 총리는 쉬광춘(徐光春) 허난성 서기와 함께 검정 줄무늬가 새겨진 중국산 쌍싱(雙星 – 별 두개)표 흰색 운동화를 신고, 멍진현(孟津縣)의 한 마을을 시찰했다. 일정에 따라 원자바오 총리는 그 날 오후 인근 옌스현(偃師縣)으로 이동, 메탄가스 공장을 시찰할 예정이었다.

점심시간, 원자바오 총리의 비서가 현지 정부 관계자에게 운동화를 하나 들고 와 「또 밑창이 터졌는데, 수선 좀 해달라」고 부탁했다. 허난성 관계자에게 그것은 눈에 익은 신발이었다. 2년 전에도 원자바오 총리가 허난성을 시찰하면서, 같은 운동화를 수선해달라고 부탁한 적이 있었기 때문이다.

《허난일보》는 「그것은 갈라 터지고 흙탕물과 땀에 절어 있었다. 그것을 다시 수선했다. 신발 수선공의 손으로 원래 모습으로 다시 기워졌다. 흰색에 검은 줄무늬가 있는 운동화는 원자바오 총리를 따라 전국 30여 개 성(省)–시(市)와 수천 개의 현을 돌았다」고 보도했다.

원자바오 총리의 이 같은 행보에 대해 「치밀하게 짜여진 각본」이라고 비판하는 사람도 있다. 중국 국가 지도자의 움직임은 선전과 홍보 성격이 강하고, 모든 언론보도가 통제를 받는다는 점에서 「각본에 의한 것」이라고 보는 것이다.

하지만 정작 중국인들은 그것이 각본인지 아닌지에 별 관심이 없다. 왜냐하면 원자바오 총리가 천성적으로 검소하다는 것을 알기 때문이다. 만약 평소에 사치스럽게 살던 사람이 갑자기 이런 행동을 한다면 사람들은 오히려 눈살을 찌푸리겠지만, 원자바오 총리는 평소에도 이렇게 살아왔다고 보는 것이다. 원자바오 총리는 농촌 시찰을 가더라도 현지 정부가 정해놓은 코스나 면담 인물 대신, 엉뚱한 곳에서 차를 내려 현지 주민을 만나, 수행하던 사람들을 당혹스럽게 만들기로 이미 유명하다.

2006년 5월, 호주 캔버라를 방문하여 현지 중국인 교민을 접견했을 때 현장의 의자가 부족하자, 원자바오 총리는 「70세 이상의 노인이 계신가?」 하고 물은 뒤, 노인들이 손을 들자 자신의 옆자리로 모셔와 앉혔다. 그리고는 동행한 각부 장―차관들에게 「의자를 노인들에게 양보하라」고 지시, 정부 고관들은 선 채로 총리의 연설을 들어야 했다.

2006년 11월 말에는 산시성(陝西省)에서 찾아온 농민을 중난하이(中南海)로 불러 30여 분간 농민들의 고충에 대해 들었다. 허심탄회한 대화를 나눈 뒤, 농민이 고마움에 가지고 온 사과 10상자를 놓고 가려 하자, 원자바오 총리는 「그냥 받을 수 없다」며 300위안(약 4만원)을 쥐어주고는 직원들과 사과 파티를 열었다.

후―원 체제가 실용주의 노선을 걷는다고 해서, 경제에만 신경을 쓰고 정치―행정―사회 개혁을 등한시한다고 보면 오산이다.

2007년 1월 8일자 인민일보는, 중국이 최근 몇 년 사이 시(市)―현(縣)―향(鄕)급 정부의 중간 간부 2만 3,790명과 각급 정부 부서기 4

만 280명 등 모두 6만 4,000명의 공무원을 줄였다고 1면 톱기사로 보도했다. 관료들의 저항에도 불구하고 정부부터 모범을 보이고 있는 것이다.

2007년 3월, 전인대(全人大)에서는 십여 년째 끌어오던 물권법(物權法)을 제정했는데, 이는 중국의 정치에서 큰 의미가 있는 일이다. 사회주의 국가 중국은 「토지의 국유」를 핵심 이념으로 하며, 공유재산을 사유재산보다 우위에 두었다. 그러나 2007년 10월부터 시행되는 물권법 제정을 통해 중국에서 사유재산은 공유재산과 똑같은 법적인 보호를 받게 됐다.

또 토지는 원칙적으로 「국유」이긴 하지만, 개인이나 회사가 국가로부터 빌려 사용하는 기간을 연장할 수 있게 함으로써, 몇 백 년이고 소유—매매할 수 있게 되었다. 부자들은 합법적으로 모은 재산이면 국가에 몰수당할 염려도 없어졌고, 그것을 자식에게 물려줄 수도 있게 되었다. 이는 기업인 자산가 등 신흥 부자들에 대한 인정이며, 이들 중산층이 앞으로 공산당의 주체가 될 수 있다는 얘기가 된다. 이런 나라를 사회주의 국가로 분류하는 것 자체가 무의미해지고 있다.

앞서 장쩌민 주석 시절, 중국 공산당은 당장(黨章)과 헌법에 「3개 대표」 이론을 삽입함으로써, 공산당을 노동자—농민의 계급정당에서 자산계급을 포함하는 대중정당으로 변모시켰다. 3개 대표 이론이란 「공산당이 선진 생산력, 선민문화, 광대한 인민의 이익」을 대표한다는 것이다. 「광대한 인민의 이익」이란 곧 시장개혁을 통해 형성된 중산층의 이익을 대변한다는 얘기이다. 그 중산층 속에는 기업가 ·

금융인 · 자본가 · 벤처사업가 등이 포함된다. 이들은 입당 신청을 한 후 교육과 심사를 거쳐 공산당에 가입하는데, 이미 상당수가 당원이 되었다.

이런 점에서 중국의 정치적 변화, 즉 민주화는 구미식 방법이 아니라 중국식 방법과 순서에 따라 서서히 이루어지고 있다고 보는 것이 타당할 것이다. 서방의 학자나 언론들은 경제발전과 인터넷 등 정보통신의 발달로 중국 공산당의 통제력이 급격히 약해지고 1당 독재 체제가 무너질 수 있다고 전망하기도 한다. 하지만 공산당이 먼저 변해서 중국을 계속 리드해나갈 가능성도 고려해야 한다.

2007년 3월 열린 전인대 마지막 날의 내외신 기자회견에서 원자바오 총리가 밝힌 「민주주의론」도 이것을 시사하고 있다. 한 서방 기자가 원자바오 총리에게 물었다.

「총리께서는 중국이 사회주의 초급단계를 벗어나려면 앞으로 100년이 걸린다고 말씀하셨는데, 그렇다면 앞으로 100년 동안 중국에 민주화는 필요없다는 말입니까?」

이에 원자바오 총리는 「내가 말한 것은 사회주의를 성숙시키고 완성하고 발달시키려면 아주 오랜 시간을 필요로 하며, 지금 단계에서는 추진과 대개혁이 필요하다는 뜻」이라고 설명했다.

원자바오 총리는 이렇게 말했다.

「민주와 법제, 자유 인권 평등 박애 등은 자본주의 특유의 것이 아니라, 세계 역사 발전 과정에서 중국에도 형성된 성과이며, 인류가 공동으로 추구하는 가치관이다. 그러나 세계에는 2,000여 민족이 있고, 200여 개의 국가와 지역이 있다는 점을 강조하고 싶다. 이들의 발전수준은 동일하지 않으며, 민주주의 형성의 경로도 서로 같지 않다.」

원자바오 총리는 이어서 「당신이 제기한 질문의 핵심은 사회주의 민주주의란 무엇이냐는 것인데, 사회주의 민주주의란 국민이 주인이 되어 선거를 하고 정책결정을 하고, 감독할 수 있는 권리」라고 규정하고, 「또 조건이 된다면 국민이 정부를 감독하고 비판하는 것이며, 평등하고 공정하고 자유로운 환경 하에서 모든 개인이 발전하고 창조적인 정신과 독립적인 사고를 발휘할 수 있는 곳」이라고 말했다.

결국 중국 지도부 역시 「민주주의 실현」이란 목표를 갖고 있지만, 그 방법과 형태는 중국의 상황에 맞는 길을 택할 것이란 요지이다.

원자바오 총리가 국민의 높은 지지 속에 중국을 바꿔나가는 배경에는 확고한 정치철학이 한 몫을 하고 있다고 볼 수 있다. 그의 정치철학은 지난 2006년 3월 전인대 마지막 날 열린 기자회견에서 드러났다.

그는 이 날 내외신 기자회견에서 「총리 취임 이후 가장 어려운 일이 무엇이냐」는 질문을 받자 「국민의 관심이 높은 의료 교육 주택 안전사고 문제를 충분히 해결하지 못한 점」이라고 답변한 뒤 「중국의 총리는 한 가지 도리는 알고 있다」면서 이렇게 말했다.

「사소이위즉안(思所以危則安), 사소이난즉치(思所以亂則治), 사소이망즉존(思所以亡則存)」

신당서(新唐書)를 인용한 이 글은 「위험이 닥친 이유를 생각하면 안정을 찾는 길이 보이고, 혼란해진 이유를 생각하면 국가를 잘 다스리는 법을 찾을 수 있으며, 멸망한 이유를 생각하면 생존의 길을 찾을 수 있다」는 뜻이다.

원자바오 총리는 또 「지난불난(知難不難), 영난이상(迎難而上), 지난이진(知難而進), 영불퇴축(永不退縮), 불언실패(不言失敗)」란 말로 자신의 의지를 표현했다. 「어려운 일도 어렵지 않다 여기고, 어려움이 닥쳐도 이겨 나가며, 어렵다는 것을 알면서도 뛰어들고, 절대 위축되거나 물러서지 않으며, 결코 실패를 말하지 않는다」는 뜻이다. 그런가 하면 원자바오 총리는 「관아에 누워 대나무 소리만 들어도 백성들이 고통 받는 소리가 아닌가 하여 걱정하는(衙齊臥廳聽蕭蕭竹 疑是民間疾苦聲)」마음 여린 총리이기도 하다.

고전을 인용한 이 같은 발언은 1998년 주룽지(朱鎔基) 당시 총리가 취임 기자회견에서 「국궁진췌(鞠躬盡瘁) 사이후기(死而後己)」라고 한 말을 연상시킨다. 이 역시 「나라를 위하여 죽는 날까지 몸과 마음을 다 바친다」는 비장한 각오를 나타낸 말이다. 이런 것을 보면, 중국 지도자들은 공(公)을 위하여 사(私)를 기꺼이 희생시킬 수 있다는 의식을 공통적으로 가진 것으로 보인다.

2003년 봄, 총리에 취임한 원자바오 총리는 2008년 3월이면 1차 5년 임기를 마치게 된다. 그가 주룽지의 뒤를 따른다면 내년 초 물러나겠지만, 그의 능력과 국민적 열망을 볼 때 5년 총리직을 한 번 더 한다고 보는 것이 타당하다. 2008년 그의 나이는 66세(1942년생)가 되지만, 중국의 「고위직 70세 연한」에 해당하지 않기 때문에 후진타오 주석과 함께 2013년까지 계속 갈 것으로 보인다.

원자바오 총리는 2기 임기 동안 후진타오 주석의 정치적 이념인 「조화(和諧) 사회」 건설을 위해 사회적 약자인 농민 실업자 노인 등에 대한 복지정책을 확대할 것으로 보인다. 또 두 사람 모두 서부에서 근무한 공통점이 있어, 서부 대개발에도 박차를 가할 것으로 전망된다.

2008년 베이징(北京) 올림픽과 2010년 상하이(上海) 엑스포를 성공적으로 치르고 나면, 중국은 국민적 수준과 사회 분위기가 한 단계 성숙한 「새로운 국가」로 탈바꿈할 가능성이 높다. 그와 함께 국민들의 정치적 의식도 크게 성장, 중국 공산당 지도부는 「정치개혁」에도 손을 댈 것으로 전망된다.

이 책은 원자바오란 인물을 통해 중국의 과거와 현재, 미래를 보는데 매우 유용한 책이다. 젊은 시절 문화혁명 시기에 이들 지식 청년들이 어떤 고초를 겪었으며, 어떤 과정을 거쳐 성장하게 되었는지, 국가의 주요 정책결정이 어떻게 이루어지는지, 서부 대개발 사업이 어떤 연유로 시작되었는지를 이해하는데 큰 도움이 될 것이다.

특히 홍콩과 주강 삼각주의 경제통합이 어떤 배경에서 나오게 됐으며, 통합을 위해 어떻게 협의회를 구성하고, 사회 인프라와 경제 분업관계를 실현해 나갔는지를 보는 것은 남북한 문제를 보는데 훌륭한 시각을 제공한다.

원자바오가 젊었을 때 일하던 지우취엔(酒泉)이란 곳의 제당 공장이 법규를 위반하여 문을 닫을 위기에 처했다. 고향 사람들이 원자바오 총리를 찾아와 「도와 달라」고 간청했을 때, 원자바오 총리는 「더 엄격하게 규정을 적용하라」고 명령, 결국 제당 공장이 도산했다. 그 후 고향 사람들은 「원자바오가 고향을 돕지 않는다」고 원망했으나, 원자바오 총리는 사사로운 인연 때문에 원칙을 저버리는 일은 없었다. 마치 중국의 2세대 최고 지도자 덩샤오핑이 어릴 때 고향을 한번 떠나온 뒤로 고향 마을을 도와주기는커녕, 한번 찾아간 적도 없었던 것과 일맥상통한다. 중국의 지도자들이 고향 마을을 돌보지 않는 것은, 사적인 행동이 국가적 통합을 깨고 지역 이기주의를 부추길 수 있다고 보기 때문이다. 한국의 정치 지도자들이 참고할 만한 행동이 아닐 수 없다.

원자바오 총리는 부인 장페이리(張培莉) 여사와 사이에 1남 1녀를 두었다. 부인은 란저우(蘭州) 대학 지질지리과를 졸업하고, 암석감정 일을 한 인연으로 한때 중국 보석협회 부주석과 베이징 다이아몬드 보석공사 총재를 역임했다. 성격이 활달한 여장부 스타일로, 원자바오 총리와는 다른 이미지로 알려져 있다.

모든 지도자들이 그렇듯이 현직에 있을 때는 진면목이 잘 드러나지 않는다. 원자바오 총리와 가족에 대한 객관적인 평가도 2013년 퇴임 후에나 비로소 이루어질 것이다.

그럼에도 불구하고 이 책은 톈진(天津) 출신의 한 소년이 어떻게 13억의 살림을 꾸려가는 총리직에 오를 수 있었는지 「성공한 인물 연구」로서도 의미가 깊다. 치열한 경쟁과 온갖 모함 속에서 자신을 지키고 끝내 성공하기까지 원자바오는 자신을 낮추면서 남들에 비해 150% 더 노력하는 「실사구시」파였다. 이 책을 읽고 나면 적지 않은 독자들은 「원자바오」를 닮고 싶은 생각이 날 것이다. 안타까운 것은 이 책이 2003년에 출판되어, 그 후의 소식이 담겨있지 않다는 점이다. 옮긴이가 2003년 이후의 몇 가지 상황을 여기에 소개한 것도 이 때문이다.

이 책의 번역은 한 달도 안 되는 짧은 기간에 이루어졌다. 급히 서두르다 보니 오역이나 부적절한 번역이 적지 않을 것으로 생각된다. 독자 제현들의 가차 없는 질정(叱正)을 바란다.

2007년 3월 27일 광화문에서
지해범

원자바오(溫家寶)

초판 1쇄 인쇄 2007년 4월 10일
초판 1쇄 발행 2007년 4월 13일

지은이 마링(馬玲) · 리밍(李銘)
옮긴이 지해범
펴낸이 박영발
펴낸곳 W 미디어

출판등록 제2005-000030호
주소 서울 양천구 목동 907 현대월드타워 1905호
전화 6678-0708 **팩스** 6678-0309

값 13,000원
ISBN 978-89-91761-11-7   03340